LES RELATIONS ÉCONOMIQUES ENTRE L'AFRIQUE, L'AMÉRIQUE LATINE ET LES CARAÏBES

Les Afriques de demain
Collection dirigée par Driss Guerraoui et Alioune Sall

La collection « Les Afriques de demain » vise à promouvoir les publications axées sur l'analyse des transformations que connait l'Afrique pour en dégager les inflexions majeures et les ruptures fondamentales, identifier les facteurs et les acteurs du changement, et mettre en exergue la prospective des stratégies de développement pouvant permettre aux États et aux peuples du continent de lutter contre les nouvelles générations d'insécurité, de risques et de guerres.

Le champ d'action de la collection englobe les questions économiques, sociétales et géostratégiques, les sciences politiques, l'histoire et les problématiques de nature culturelle et civilisationnelle.

Déjà parus

Xavier Aurégan et Thierry Pairault (dir.), *L'Afrique et ses présences chinoises*, 2024.
Driss Guerraoui, *L'enseignement et la recherche en sciences économiques dans les universités publiques marocaines*, 2024.
Driss Guerraoui (dir.), *L'Afrique de l'innovation. Politiques nationales et partenariats panafricains*, 2023.
Driss Guerraoui (dir.), *Marocains et Portugais. Regards croisés*, 2023.

Vidal I. Ibarra-Puig

LES RELATIONS ÉCONOMIQUES ENTRE L'AFRIQUE, L'AMÉRIQUE LATINE ET LES CARAÏBES

Histoire récente et perspectives dans un monde en crise

L'Harmattan

5-7, rue de l'Ecole-Polytechnique, 75005 Paris
http://www.editions-harmattan.fr
ISBN : 978-2-336-46726-9
EAN : 9782336467269

Je dédie ce livre à toutes les personnes touchées par le tremblement de terre du 8 septembre 2023 dans le sud du Maroc-Région d'El Haouz. Ce pays se relèvera de ce pitoyable trébuchement et poursuivra son chemin prometteur vers le haut.

Vidal I. Ibarra-Puig

AVANT-PROPOS

Lors de la réunion de l'Université ouverte de Dakhla en décembre 2022, qui s'est réunie sous le thème « **Repenser l'Afrique au XXIe siècle** », mon ami et collègue Dr Driss Guerraoui, infatigable organisateur de ces rencontres, m'a demandé très gentiment si je serais intéressé par la rédaction d'un livre sur les relations commerciales de l'Afrique avec l'Amérique latine et les Caraïbes (LAC ou ALC). J'ai accepté avec plaisir, n'ayant qu'une idée de la tâche à laquelle j'allais faire face.

Cela a coïncidé avec le fait que je commençais à profiter de ma période sabbatique à l'Universidad Autónoma Metropolitana Azcapotzalco, UAMA, et je commençais à recueillir des informations pour écrire un livre sur le développement économique des LAC à partir de l'an 2000, de sorte que le projet que je pensais développer a pris un tournant pour se concentrer sur la demande faite par le Dr Guerraoui.

Une fois ce projet enregistré à mon université, j'ai décidé de développer une méthodologie pour trouver, pour chaque région, l'offre exportable réelle, l'offre exportable potentielle et, en même temps, la demande manifeste importée et ainsi détecter les opportunités d'affaires potentielles à établir entre les deux régions. Le résultat est le présent livre.

Tout au long de sa rédaction, j'ai été très conscient du soutien que mes parents m'ont toujours apporté, et qui m'a permis de faire mon doctorat à Sciences Po Paris, pour lequel ils m'ont toujours encouragé à ne pas faiblir dans cette tentative. Et en même temps, je me suis souvenu des discussions sur la situation latino-américaine que j'ai eues à l'époque avec Don Víctor

L. Urquidi, qui était président du Colegio de Mexico et avec qui j'ai eu l'occasion de fréquenter pendant deux ans, jusqu'au moment où j'ai décidé de commencer un parcours professionnel d'un peu plus de 13 ans dans la banque et dans le système financier mexicain. Malheureusement, les horaires de travail m'ont empêché de poursuivre ces réunions, mais les enseignements et les préoccupations de Don Víctor étaient latents lors de l'analyse de cette période de LAC. Et bon nombre de ces préoccupations continuent d'être reflétées dans cet écrit.

Je tiens à exprimer ma gratitude aux autorités départementales de l'Universidad Autónoma Metropolitana AzcapotzLACo, en particulier à M. Sergio Cámara Izquierdo, chef du Département d'économie, pour leur soutien sans réserve à la réalisation de ce projet. À mon ami, Lucino Gutiérrez Herrera, dont la curiosité et la stimulation intellectuelle m'ont aidé à mieux comprendre ce qu'est l'Afrique. Enfin, à mes collègues du Groupe de recherche en histoire économique et en économie régionale de l'UAMA, pour m'avoir accepté de faire partie de ce merveilleux groupe. Enfin et surtout, je remercie mon ami le Dr Driss Guerraoui pour son aimable invitation et son soutien tout au long de ce processus.

De toute évidence, les erreurs d'interprétation et les conclusions que l'on peut trouver dans cet écrit sont de mon entière responsabilité.

Coyoacán, ville de Mexico, septembre 2023.

INTRODUCTION

Écrire sur l'Afrique et son développement économique est un défi académique. Commençons par le capital humain, les peuples d'Afrique.

J'ai eu le plaisir de connaître trois pays africains : le Maroc, le Kenya et l'Égypte. Les deux premiers pour le travail et le troisième pour le tourisme. Et dans chacun d'eux, j'ai vu ce qui suit : l'énorme désir de ses habitants d'améliorer leur niveau de vie ; mais, par-dessus tout, sa chaleur humaine et sa disponibilité à entreprendre n'importe quelle tâche. C'est l'une des richesses fondamentales de l'Afrique : ses habitants.

Lorsque j'ai eu la première occasion de venir en Afrique, c'était dans le cadre d'un séminaire international de l'Université Ouverte de Dakhla (entité dont j'ai l'honneur d'être aujourd'hui membre du Conseil scientifique) en novembre 2013, où j'ai présenté une communication intitulée « Libéralisation commerciale et l'investissement étranger direct : le cas du Mexique ». En cela, j'ai parlé précisément de la nouvelle étape du développement mexicain à partir du processus d'ouverture commerciale et financière du pays, initié dans les années quatre-vingt, dans le cadre en particulier de la signature de l'Accord de libre-échange Mexique-États-Unis-Canada en 1994. Une conférence dans laquelle j'ai inclus quelques réflexions sur le secteur du tourisme, qui joue un rôle important, peut-être trop important, dans les deux économies, le Mexique et l'Afrique. L'excellent traitement de la population marocaine, et le fait que nous avons de nombreuses caractéristiques en commun en tant que sociétés me font penser que je ne vais pas au Maroc, mais dans ma deuxième maison.

Ma visite au Kenya s'inscrivait dans le cadre de la XIVe Réunion ministérielle de la CNUCED (CNUCED XIV), en 2016, où j'ai présenté une communication intitulée « Comment rendre le commerce international des services plus efficace ? ». La beauté du pays et, encore une fois, la chaleur et la disponibilité de sa population pour le travail sont deux caractéristiques qui m'ont profondément marqué.

Le voyage en Égypte était le résultat d'une autre visite au Maroc, d'où j'ai pris un vol pour Le Caire et ce beau et grand pays. Le choc culturel a été immense et, grâce à l'éducation que ma génération a reçue â l'époque au Mexique, complétée par mes lectures et mes visites d'expositions, beaucoup de choses que j'ai vues et d'endroits que j'ai visités, ne m'étaient pas étrangers. Encore une fois, le potentiel de son peuple est un plus qui m'a marqué, surtout en connaissant l'histoire de cette nation.

Quand on est en Afrique, et qu'on s'intéresse de plus en plus à l'énorme richesse naturelle qu'elle possède, en ajoutant cet aspect à la grande histoire de ce continent, la question se pose inévitablement : quels sont les nœuds économiques qui empêchent l'Afrique de se développer ? Et nos recherches révèlent que, comme dans le cas de l'Amérique latine et des Caraïbes, LAC, les nœuds ne sont pas seulement économiques : les nœuds politiques sont, même maintenant, comme des chaînes qui continuent d'être un lourd fardeau. Malgré les progrès réalisés, la démocratie dans nos régions est un chapitre qui n'est pas terminé (et les faits aux États-Unis nous disent que même dans les pays développés, la démocratie est un atout dont il faut prendre soin au quotidien).

Ce livre se concentre sur l'identification des relations commerciales actuelles et potentielles entre l'Afrique et l'Amérique latine et les Caraïbes. Au fur et à mesure que nous avançons dans nos recherches, nous trouvons des situations qui attirent l'attention dans certains pays, comme c'est le cas de l'évolution de leur commerce extérieur, qui reste le même en termes généraux que celui d'il y a 20 ans (ou plus). Tandis que d'autres semblaient réussir à s'insérer avec plus ou moins de succès dans l'économie mondialisée.

Et puis le Covid-19 a frappé.

Les crises économiques précédentes ont affecté la croissance de l'économie mondiale, mais ne l'ont pas paralysée. Les systèmes de santé, que ce soit dans les pays en développement ou développés, ont été débordés, en plus de l'attitude négationniste de certains dirigeants de certains pays, qui a augmenté le nombre de décès dus à ce virus et, pire, ils ont refusé de soutenir la population ou les entreprises pour qu'elles puissent résister à la crise et à ses impacts. Face à ce scénario, les flux de production et d'échanges ont été paralysés. Les chaînes de valeur mondiales, les CVM, ont été interrompues soit du côté de la production (approvisionnement), soit de la distribution (manque ou hausse des prix de transport. fermeture des frontières).

Cette situation a donné naissance à un monde nouveau, tant sur le plan économique que social.

Les termes *nearshoring* ou *friendshoring* nous sont maintenant courants, et même certains collègues parlent de la fin de la mondialisation.

Y a-t-il des opportunités commerciales pour l'Afrique et l'LAC dans ce Nouveau Monde ? Quels sont-ils et comment de nouvelles opportunités peuvent-elles s'ouvrir ? Quels éléments de nature économique devons – nous prendre en compte face à cette nouvelle économie pour que ces deux régions continuent d'avancer sur leur voie de développement ?

Ce livre vise à répondre à ces questions.

Dans le chapitre I, nous analysons le développement économique de l'Afrique et de l'Amérique latine et des Caraïbes, en utilisant certains indicateurs (pas nécessairement les mêmes principalement en raison de la disponibilité de l'information), depuis 1980. Un point particulier est fait au sujet de l'Union africaine.

Dans le chapitre II, nous analysons le commerce extérieur de biens et de services des deux régions, à l'aide d'une base de données et de publications uniformes, afin de procéder à une évaluation équivalente. La publication qui oriente ce chapitre est Profils commerciaux, dans son édition 2022, éditée par l'OMC (OMC (2022a)). De cette façon, nous identifierons les marchandises susceptibles d'être échangées réellement ou potentiellement.

Dans le chapitre III, dans sa première section, nous déterminons l'offre exportable réelle et potentielle de l'Afrique et la comparons à la demande réelle et potentielle des LAC. De cette façon, nous trouvons des opportunités d'affaires pour les pays africains en Amérique latine et dans les Caraïbes. Dans la deuxième section, nous trouvons l'offre exportable réelle et potentielle d'LAC et la confrontons à la demande réelle et potentielle de l'Afrique, afin de déterminer les opportunités commerciales pour les pays d'Amérique latine et des Caraïbes en Afrique. Dans la troisième section, nous analysons l'évolution de l'économie mondiale depuis 1980 et l'émergence, en 2019 de la Covid19 et son impact sur les relations économiques internationales, en particulier celles de l'Afrique et de l'ALC.

La dernière partie de l'ouvrage reprend les principales conclusions de l'étude. Elle aborde notamment les opportunités commerciales possibles et les différents leviers d'amélioration des relations économiques entre l'Afrique et l'ALC.

CHAPITRE I

Introduction

Le développement économique des quatre dernières décennies dans deux régions du monde, le continent africain et le sous-continent de l'Amérique latine et des Caraïbes (LAC), a été marqué par des problèmes, sinon identiques, du moins similaires en termes d'effets par des facteurs externes.

À partir de la crise de la dette de 1982, déclenchée par le Mexique, mais qui a touché le monde entier, en particulier les pays les moins avancés, cette situation a interrompu les flux de capitaux vers ces pays en général, car l'attitude des banques internationales était beaucoup plus prudente lorsqu'elles prêtaient de l'argent à ces régions[1]. Dans le même temps, les variations à la hausse des prix du pétrole ont profité à certains pays, exportateurs de pétrole ; mais en même temps, ils ont causé de graves problèmes de balance des paiements aux importateurs nets lorsque les prix du pétrole augmentaient.

Une caractéristique commune des deux régions est que, comme nous le verrons dans cette étude, les pays des deux régions dépendent principalement de l'exportation de matières premières et/ou de denrées alimentaires, ce qui les rend vulnérables aux fluctuations de ces prix et, parfois, les met en concurrence pour le même marché.

L'exploitation des ressources matérielles et des matières premières par des entreprises étrangères est également une caractéristique des deux régions. Dans le cas particulier de l'Afrique, ces dernières années, les investissements chinois, par exemple, mais ce n'est pas le seul, ont été dirigés vers l'exploitation des ressources naturelles, y compris les minéraux, et leur exportation vers la Chine.

1. Voir Ibarra-Puig (1991)

Cependant, la crise déclenchée par le virus Covid19 a marqué un tournant dans le développement économique mondial, mais aussi dans le développement social et productif. La perturbation et, dans certains cas, l'effondrement des chaînes de valeur mondiales (CVM), que ce soit du côté de la production ou du côté de la distribution au consommateur final, ont conduit certains économistes à réfléchir à la fin de l'ère de la mondialisation.

Dans ce chapitre, nous résumerons le développement de l'Afrique et de l'Amérique latine et des Caraïbes au cours des dernières années. Il convient de mentionner que le scénario d'étude proposé, à partir de 1980 et ailleurs depuis 2004, est dû à la disponibilité d'informations homogènes.

Rappelons que l'économie mexicaine de 1988 est issue d'une série de crises, après avoir passé une étape de près de 18 ans de stabilité économique, appelée le « développement stabilisateur », et qui a même été cataloguée comme « le miracle mexicain », qui s'est terminée en 1970 et a cédé la place aux crises de 1976, 1982 et 1988, qui ont coïncidé avec la fin des périodes de six ans des gouvernements présidentiels mexicains[2].

Le changement de modèle de développement, passant du protectionnisme et de la substitution des importations à une économie ouverte, ne s'est pas produit seulement au Mexique. Plusieurs pays d'LAC, ainsi que d'autres latitudes comme l'Asie, ont décidé de libéraliser leurs économies pour attirer plus de devises étrangères et continuer à payer la dette contractée pendant les années soixante-dix, mais aussi afin d'améliorer leur compétitivité et leur productivité[3].

La montée des « tigres asiatiques » (Corée du Sud, Taïwan, Hong Kong et Singapour) est un exemple du succès de ces politiques et, inversement, ces succès ne sont pas aussi palpables dans les économies des LAC, qui restent exposés aux fluctuations des prix, par exemple, des matières premières qui sont, dans plusieurs cas, leurs principaux produits d'exportation.

Au Mexique, le processus d'ouverture n'a pas été une condition nécessaire et suffisante pour devenir un pays développé[4]. En outre, en raison de l'apparition de Covid19, ce pays a connu l'une des plus fortes baisses de tout le produit intérieur brut des LAC en 2021 (– 8,2 %) et les inégalités ont augmenté à la fois dans le pays et dans l'ensemble des LAC.

C'est ce que nous avons à l'esprit lorsque nous parlons d'une stratégie de développement réussie pour l'Afrique. Il convient de mentionner que, essentiellement en raison de la disponibilité de l'information, l'analyse du développement

2. Voir Heath (2000).

3. Voir Ibarra-Puig (2013a).

4. Voir Ibarra-Puig (2013b).

économique de chacune des régions, Afrique et LAC, nous le ferons sur la base d'indicateurs différents, qui semblent plus pertinents dans chaque cas. Ce chapitre se termine par une comparaison entre les deux régions.

Développement économique de l'Afrique de 1990 à 2022

L'Afrique, comme la grande majorité des pays du monde, a été fortement influencée par l'économie internationale, que ce soit par des crises financières ou économiques ; et a également bénéficié de ces activités[5]. Dans le graphique I.1, nous pouvons voir la croissance du continent africain de 1990 à 2002, considérée par régions[6].

Graphique I.1
Croissance du PIB réel de l'Afrique par région, 1991-2023[e]

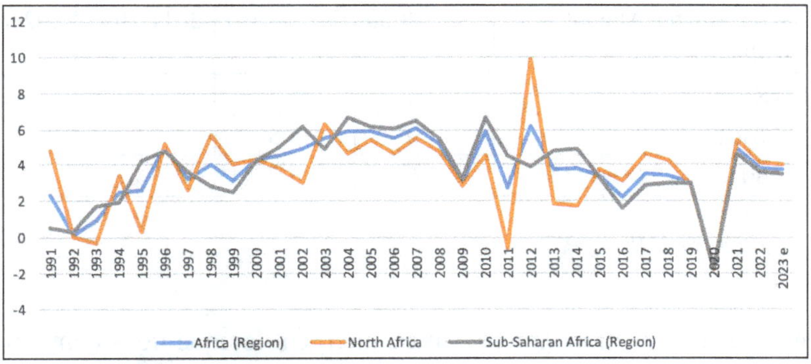

Source : d'après IMF Datamapper, https://www.imf.org/external/datamapper/NGDP_RPCH@WEO/OEMDC/ADVEC/WEOWORLD, consulté le 15 juin 2023 ; e=estimé.

---

5. Voir Diez de la Varga M. (2018).

6. À des fins d'analyse, nous revenons à la classification du FMI du continent africain en tant que région. La région de l'Afrique du Nord comprend l'Algérie, l'Égypte, la Libye, le Maroc et la Tunisie. La région de l'Afrique subsaharienne comprend l'Afrique du Sud, l'Angola, le Bénin, le Botswana, le Burkina Faso, le Burundi, le Cameroun, le Cap-Vert, la République centrafricaine, le Tchad, les Comores, le Congo, la Côte d'Ivoire, Djibouti, la Guinée équatoriale, l'Érythrée, l'Eswatini, l'Éthiopie, le Gabon, la Gambie, le Ghana, la Guinée, la Guinée-Bissau, le Kenya, le Lesotho, le Libéria, Madagascar, le Malawi, le Mali, la Mauritanie, Maurice, Mayotte (Département de la France), le Mozambique, la Namibie, le Niger, le Nigéria, la République centrafricaine, le Tchad, l'Eswatini, l'Éthiopie, le Gabon, la Gambie, le Ghana, la Guinée, la Guinée-Bissau, le Kenya, le Lesotho, le Libéria, Madagascar, le Malawi, le Mali, la Mauritanie, Maurice, Mayotte (Département de la France), le Mozambique, la Namibie, le Niger, le Nigéria, la République centrafricaine, le Tchad, Réunion (département d'outre-mer), Rwanda, Sainte-Hélène (territoire d'outre-mer), Sao Tomé-et-Principe, Sénégal, Seychelles, Sierra Leone, Somalie, Soudan, Soudan du Sud, Tanzanie, Togo, Ouganda, Zambie et Zimbabwe. Source : FMI, Groupes régionaux https ://www.imf.org/external/pubs/ft/weo/2022/02/weodata/groups.htm, consulté le 12 janvier 2023.

Ce graphique I.1 montre que, dans les années 90 du siècle dernier, le continent africain a connu une bonne croissance dans son ensemble (2,8 % en moyenne annuelle, tableau I.1) ; mais au cours de la première décennie de ce siècle, il a connu une excellente croissance en moyenne, malgré la crise économique de 2008/2009 (5,2% en moyenne annuelle). Pour la période 2011/2020, la croissance a été plus modérée, mais toujours acceptable (3,1% en moyenne annuelle), avec une tendance à l'amélioration au cours de la troisième décennie de ce siècle (4,3 % en moyenne pour 2021/2022).

Tableau I.1
Croissance réelle moyenne en Afrique 1991-2022

Real GDP growth (Annual percent change)	1991/2000	2001/2010	2011/2020	2021/2022
Africa (Region)	2,8	5,2	3,1	4,4
North Africa	3,0	4,5	3,3	4,8
Sub-Saharan Africa (Region)	2,6	5,7	3,0	4,1

Source : d'après l'IMF citée.

Quelques observations intéressantes émergent lorsque nous comparons la croissance de l'Afrique avec la croissance de l'économie chinoise, Figure I.2.

Graphique I.2
Taux de croissance du PIB réel 1991-2022 Afrique, Chine, LAC, Amérique du Sud et G7

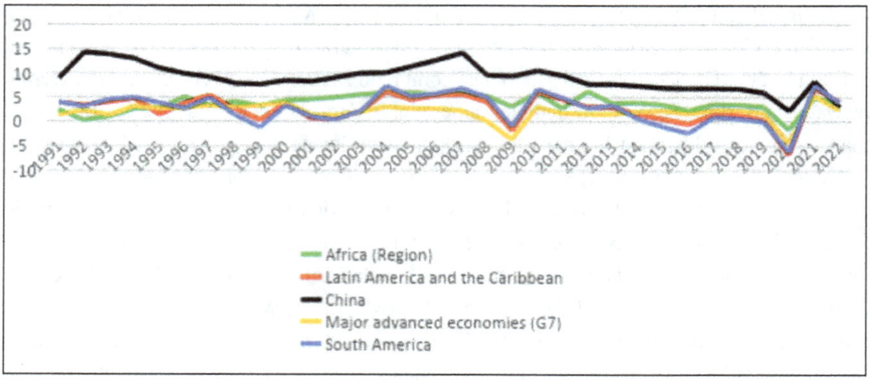

Source : sur la base de la même source d'IMF.

Comme le montre la figure ci-dessus, il y a eu un plus grand couplage entre les économies africaine et chinoise depuis 2001 et, dans une moindre mesure, entre l'Amérique latine et les Caraïbes et la Chine (voir tableau I.2).

Tableau I.2
Taux de croissance annuel Afrique, Chine, LAC, Amérique du Sud et G7

Real GDP growth (Annual percent change)	1991	1992	1993	1994	1995	1996	1997	1998	1999	2000	2001	2002	2003
Africa (Region)	2.3	0.1	0.9	2.5	2.6	5	3.2	4	3.1	4.3	4.5	4.9	5.5
Latin America and the Caribbean	3.8	3.3	4	4.7	1.3	3.8	5.3	2.5	0.2	3.7	0.6	0.4	2
China	9	14.3	13.9	13	11	9.9	9.2	7.9	7.7	8.5	8.3	9.1	10
Major advanced economies (G7)	1.2	2.1	1.1	3	2.5	2.7	3.2	2.9	3.2	3.8	1.2	1.1	1.9
South America	3.9	3	4.5	4.9	3.7	2.6	4.8	1.2	-1.3	3.2	0.9	0.3	2.1

Real GDP growth (Annual percent change)	2004	2005	2006	2007	2008	2009	2010	2011	2012	2013	2014	2015	2016	2017	2018	2019	2020	2021	2022
Africa (Region)	5.9	5.9	5.5	6.1	5.2	3	5.9	2.7	6.2	3.7	3.8	3.4	2.2	3.5	3.4	3	-1.7	4.9	3.8
Latin America and the Caribbean	6.1	4.4	5.4	5.6	4	-1.9	6.1	4.6	3	2.9	1.4	0.4	-0.6	1.4	1.2	0.2	-6.8	7	4
China	10.1	11.4	12.7	14.2	9.6	9.4	10.6	9.6	7.8	7.8	7.4	7	6.9	6.9	6.8	6	2.2	8.4	3
Major advanced economies (G7)	2.9	2.5	2.5	2.1	0	-3.7	2.9	1.6	1.4	1.4	1.9	2.1	1.5	2.2	2.1	1.6	-4.5	5.3	2.3
South America	7.3	5.1	5.7	6.8	5	-1	6.7	4.9	2.7	3.3	0.5	-1.1	-2.4	0.8	0.5	-0.1	-6.3	7.5	3.9

Source : sur la base de la même source d'IMF.

Et, en fait, une analyse de corrélation nous montre que le degré de couplage des économies chinoise et africaine a augmenté, tableau I.3.

Tableau I.3

Corrélation entre les taux de croissance	1991-2000	2001-2022
Corrélation Africa-China	-0,8	0,74
Corrélation Africa-G7	0,65	0,64
Corrélation SudAmérica-China	0,55	0,65

Source : D'après le tableau I.2.

Nous reviendrons sur ce point au chapitre II.

Rappelons maintenant quelques données relatives au continent africain. La figure I.3 montre principalement la richesse disponible pour chaque pays africain, ainsi que sa répartition géographique.

Figure I.3
Les richesses naturelles de l'Afrique

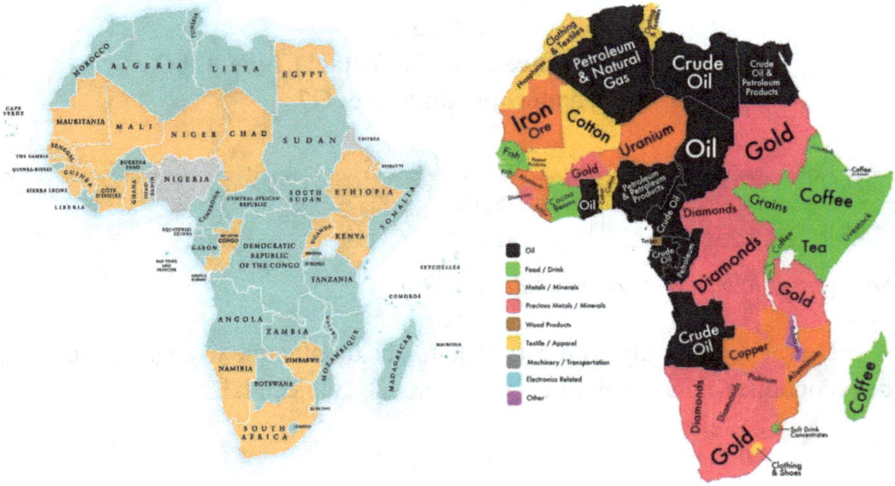

Sources : Tiré du graphique de gauche Forum économique mondial, https://www.weforum.org/agenda/2019/05/AfCFTA-africa-continental-free-trade-area-entrepreneur/, consulté le 20 mai 2019 ; Simram Khosta vu de la droite,

Comme on peut le constater, les richesses naturelles de l'Afrique sont énormes[7] et son extension territoriale, comme nous le verrons, est un grand avantage en termes d'économies d'échelle. Notons que les richesses issues de la pêche dont dispose le continent ni toutes les richesses potentielles du sous-sol maritime[8] ne sont pas incluses (sur ce dernier point, les impacts écologiques, d'une part, et d'autre part, la tendance à utiliser des énergies propres, ne doivent pas être oubliés).

7. L'Afrique possède à elle seule plus de soixante types différents de minéraux et contient un tiers de toutes les réserves minérales mondiales. Elle possède, par exemple, 90 % des réserves de platine; 80 pour cent de coltan ; 60 pour cent de cobalt ; 70 pour cent de tantale ; 46 % des réserves de diamants; et 40 % de réserves d'or. Source : Ramdoo (2019). Voir aussi Costa (s/f).

8. Voir par exemple Morena S. (2022) ; ainsi que « L'Algérie, le Nigéria et le Niger conviennent de construire 'prochainement'un gazoduc transsaharien », disponible en https ://www.swissinfo.ch/spa/argelia – gas_argelia--nigeria-y-n %C3 %ADger-acuerdan-construir--pronto--gasoducto-transahariano/47691982, récupéré le 21 avril 2023 ; « Shell makes major oil and gas discovery off the coast of Africa », disponible dans https ://www.worldenergytrade.com/oil-gas/yacimientos/shell-realiza-un-importante-descubrimiento – de-petroleo-y-gas-en-las-costas-de-africa, OilPrice Magazine, 26 janvier 2022, consulté le 7 avril 2023.

En ce qui concerne la taille des économies africaines, la figure I.4 est indicative (milliards de dollars).

Graphique I.4
Taille des économies africaines en 2022, mmd.

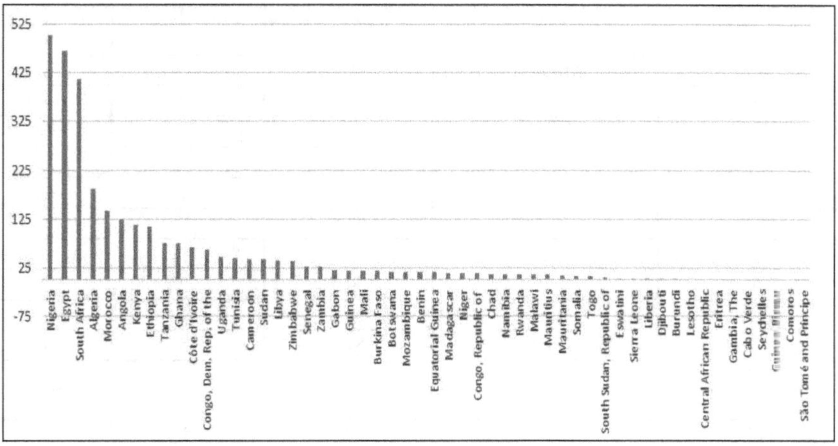

Source : D'après les données du FMI, ibid.

À titre de comparaison, la valeur du PIB du Mexique en 2022 était de 1 424,5 milliards de dollars, soit le triple de celle du Nigéria, le plus grand pays africain. Et les 5 premiers pays des 54 pays d'Afrique (Nigéria, Égypte, Afrique du Sud, Algérie et Maroc) représentent 57% du PIB du continent.

Quant à ses possibilités de développement, bien que ce soit déjà un fait ancien qui suit, nous devons considérer le montant des ressources qui ont été allouées aux divers efforts de guerre, qui, en plus des pertes humaines et sociales, représentent un coût économique élevé des ressources qui pourraient être utilisées pour le développement. Afrique du Sud, Algérie, Angola, Burundi, République centrafricaine, République démocratique du Congo (RDC), République du Congo, Côte d'Ivoire, Djibouti, Érythrée, Éthiopie, Ghana, Guinée, Guinée-Bissau, Libéria, Niger, Nigéria, Ouganda, République centrafricaine, Rwanda, Sénégal, Sierra Leone et Soudan, ont perdu environ 300 000 millions de dollars depuis 1990 en raison des conflits armés (Oxfam 2007).

La compétitivité des pays africains est sans aucun doute un défi, comme le montre le tableau I.5.

Tableau I.5
Compétitivité des pays africains

			Dif.from 2018	
Rank	Economy	Score 2019	Rank	Score
48	Mexico	64,9	-2	0,3
52	Mauritius	64,3	-3	0,5
60	SouthAfrica	62,4	7	1,7
75	Morocco	60	-	1,5
76	Seychelles	59,6	-2	1,1
87	Tunisia	56,4	-	0,8
89	Algeria	56,3	3	2,5
91	Botswana	55,5	-1	1
93	Egypt	54,5	1	1
94	Nambia	54,5	6	1,8
96	Kenya	54,1	-2	0,5
100	Rwanda	52,8	8	1,9
111	Ghana	51,2	-5	-0,1
112	Cape Verde	50,8	-1	0,6
114	Senegal	49,7	-1	0,7
115	Uganda	48,9	2	2,1
116	Nigeria	48,3	-1	0,8
117	Tanzania	48,2	-1	1
118	Côté d'Ivoire	48,1	-4	0,6
119	Gabon	47,5	n/a	n/a
120	Zambia	46,5	-2	0,5
121	Eswatini	46,4	-1	1,1
122	Guinea	46,1	4	2,9
123	Cameroon	46	-2	0,9
124	Gambia, The	45,9	-5	0,5
125	Benin	45,8	-2	1,4
126	Ethiopia	44,4	-4	-0,1
127	Zimbabwe	44,2	1	1,6
128	Malawi	43,7	1	1,3
129	Mali	43,6	-4	-
130	Burkina Faso	43,4	-6	-0,5
131	Lesotho	42,9	-1	0,6
132	Madagascar	42,9	n/a	n/a
133	Venezuela	41,8	-6	-1,3
134	Mauritania	40,9	-3	0,1
135	Burundi	40,3	1	2,7
136	Angola	38,1	1	1,1
137	Mozambique	38,1	-4	-1,7
139	Congo, Dem. Rep	36,1	-4	-2,1
141	Chad	35,1	-1	-0,4

Source : WEF, Rapport sur la compétitivité 2019

Derrière ce diagnostic se trouvent les indicateurs utilisés par le WEF, à savoir ceux mentionnés dans le tableau I.6 :

Tableau I.6
Les piliers de la compétitivité.

Enabling Environment	Markets
Pillar 1 **Institutions**	Pillar 7 **Product market**
Pillar 2 **Infrastructure**	Pillar 8 **Labour market**
Pillar 3 **ICT adoption**	Pillar 9 **Financial system**
Pillar 4 **Macroeconomic stability**	Pillar 10 **Market size**
Human Capital	**Innovation Ecosystem**
Pillar 5 **Health**	Pillar 11 **Business dynamism**
Pillar 6 **Skills**	Pillar 12 **Innovation capability**

Source : idem.

Le processus de développement de l'Afrique a déjà été abordé, avec différentes approches et par diverses institutions et auteurs[9]. Au moment où nous examinons les alternatives possibles pour le développement futur du continent africain, nous partons de trois options : industrialisation accélérée; Modèle de substitution des importations ; Intégration dans les chaînes de valeur mondiales dans certains secteurs spécifiques. Voir.

Le processus d'industrialisation accélérée se heurte à un obstacle : le faible niveau de scolarisation qui prévaut dans la région, comme le montre la cinquième colonne du tableau I.7.

9. Voir par exemple le Boletín Económico du ICE (2001), les travaux de la CNUCED IDE (plusieurs années), CNUCED Economic Development in Africa (plusieurs éditions), Díaz de la Varga (2018), Ibarra-Puig (2022c, 2021b, 2021c) ; les travaux de la Banque africaine de développement, etc.

Tableau I.7
Indice de développement humain et ses composantes

Posición	País	Human Development Index (HDI)	Life expectancyat birth	Mean Years of schooling	Exected Years of schooling	Gross national ingome (GNI) per capita
		Value	(Years)	(Years)	(Years)	(2017 PPP $)
		2021	2021	2021	2021	2021
63	Mauritius	0,8020	73,6	10	15	22,025
72	Seychelles	0,7850	71,3	10	14	25,831
86	Mexico	0,7580	70,2	9	15	17,896
91	Algeria	0,7450	76,4	8	15	10,800
97	Egypt	0,7310	70,2	10	14	11,732
97	Tunisia	0,7310	73,8	7	15	10,258
104	Libya	0,7180	71,9	8	13	15,336
109	SouthAfrica	0,7130	62,3	11	14	12,948
112	Gabon	0,7060	65,8	9	14	13,367
117	Botswana	0,6930	61,1	10	12	16,198
123	Morocco	0,6830	74,0	6	14	7,303
128	Cabo Verde	0,6620	74,1	6	13	6,230
133	Ghana	0,6320	63,8	8	12	5,745
138	Sao Tome and Principe	0,6180	67,6	6	1	4,021
139	Nambia	0,6150	59,3	7	12	8,634
144	Eswatini (Kingdom of)	0,5970	71,1	6	14	7,679
145	Equatorial Guinea	0,5960	60,6	6	10	12,074
146	Zimbabwe	0,5930	59,3	9	12	3,810
148	Angola	0,5860	61,6	5	12	5,466
151	Cameroon	0,5760	60,3	6	13	3,621
152	Kenya	0,5750	61,4	7	11	4,474
153	Congo	0,5710	63,5	6	12	2,889
154	Zambia	0,5650	61,2	7	11	3,218
156	Comoros	0,5580	63,4	5	12	3,142
158	Mauritania	0,5560	64,4	5	9	5,075
159	Côté d'Ivoire	0,5500	58,6	5	11	5,217
160	Tanzania (United Republic of)	0,5490	66,2	6	9	2,664
162	Togo	0,5390	61,6	5	13	2,167
163	Nigeria	0,5350	52,7	7	10	4,790

165	Rwanda	0,5340	66,1	4	11	2,210
166	Benin	0,5250	59,8	4	11	3,409
166	Uganda	0,5250	62,7	6	10	2,181
168	Lesotho	0,5140	53,1	6	12	2,700
169	Malawi	0,5120	62,9	5	13	1,466
170	Senegal	0,5110	67,1	3	9	3,344
171	Djibouti	0,5090	62,3	4	7	5,025
172	Sudan	0,5080	65,3	4	8	3,575
173	Madagascar	0,5010	64,5	5	10	1,484
174	Gambia	0,5000	62,1	5	9	2,172
175	Ethiopia	0,4980	65,0	3	10	2,361
176	Eritrea	0,4920	66,5	5	8	1,729
177	Guinea-Bissau	0,4830	59,7	4	11	1,908
178	Liberia	0,4810	60,7	5	10	1,289
179	Congo (Democratic Republic of the)	0,4790	59,2	7	10	1,076
181	Sierra Leone	0,4770	60,1	5	10	1,622
182	Guinea	0,4650	58,9	2	10	2,481
184	Burkina Faso	0,4490	59,3	2	9	2,118
185	Mozambique	0,4460	59,3	3	10	1,198
186	Mali	0,4280	58,9	2	7	2,133
187	Burundi	0,4260	61,7	3	11	732
188	Central African Republic	0,4040	53,9	4	8	966
189	Niger	0,4000	61,6	2	7	1,240
190	Chad	0,3940	52,5	3	8	1,364
191	South Sudan	0,3850	55,0	6	6	768
	Somalia	..	55,3	..	..	1,018

Source : PNUD 2022. Voir les notes existantes pour les données originales dans la source mentionnée.

Comme on peut le voir dans ce tableau, le nombre moyen d'années de scolarisation sur le continent est supérieur à 5 ans (5,2 pour être exact), et bien qu'il devrait augmenter à l'avenir, il est actuellement très limité pour décider de l'option d'une industrialisation accélérée, compte tenu du manque de main-d'œuvre qualifiée.

En ce qui concerne l'alternative du modèle de substitution aux importations, SI, notons que plusieurs gouvernements des LAC ont opté au siècle dernier pour cette option SI, mais pour cela il y avait déjà une base minimale d'industrialisation dans plusieurs pays. Ce qui, ajouté à une politique protectionniste, a permis que dans le cadre de ce système, que certains pays de la région puissent développer leur propre technologie dans divers secteurs : L'Argentine, le Brésil, le Chili et le Mexique en sont quelques exemples[10].

Dans le cas de l'Afrique, selon les données et la littérature que nous avons examinées, les économies les plus développées de la région ont réalisé leur croissance basée sur l'exploitation et l'exportation de leurs ressources naturelles, bien que les cas de l'Égypte, du Maroc et de l'Afrique du Sud nous parlent d'économies plus diversifiées, qui pourraient bien déjà décider de ce type de développement de SI[11]. D'autre part, la population du continent africain a considérablement augmenté au cours des 20 dernières années, la population de certains pays ayant même dépassé 40 % depuis 2001 (tableau I.8).

10. Voir par exemple les œuvres de Salama (2022), Braga (2022), Ibarra-Puig (2022a), contenues dans Ibarra-Puig (2022b) ; ainsi que Ibarra-Puig (2013a), Salama (2020).

11. Voir le chapitre II de cet ouvrage. Voir aussi les textes d'Affaya et Guerraoui (2018), Fahim Z. (2018) et Hammami S. (2018), contenus dans Clerc et al. (2018).

Tableau I.8
Pourcentage d'augmentation de la population dans les pays africains tous les 20 ans, 1960-2020.

Country Name	1960-1930	1981-2000	2001-2020
Equatonal cuinea	5.4	56,6	54,9
Niger	43,3	45,2	50,6
Angaia	35,7	47,2	46,3
Chad	31,3	46,6	46,5
Burundi	36,3	28,8	46,7
Zambia	45,5	40,4	46,2
Congo, Dem, Rep	47,5	43,5	46,0
Mali	27,5	33,0	45,4
Somalia	51,5	32,0	45,1
Uganda	42,7	43,5	44,2
Burkina Faso	31,0	40,1	43,1
Gabon	31,5	39,6	45,0
Benin	34,5	43,7	43,0
Congo, Rep	42,5	40,3	43,0
Tanzania	43,0	42,3	42,6
Gambia, The	44,4	48,3	41,5
Mozambique	40,5	34,5	41,6
Cameroon	39,9	41,5	41,5
Liberia	41,2	31,3	41,4
Ethiopia	37,3	46,6	41,1
Sierra Leone	31,7	25,0	41,0
Madagascar	43,3	43,2	40,8
Malawi	42,2	41,9	40,7
South Sudan	50,6	29,8	39,7
Senegal	42,6	39,7	39,5
Nigeria	38,4	38,8	39,4
Sudan	50,1	33,8	39,4
Togo	41,8	41,6	39,1
Kenya	52,1	45,6	38,8
Mauritania	44,3	42,4	33,6
Guinea-Bissau	30,5	31,4	37,6
Rwanda	43,5	32,9	37,4

Ghana	41,7	37,9	37,2
Guinea	29,3	39,2	36,0
Cote d'ivoire	55,3	48,7	35,7
Sao Tome and Principe	30,0	31,0	33,1
Egypt arab rep	38,2	37,1	32,2
Comoros	40,7	37,0	32,1
Botswana	45,4	43,1	30,8
Eritrea	40,1	28,8	30,8
Djibouti	73,5	34,0	29,8
Algeria	39,2	37,1	28,2
Central African Republic	30,5	35,1	28,0
Namibia	39,5	45,7	25,4
Zimbabwe	46,0	36,6	24,0
Malawi	23,0	17,9	22,2
Morocco	40,2	29,2	21,1
Mexico	46,4	29,3	21,1
Libye	51,8	39,6	20,7
Cabo Verde	33,9	29,8	20,0
South Africa	43,9	35,4	19,7
Latin America & Caribbean	39,4	29,2	18,7
Tunisia	36,2	31,8	17,8
Sychelles	34,1	21,1	17,5
Eswatini	42,4	40,2	11,8
Lesotho	47,6	27,6	11,3
Mauritius	30,0	17,4	5,5
Madagascar	11,0	0,8	4,1

Source : d'après Banque mondiale (2023a)

Ainsi, deux pays ont augmenté leur population de 50 % au cours des 20 dernières années (Guinée équatoriale, Niger), et 46 l'ont vue augmenter au moins de 25 % (nous comparons le Mexique, dont la population a augmenté de 21,1 % au cours de cette période). Cette situation, qui pourrait être considérée comme une limitation, doit être considérée comme un bonus démographique, car ce sont des pays où le taux de jeunes est élevé ; des jeunes qui peuvent se préparer et s'éduquer pour réaliser un nouveau modèle de développement. Les défis, de l'éducation préprimaire, nous ne nous cachons pas, sont grands. Dans ce contexte, la formation des cadres à tous les niveaux, mais surtout des cadres dirigeants, revêt une importance particulière[12].

Pour sa part, l'option de rejoindre les chaînes de valeur mondiales, ainsi qu'une exploitation rationnelle et coordonnée au niveau régional de leurs ressources naturelles, peuvent être une bonne stratégie pour les pays africains [3]. L'état d'avancement de ce processus est illustré à la figure I.5 suivante.

Figure I.5
Participation aux chaînes de valeur mondiales, 2015
(En pourcentage des exportations brutes)

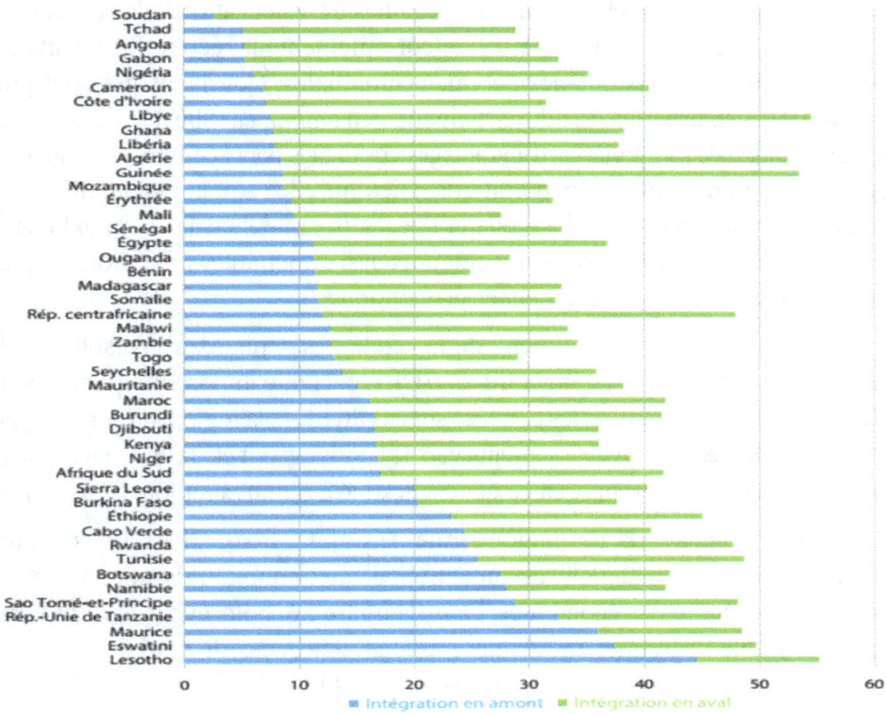

Source CNUCED 2022 . Reproduit avec l'autorisation des Nations unies.
Note : Les calculs sont basés sur les dernières données disponibles. En raison de données insuffisantes,

12. Guerraoui (2018).

13. Voir par exemple Hammani (2014) pour le cas du Maghreb ; pour le cas de la Bulgarie, qui peut être pris comme référence pour voir les opportunités et les obstacles auxquels ce processus est confronté, voir Keremidtchiev (2014) ; pour analyser le cas de LAC, voir les textes contenus dans Ibarra-Puig (2022b).

les Comores, le Congo, la République démocratique du Congo, la Guinée équatoriale, la Gambie, la Guinée-Bissau, le Soudan du Sud et ke Zimbabwe n'apparaissent pas dans la figure.

Source CNUCED 2022, p. 47

Note : L'intégration en aval : l'entreprise choisit d'assurer elle-même la distribution de sa production en prenant le contrôle du réseau de distribution. L'intégration en amont : l'entreprise choisit d'assurer elle-même l'approvisionnement nécessaire à sa production en prenant le contrôle des fournisseurs. Source : https://www.maxicours.com/se/cours/les-strategies- d-externalisation-et-d-integration/, consulté le 18 août 2023.

Comme le note la CNUCED (2022) : « (ce graphique) montre que l'intégration en aval prévaut dans la majeure partie de l'Afrique, représentant environ 61% en moyenne de la participation totale aux chaînes de valeur mondiales africaines. Cela suggère que l'Afrique n'a pas encore pleinement récolté les avantages de sa participation aux chaînes de valeur mondiales. Ces avantages sont plus importants avec une plus grande participation en amont, car elle met en évidence l'augmentation de l'importation d'intrants concurrentiels pour accroître la complexité et la variation du panier d'exportations. Bien qu'elles soient essentielles pour améliorer la productivité industrielle et l'accès aux marchés, la complexité et la variation accrues des exportations sont tout aussi importantes pour protéger plus efficacement les industries des chocs économiques ».

Dans ce contexte, compte tenu de la rareté des capitaux à investir dans la région, l'investissement étranger direct (IDE) revêt une importance particulière. Ainsi, lorsque l'on examine les données sur ces flux vers la région, on constate que traditionnellement les investissements vers le continent ont été faibles, en montant et en pourcentage par rapport à ce qui est destiné à d'autres régions[14], voir infra.

Dans ce contexte, la Formation Brute de Capital Fixe, GFKF Gross Fixed Capital Formation en anglais, est un autre indicateur qui nous permet de voir la performance future des économies. Dans la figure I.6, nous avons la GBKF des pays d'Afrique, regroupés en Afrique subsaharienne, ceux du nord du Sahara, et nous les comparons avec l'LAC dans son ensemble.

14. Voir CNUCED IDE (plusieurs années).

Figure I.6
GFKF en Afrique et dans certains pays africains, 1990-2022, en pourcentage du PIB

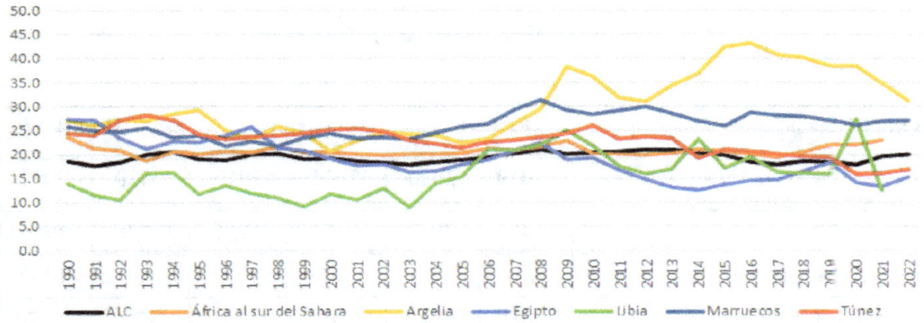

Source : Banque mondiale, Indicateurs du développement dans le monde

Notons qu'à l'exception de la Libye et de l'Égypte pendant certaines années, le GFKF des pays africains est supérieur à la moyenne des LAC, et pourtant le développement en Afrique reste une question en suspens, ce qui suggère que cet investissement doit être adapté aux secteurs productifs qui favorisent le développement économique à long terme. Dans ce contexte, les conseils des organisations internationales et de la région, telles que la Banque africaine de développement et la Commission économique pour l'Afrique, sont essentiels pour coordonner les efforts.

En complément de l'investissement privé intérieur, il convient de noter que l'IDE n'est pas seulement important pour la création de nouveaux emplois (lorsqu'il ne s'agit pas de l'acquisition d'entreprises nationales déjà établies) et le transfert probable de technologie, mais que l'IDE signifie également de nouvelles formes organisationnelles de production, tendant dans la plupart des cas à une amélioration de la production et de la productivité. En outre, une meilleure utilisation des ressources est attendue[15].

Les tableaux I.9.a et I.9.b montrent les flux d'IDE vers l'Afrique pour les années 2019 à 2021, les deux dernières années étant particulièrement difficiles

15. Une attention particulière devrait être accordée, dans le cas des secteurs minier et touristique, au fait que les investissements étrangers sont souvent transformés en économies enclavées qui n'exploitent que les ressources, sans générer d'effets d'entraînement et, ce qui est pire, détruire l'environnement. Voir par exemple CEPLAC (2009).

pour la région, mais en 2019 on constate déjà le faible montant des IDE reçus[16], exacerbé par la crise du Covid-19.

Tableau I.9.a
IDE mondial 2019-2021 (MMD)

Other Europe	**FDI**	**inflows**		**FDI outflows**		
Region	**2019**	**2020**	**2021**	**2019**	**2020**	**2021**
World	**1481**	**963**	**1582**	**1124**	**780**	**1708**
Developed economies	764	319	746	737	408	1269
Europe	405	81	219	343	-21	552
EU	402	210	138	368	66	398
Other Europe	3	-129	81	-26	-87	154
North America	275	174	427	108	281	493
Other developed countries	84	64	100	286	147	225
Developing economies	716	645	837	387	372	438
Africa	46	39	83	5	-1	3
Asia	512	519	619	336	378	394
Central Asia	8	6	7	-3	-2	2
East Asia	232	285	329	203	268	244
South Asia	59	71	52	13	11	16
South-East Asia	175	122	175	80	62	76
West Asia	37	35	55	43	39	56
Latin America and the Caribbean	159	86	134	47	-5	42
Oceania	0.1	-0.1	0.1	-0.8	-0.8	-0.2

Source CNUCED 2022. Reproduit avec l'autorisation des Nations unies.

16. Dans le tableau I.19, nous verrons comment l'économie mondiale s'est remise de la baisse de ces flux déjà en 2021 et 2022.

Tableau I.9.b
IDE dans le monde, en pourcentage, 2019-2021

Memorandum : percentage share in world FDI flows						
Developed economies	51,6	33,1	47,1	65,6	52,3	74,3
Europe	27,3	8,4	13,8	30,5	-2.6	32,3
EU	27,1	21,7	8,7	32,8	8.5	23,3
Other Europe	0,2	-134	5,2	-2,3	-11,1	9,0
North America	18,6	18,1	27,0	9,6	36.1	28,9
Other developed countries	5,7	6,6	6,3	25,5	18.9	13,2
Developing economies	48,4	66,9	52,9	34,4	47.7	25,7
Africa	3,1	4,1	5,2	0,4	0.1	0,2
Asia	34,6	53,9	39,1	29,9	48.5	23,1
Central Asia	0,6	0,7	0,4	-0,2	-0.3	0,1
East Asia	15,7	29,6	20,8	18,0	34.3	14,3
South Asia	4,0	7,4	3,3	1,2	1.4	0,9
South-East Asia	11,8	12,7	11,1	7,1	8.0	4,4
West Asia	2,5	3,6	3,5	3,8	5.0	3,3
Latin America and the Caribbean	10,7	8,9	8,5	4,2	-0.6	2,5
Oceania	0,0	-0,0	0,0	-0,1	-0.1	-0,0

Source Idem

Dans ce contexte, l'investissement de la Chine en Afrique a attiré l'attention des observateurs ces dernières années, et à première vue cet investissement semble très pertinent, puisque comme l'ont souligné plusieurs auteurs, la Chine est aujourd'hui le principal partenaire d'investissement et commercial de la région[17]. Cependant, les montants que la Chine investit réellement sur le continent sont relativement faibles, comme le montre la figure I.6 ci-dessous[18].

17. Voir par exemple Pairault (2014) et (2018) ; Gachúz et Saldívar (2019), Miao et Ren (2022).
18. Je remercie le Dr Enrique Dussel de m'avoir fourni cette information.

Figure I.6
Répartition géographique de IDE en provenance de Chine, stocks jusqu'en 2021.

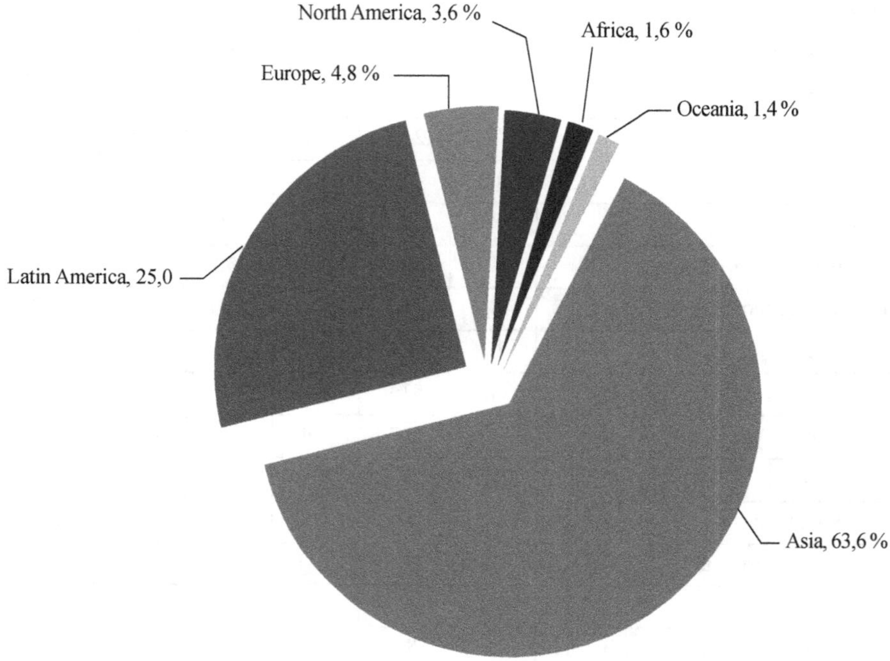

Source : Ministère du Commerce de la République populaire de Chine.

Notamment, douze pays africains riches en ressources – Afrique du Sud, République démocratique du Congo, Zambie, Éthiopie, Angola, Nigéria, Kenya, Zimbabwe, Algérie, Ghana, Tanzanie et Mozambique – ont accueilli près des trois quarts de l'IED par stock de la Chine en 2020 (figure I.7).

Figure I.7
Répartition géographique de IDE chinois en Afrique jusqu'en 2020.

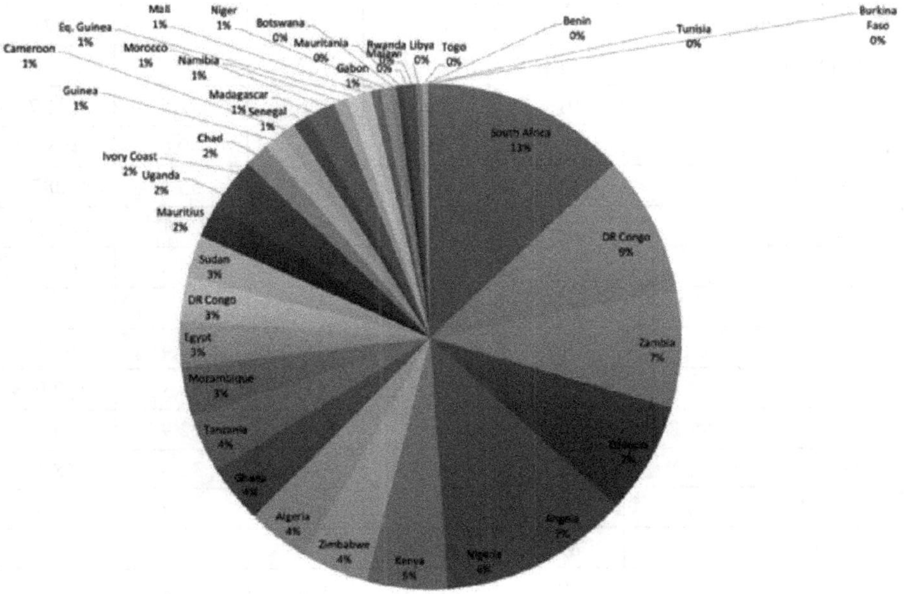

Source : Fontaine Ze Yu (2022)

Le problème de la dette est une autre question importante pour les économies africaines, comme le montre le tableau I.10, sur la base des informations disponibles.

Tableau I.10
Dette extérieure cumulée (pour cent du RNB)

Country Name	1980	1990	2000	2010	2021
Mozambique			122,3	105,7	398,6
Zambia	91,8	229,8	168,7	22,5	124,7
Mauricio	37,9	35,4	20,8	80,0	108,7
Cabo verde		43,3	60,9	55,6	1087
Senegal	33,4	52,1	61,7	29,1	107,0
Angola		85,7	131,1	36,3	100,7
Djibouti			52,5	67,1	97,7
Tunez	41,8	64,7	55,3	51,4	91,4
Rwanda	15,1	28,0	62,8	20,3	82,9
Congo, Republica del	98,9	211,5	205,0	22,9	70,5
Sudan	58,2	47,8	138,3	32,8	68,1
Guinea-Bissau	131,1	298,9	265,4	129,6	67,8
Somalia	89,2	268,8			66,7
Lesotho	10,4	41,3	68,1	27,4	63,9
Sierra Leona	45,3	206,4	202,6	35,7	60,5
Mauritania	81,9	145,7	130,7	64,0	59,2
Liberia			367,1	23,0	56,4
Santo Tomé y Principe				91,8	55,4
Burkina Faso	17,2	26,9	48,8	48,9	55,0
Zimbabwe	12,0	39,0	62,0	56,9	53,7
Gambia	57,7	126,6	65,1	35,9	53,0
Marruecos	45,7	85,4	54,6	29,7	50,1
Uganda	55,8	61	58,1	11,3	48,3
Mexico	29,0	41,4	25,7	29,4	48,0
Ghana	31,6	67,2	139,4	26,4	47,8
Gabon	39,3	74,6	91,4	23,5	45,3
Côte d'Ivoire	77,1	187,3	123,8	48,8	44,0
Tanzania		158,0	54,4	28,4	42,2
Republica Centroafricana	24,3	49,3	96,2	29,5	42,5
Sudafrica			17,9	28,2	41,3
Togo	102,3	80,1	98,8	37,6	41,1

Benin	33,9	57,8	40,2	16,8	39,0
Kenya	48,1	86,0	48,9	22,3	37,9
Madagascar	24,2	98,2	104,3	28,0	37,3
Egipto	94,7	78,8	29,1	17,1	36,6
Camerun	46,3	55,7	105,9	11,7	36,1
Mali	41,8	92,6	101,7	23,7	34,8
Chad	27,4	29,9	80,2	20,9	34,6
Guinea		96,5	105,2	47,9	33,6
Burudni	18,0	81,2	127,2	30,7	33,2
Niger	35,0	49,7	73,7	18,5	32,8
Etiopia		71,4	67,4	24,4	27,1
Malawi	73,0	84,8	159,1	14,9	25,7
Comoras	20,7	43,1	66,1	30,7	25,5
Eswatini		21,8	18,8	24,1	25,3
Congo Republica Dem			63,1	35,0	19,8
Nigeria	14,6	65,4	52,9	5,5	18,0
Bostwana	13,4	15,0	8,3	14,9	11,9
Argella	47,8	47,1	48,9	4,5	4,5
Eritrea			46,6	66,1	

Source : d'après Banque mondiale (2023b)

Le tableau I.10 montre à quel point la dette est un lourd fardeau pour le développement de l'Afrique, car il ne faut pas oublier que, bien que certains économistes considèrent qu'une dette de 50 % du revenu national brut est « gérable », la charge financière signifie une grande perte de bien-être pour de nombreux pays. Ce qui précède parce que, par exemple, une dette de 50 000 millions de dollars, soit 50% du revenu national disponible, avec un taux d'intérêt de 10% par an sur ladite dette, signifie 5 000 millions de dollars quittant le pays, qui pourraient bien être utilisés pour construire des hôpitaux, des écoles, des routes, pour la santé, etc.

En tant qu'élément de négociation au sein des instances internationales, il convient enfin de revenir à un aspect fondamental pour la santé publique des pays, en particulier les moins avancés et qui fait référence aux ADPIC. Comme le souligne Ibarra-Puig (2022d) :

> *Un élément particulièrement pertinent en raison de ses implications sociales, essentiellement en raison des pandémies de ce siècle, est celui relatif aux*

« aspects des droits de propriété intellectuelle qui touchent au commerce » [ADPIC]. Dans la Déclaration de Doha, les Ministres ont souligné qu'il importait que l'Accord sur les ADPIC soit mis en œuvre et interprété d'une manière qui favorise la santé publique, en favorisant à la fois l'accès aux médicaments existants et la mise au point de nouveaux médicaments, et se sont référés à sa Déclaration distincte sur ce sujet. La présente Déclaration sur les ADPIC et la santé publique vise à répondre aux préoccupations concernant les incidences potentielles de l'Accord sur les ADPIC sur l'accès aux médicaments. Il souligne que l'Accord sur les ADPIC n'empêche pas et ne devrait pas empêcher les gouvernements Membres de prendre des mesures pour protéger la santé publique et affirme, afin d'éviter toute réserve de la part des gouvernements, le droit des gouvernements d'utiliser les flexibilités prévues dans l'Accord.

Lors du Programme de Doha pour le développement de l'OMC de 2001, les Ministres ont souligné qu'il importait de mettre en œuvre et d'interpréter l'Accord sur les ADPIC d'une manière qui soutienne la santé publique, en favorisant à la fois l'accès aux médicaments existants et la mise au point de nouveaux médicaments. La présente Déclaration distincte sur les ADPIC et la santé publique vise à répondre aux préoccupations concernant les incidences potentielles de l'Accord sur les ADPIC sur l'accès aux médicaments.

L'importance de cet accord est particulièrement pertinente, car il souligne que l'Accord sur les ADPIC n'empêche pas et ne devrait pas empêcher les gouvernements Membres de prendre des mesures pour protéger la santé publique et affirme, afin d'éviter toute réserve des gouvernements, le droit des gouvernements d'utiliser les flexibilités prévues dans l'Accord.

Précisément en accord avec ces problèmes de santé publique et pandémies, les États-Unis ont annoncé mercredi 5 mai 2021 qu'ils étaient favorables à la levée des brevets sur les vaccins Covid-19, une mesure exceptionnelle à un moment où les pays pauvres manquent des précieuses doses, essentielles pour freiner la pandémie ; cette proposition serait examinée dans le cadre de l'OMC au sein des groupes spéciaux de l'Accord sur les ADPIC. Les laboratoires pharmaceutiques s'y sont opposés et la proposition est bloquée[19].

Passons maintenant aux progrès réalisés au sein de l'Union africaine, UA.

19. Voir Ibarra-Puig (2022d).

Progrès de l'Union africaine (anciennement Organisation de l'unité africaine)

Dans les sections précédentes, nous n'avons sélectionné que quelques éléments de la complexité d'un territoire aussi vaste que le continent africain. Les contraintes de temps et d'espace ne nous permettent pas de nous étendre comme nous le souhaitons, mais sur la base des éléments présentés, nous passerons en revue la planification du développement futur de l'Afrique[20], compte tenu des progrès réalisés dans le cadre de l'Union africaine. Dans ce qui suit, nous rappellerons les différentes initiatives d'intégration qui existent déjà, pour revoir ultérieurement ce qu'est l'UA.

L'Afrique a entrepris un certain nombre d'efforts de partenariat, qui sont résumés dans le tableau I.11 ci-dessous.

20. On trouve de nombreux articles intéressants, par exemple sur le sujet de l'approfondissement financier ou du rôle de l'aide internationale, dans la Revista de l'Association Internationale des Économistes de Langue Française (AIELF), https://aielf.org/index.php/rielfnumeros/ ; ou des panoramas plus larges dans les mémoires des réunions de l'Université ouverte de Dakhla, comme Clerc et al. (numéros divers). Les rapports de l'Union africaine, du CEA, de la Banque mondiale pour l'Afrique, du FMI, aident également à mieux comprendre ce problème.

Tableau I.11
Afrique : Accords commerciaux régionaux

CEMAC / CEMAC	Communauté économique et monétaire de l'Afrique centrale	Cameroun, République centrafricaine, Tchad, Congo,Guinée équatoriale, Gabon
COMESA / COMESA	Marché commun de l'Afrique orientale et australe	Angola, Burundi, Comores, République démocratique du Congo, Djibouti, Égypte, Érythrée, Éthiopie, Kenya, Madagascar, Malawi, Maurice, Namibie, Rwanda, Seychelles, Soudan, Swaziland, Zambie, Zimbabwe
CAE / CAE	Communauté ouest-africaine	Kenya, Tanzanie, Ouganda
SACU	Union douanière d'Afrique australe	Afrique du Sud, Botswana, Lesotho, Namibie, Swaziland
La SADC	Communauté de développement de l'Afrique australe	Afrique du Sud, Angola, Botswana, Lesotho, Malawi, Maurice, Mozambique, Namibie, Afrique du Sud, Swaziland, Tanzanie, Zambie, Zimbabwe
WAEMU/ UEMOA	Union économiqueet monétaire ouest-africaine	Bénin, Burkina Faso, Côte d'ôlvoire, Guinée-Bissau, Mali, Niger, Sénégal, Togo

Source : OMC https ://www.wto.org/spanish/tratop_s/region_s/region_areagroup_s.htm, consulté le 12 août 2023.

Il convient de noter que plusieurs pays ou régions d'Afrique ont également signé divers accords avec des zones commerciales de l'ALC[21] .

21. Citons par exemple l'accord de la SACU avec le Mercosur, l'accord de l'Égypte avec le Mercosur, etc. Voir http://rtais.wto.org/UI/charts.aspx. L'Afrique a également signé plusieurs accords avec l'UE ou avec divers pays européens.

L'Accord de libre-échange africain (ZLECA) est la première étape vers la création de l'une des plus grandes zones commerciales économiques du monde et est entré en vigueur le 30 mai 2019. Il implique la création d'un marché continental unique pour les biens et services composés de 55 pays, 1,2 milliard de personnes, quelque trois billions de dollars de PIB combiné et une union douanière avec libre circulation des capitaux et des voyageurs d'affaires.

D'autres voies que le continent africain explore sont l'incorporation dans la nouvelle route de la soie promue par la Chine (OBOR-One Belt-One Road), et qui envisage spécifiquement le Kenya et le flux de marchandises à travers le golfe d'Aden, la mer Rouge et enfin le canal de Suez, pour sortir vers la mer Méditerranée.

Figure I.7
La nouvelle route de la soie

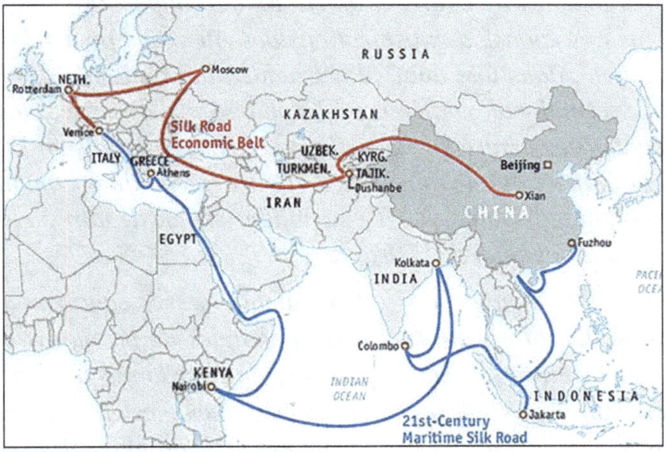

Source : Xinhua, s.d.

Progrès de l'Union africaine (anciennement Organisation de l'Unité Africaine)

Les paragraphes suivants expliquent ce qu'est l'Union africaine, tirés de source officielle[22].

L'Union africaine (UA) est une organisation continentale à laquelle ont adhéré les 55 États membres qui composent les pays du continent africain. Elle a

22. Original en français, https://au.int/fr, consulté le 1er août 2023. Il convient de noter que le 8 septembre 2023, l'UA a été acceptée, en tant que groupe, comme faisant partie du G20, ce qui constitue une étape historique.

été officiellement fondée en 2002 pour prendre le relais de l'Organisation de l'Unité Africaine (OUA, 1963-1999).

Historique:

En mai 1963, 32 Chefs des États africains qui avaient accédé à l'indépendance s'étaient rencontrés à Addis Abeba, en Éthiopie à l'effet de signer la Charte portant création de la première institution continentale africaine formée au lendemain des indépendances, l'Organisation de l'Unité africaine (OUA). L'OUA était la manifestation de la vision panafricaine d'une Afrique unie, libre et en pleine possession de sa propre destinée et cela a été consacré solennellement dans la Charte de l'OUA dans laquelle les pères fondateurs avaient reconnu que la liberté, l'égalité, la justice et la dignité étaient les objectifs essentiels en vue de la réalisation des aspirations légitimes des peuples africains et qu'il était nécessaire de promouvoir la compréhension entre les peuples africains et améliorer la coopération entre les États africains en réponse aux aspirations des Africains pour la solidarité et la fraternité, dans une unité plus grande allant au-delà des différences ethniques et nationales différences. La philosophie directrice était celle d'un panafricanisme centré sur le socialisme africain et faisant la promotion de l'unité africaine, les pratiques et caractéristiques communales des communautés africaines, et une campagne en vue de faire siens la culture et l'héritage commun de l'Afrique.

Les objectifs principaux de l'OUA étaient d'ôter le continent des vestiges restant de la colonisation et de l'apartheid; de promouvoir l'unité et la solidarité entre les États africains; de coordonner et d'intensifier la coopération pour le développement; de sauvegarder la souveraineté et l'intégrité territoriale des États membres et de promouvoir la coopération internationale. La Charte de l'OUA a décliné le but de l'Organisation, à savoir :

- *la promotion de l'unité et de la solidarité des États africains;*
- *la coordination et l'intensification de la coopération et des efforts en vue d'offrir une meilleure vie aux peuples d'Afrique ;*
- *la défense de la souveraineté nationale, de l'indépendance et de l'intégrité territoriale ;*
- *l'éradication de toutes les formes de colonialisme en Afrique ; et*
- *la promotion de la coopération internationale, en tenant dûment compte de la Charte des Nations unies et de la Déclaration universelle des droits de l'Homme.*

Par le biais du Comité de coordination de l'OUA pour la libération de l'Afrique, le Continent a œuvré et parlé d'une seule voix déterminée et ferme afin de bâtir un consensus international en faveur du soutien pour la lutte de libération et la lutte contre l'apartheid. L'OUA offrait alors un cadre réel qui permettait à tous les États membres d'adopter dans le cadre de forums internationaux des positions coordonnées sur les préoccupations communes à l'ensemble du continent et de défendre effectivement les intérêts de l'Afrique.

Le 09 septembre 1999, les chefs d'État et de gouvernement de l'Organisation de l'Unité africaine (OUA) ont signé la Déclaration de Syrte qui appelait de tous ses vœux la création d'une Union africaine, envisageant l'accélération du processus d'intégration continentale qui permettra à l'Afrique de jouer le rôle légitime qui est le sien dans l'économie mondiale, tout en faisant face à des problèmes sociaux, économiques et politiques variés qui devenaient complexes à mesure qu'étaient pris en compte certains aspects négatifs de la mondialisation.

La création de l'Union africaine :

L'Union africaine (UA) a été officiellement créée en juillet 2002 à Durban, en Afrique du Sud, suite à une décision prise en septembre 1999 par l'organisation pionnière, l'OUA de mettre *en place une nouvelle organisation continentale à l'effet de consolider ses acquis. La décision de création d'une nouvelle organisation panafricaine était le fruit d'un consensus auquel étaient parvenus les dirigeants africains à l'effet de mobiliser le potentiel de l'Afrique, le besoin était ainsi créé de reporter l'attention loin des objectifs d'élimination du colonialisme et de l'apartheid, auxquels s'étaient concentrée l'OUA, pour la ramener vers une coopération et une intégration accrue des États africains et en faire le moteur de la croissance et du développement économique de l'Afrique.*

L'UA s'inscrit dans la vision « d'une Afrique intégrée, prospère et pacifique, dirigée par ses propres citoyens et représentant une force dynamique sur la scène internationale ».

L'Acte constitutif de l'Union africaine et le Protocole sur les amendements à l'Acte constitutif de l'Union africaine déclinent les objectifs de l'UA, qui consistent à :

- *réaliser une plus grande unité et solidarité entre les pays africains et entre les peuples d'Afrique; défendre la souveraineté, l'intégrité territoriale et l'indépendance de ses États membres; accélérer l'intégration politique et socio-économique du continent;*

- *promouvoir et de défendre des positions africaines communes sur les questions d'intérêt pour le continent et ses peuples;*
- *Encourage international cooperation*
- *promouvoir la paix, la sécurité et la stabilité sur le continent;*
- *promouvoir les principes et institutions démocratiques, la participation populaire et la bonne gouvernance;*
- *promouvoir et protéger les droits de l'homme et des peuples conformément à la Charte africaine des droits de l'homme et des peuples et aux autres instruments pertinents relatifs aux droits de l'homme;*
- *créer les conditions appropriées permettant au continent de jouer le rôle qui est le sien dans l'économie mondiale et dans les négociations internationales;*
- *promouvoir le développement durable aux plans économique, social et culturel, ainsi que l'intégration des économies africaines;*
- *promouvoir la coopération dans tous les domaines de l'activité humaine en vue de relever le niveau de vie des peuples africains;*
- *coordonner et harmoniser les politiques entre les communautés économiques régionales existantes et futures en vue de la réalisation graduelle des objectifs de l'Union ;*
- *accélérer le développement du continent par la promotion de la recherche dans tous les domaines, en particulier en science et en technologie ;*
- *œuvrer de concert avec les partenaires internationaux compétents en vue de l'éradication des maladies évitables et de la promotion de la santé sur le continent ;*
- *assurer la participation des femmes au processus de prise de décisions, notamment dans les domaines politique, économique et socioculturel ;*
- *développer et promouvoir des politiques communes sur le commerce, la défense et les relations extérieures en vue d'assurer la défense du continent et le renforcement de ses positions de négociation ;*
- *inviter et encourager la participation effective des Africains de la diaspora, en tant que partie importante de notre continent, à la construction de l'Union africaine.*

Après avoir fait cette description de l'UA et de sa portée, nous nous souvenons que, lors d'un exercice de planification, nous devons commencer par la formulation de la fonction de bien-être social à maximiser. Pour cela, la complexité de la région, ses ressources, leur disponibilité et les objectifs à atteindre doivent être reconnus. De même, l'horizon de planification doit être envisagé[23].

L'Union africaine, l'UA, a déjà avancé ses travaux à cet égard[24], conformément aux Objectifs du Millénaire proposés par l'ONU[25]. En fait, l'UA a formulé l'Agenda 2063, qui stipule que

« l'Agenda 2063 reflète l'intention et la volonté de 1,3 milliard d'Africains. Le projet a été exposé pour la première fois par l'Organisation de l'unité africaine, fondée en 1963. À l'instar de cette Organisation, l'Agenda 2063 vise à faire de l'Afrique une puissance internationale constructive et à établir un objectif commun entre tous les pays africains... Pour analyser l'Agenda 2063, nous devons tout d'abord nous arrêter pour étudier quelles sont ses aspirations. Ainsi, les objectifs à long terme poursuivis par ce projet sont : une Afrique prospère basée sur la croissance inclusive et le développement durable, un continent intégré, politiquement uni et basé sur les idéaux du panafricanisme et la vision de la Renaissance africaine. Ils aspirent également à construire une Afrique de bonne gouvernance, de démocratie, de respect des droits de l'homme, de justice et d'état de droit. Une Afrique pacifique et sûre est recherchée, avec une identité culturelle forte, un patrimoine commun, des valeurs partagées et une éthique dont le développement est axé sur les personnes ; (qui) s'appuie sur le potentiel des Africains, en particulier de leurs femmes et de leurs jeunes, et prend soin des enfants. Comme le rappelle le projet, tous ces désirs et attentes pour l'Afrique sont déjà dans « les gènes du continent »[26].

La liste des activités de l'UA dans le scénario 2063 est la suivante[27]:

1. *Une Afrique prospère fondée sur la croissance inclusive et le développement durable ;*

---

23. Par exemple, 527 langues sont parlées au Nigeria, atteignant même le fait que dans certaines populations, une langue est pour les femmes et une autre pour les hommes ; https://www.20minutos.es/imagenes/internacional/5079560-los-paises-en-los-que-se-hablan-mas-idiomas/9/.

À des fins de planification, nous définissons les objectifs comme ceux à atteindre à long terme (10 ans ou plus) ; Objectifs à moyen terme : de 1 à 9 ans.

24. https://au.int/agenda2063/sdgs, consulté le 18 avril 2023.

25. 1. Éliminer l'extrême pauvreté et la faim, 2. Assurer l'éducation primaire pour tous, 3. Promouvoir l'égalité des sexes et l'autonomisation des femmes, 4. Réduire la mortalité des moins de 5 ans, 5. Améliorer la santé maternelle, 6. Lutte contre le VIH/sida, le paludisme et d'autres maladies, 7. Assurer la durabilité environnementale, 8. Mettre en place un partenariat mondial pour le développement. Source https://research.un.org/es/docs/dev/2000-2015, consulté le 18 avril 2023.

26. https://www.fei.org.es/2020/11/18/el-africa-que-queremos-agenda-206/, consulté le 18 avril 2023.

27. La liste complète des activités de l'UA en 2063 figure en annexe.

2. *Un continent intégré, politiquement uni et ancré dans les idéaux du panafricanisme et la vision de la Renaissance africaine.*
3. *Une Afrique de bonne gouvernance, de démocratie, de respect des droits de l'homme, de justice et d'État de droit*
4. *Une Afrique vivant dans la paix et la sécurité.*
5. *Une Afrique avec une identité culturelle forte, un patrimoine commun et des valeurs et une éthique partagées.*
6. *Une Afrique centrée sur les personnes qui exploite et s'appuie sur le potentiel de ses populations, en particulier les femmes et les jeunes, qui se soucient du bien-être des enfants.*
7. *Une Afrique qui agit comme un acteur et un partenaire fort, uni et influent sur la scène mondiale.*

À l'annexe I.1, nous présentons la Vision 2063 de l'UA.

Il convient également de mentionner les différentes unions monétaires qui existent sur le continent, certaines d'entre elles dans le cadre d'accords régionaux, et il existe un consensus général sur leur contribution à la stabilité des régions, bien que certains critiques aient pointé du doigt certaines d'entre elles comme des instruments de colonialisme[28].

I.b Le développement économique de l'ALC de 1980 à 2022

Introduction

Parler de l'Amérique latine et des Caraïbes, LAC, signifie en fait parler de nombreuses Amériques latines, comme l'a dit Braudel pour l'Afrique[29]. Bien que le rêve d'une grande Amérique latine, unie commercialement, soit présent surtout depuis la seconde moitié du siècle dernier, il n'en est pas moins vrai que les disparités qui se sont produites au cours des 40 dernières années ont provoqué une diversification des économies de l'Amérique latine qui s'est accentuée au XXIe siècle, surtout avec l'irruption du Covid19.

Depuis la Seconde Guerre mondiale, l'Amérique latine était considérée comme une région productrice de produits de base. Le Brésil et le Mexique sont apparus comme des promesses de développement, tout comme l'Argentine. Cependant,

---

28. Voir, par exemple, Mattheis (2016) ; et aussi « Le franc CFA est mort. Vive l'écho », disponible le https ://cashessentials.org/el-franco-cfa-ha-muerto-larga-vida-al-eco/ ?lang=es 7 janvier 2020, consulté le 27 septembre 2023.
29. Braudel, F. (1993).

le processus n'était pas entièrement homogène pour le reste des pays, beaucoup d'entre eux ont même été catalogués avec la mauvaise réputation des pays bananiers, car ils exportaient une grande quantité de ce produit, mais en même temps ils étaient soumis à des dictatures militaires, soutenues et parrainées de l'étranger. La stabilité politique dont jouissent les autres pays d'Amérique latine incite à penser que l'Amérique latine pourrait devenir un grand continent à la fin du XXe siècle. Cependant, les trajectoires économico-politiques des économies les plus avancées d'Amérique latine étaient très différentes. Les politiques économiques mises en œuvre en Argentine, par exemple, ont commencé à générer l'illusion que ce pays pouvait être considéré comme un pays développé à la fin du XXe siècle ; et dans le cas du Mexique, on a parlé du miracle mexicain pour désigner la période de 1958 à 1970. Dans le cas du Brésil, son développement a été interrompu par les coups d'État militaires et ces groupes, une fois au pouvoir, n'ont pas été en mesure d'articuler un processus de développement à long terme, pas plus que ce type de régime dans le reste des pays d'Amérique latine. Les chocs pétroliers des années soixante-dix ont rendu visible la fragilité de la région aux chocs extérieurs et ont engendré un autre problème, celui de la dette, qui a explosé en 1982, mais dont les conséquences se font encore sentir aujourd'hui.

Les politiques mises en œuvre depuis 1980 n'ont pas réussi à éliminer les vieux problèmes de pauvreté, de mauvaise répartition des revenus et de manque de développement dans la région, de telle sorte que, même sur une période plus large, nous ne parlons plus de la décennie perdue de l'Amérique latine et des Caraïbes, pour se référer aux années 1980. mais on a même parlé du siècle perdu des LAC[30].

La première sous-section de cette partie analyse le développement économique de LAC de 1980 à 2020, déjà présent avec Covid-19 ; dans la deuxième sous-section, nous passons en revue la crise causée par le Covid–19 et les défis des LAC de 2020 à 2022.

L'Amérique latine et les Caraïbes de 1980 à 2020. Quatre décennies perdues ?[31].

La décennie des années quatre-vingt du siècle dernier a présenté des caractéristiques particulières pour l'Amérique latine et les Caribes. Les chocs pétroliers de 1973 et 1979 ont menacé d'aggraver leurs déséquilibres extérieurs, les déficits publics se sont creusés et l'inflation a augmenté. Cela signifiait le besoin de ressources financières pour faire face à cette situation, et la non-disponibilité des ressources propres dans ces pays – sauf dans le cas des exportateurs de pétrole – a conduit les gouvernements et les entreprises de la région à rechercher des fonds sur

30. Urquidi (2005).

31. Cette sous-section est une version abrégée et mise à jour de Ibarra-Puig (2022a).

les marchés internationaux des capitaux. Ceux-ci, à leur tour, avaient les liquidités générées par les dollars fournis essentiellement par les pays de l'Organisation des pays exportateurs de pétrole (OPEP), plus les ressources générées par d'autres acteurs internationaux, financiers et non financiers. Ces liquidités internationales ont ensuite été canalisées vers plusieurs pays en développement touchés par les chocs pétroliers, en particulier vers l'Amérique latine, principalement par les banques financières internationales. La concurrence bancaire internationale a écarté la prudence bancaire traditionnelle et les emprunteurs privés ont remplacé les organisations financières internationales (telles que la Banque interaméricaine de développement et la Banque mondiale) en tant que fournisseurs de fonds pour l'Amérique latine. Cela est illustré par le fait qu'en 1970, la dette publique extérieure de l'Amérique latine était de 45 % envers les créanciers privés (19,5 % envers les banques privées internationales) et de 55 % envers les créanciers publics. En 1982, les ratios étaient de 70 % pour les créanciers privés (60 % pour les banques) et de 30 % pour les créanciers officiels (tableau I.12).

Tableau I.12

Amérique latine : composition de la dette publique extérieure par catégorie de créanciers, 1970-1986 (en pourcentage)

		PRIVÉ			OFFICIEL	
Année	Banques	Obligations et autres fournisseurs	Total Privé	Multilatéral	Bilatéral	Officiel Total
1970	19.7	25.3	45.0	24.0	31.0	55.0
1975	42.7	15.8	58.5	19.9	21.6	41.5
1980	56.7	12.5	69.2	17.1	13.9	31.0
1982	57.6	12.4	70.0	17.4	12.6	30.0
1986	62.4	8.2	70.6	16.8	12.6	29.4

Source : BID 1988, tableau I.E.6.

Les risques de cette composition de la dette étaient que les prêts otorgués par les banques privées étaient contractés avec des critères commerciaux, c'est-à-dire avec des taux d'intérêt du marché (supérieurs à ceux pratiqués par les institutions financières internationales) ; et variables chaque six mois plusieurs fois, et avec des délais de paiement plus courts, en fait, contractés à court terme, tout au plus, à moyen terme. Les pays exportateurs de pétrole de la région n'ont pas échappé à cette illusion d'emprunt facile. Soutenus par des hypothèses optimistes concernant les prix futurs du pétrole, ils ont contracté d'énormes quantités de ressources en plus de celles générées par les revenus pétroliers. De cette façon, ils ont jeté les bases de l'inflation qui s'est produite à la fin des années soixante-dix et au début des années quatre-vingt, en injectant dans les économies plus de ressources qu'elles n'étaient capables d'absorber. Il convient de mentionner que quatre pays de la région : l'Argentine, le Brésil, le Mexique et le Venezuela, ont réussi à concentrer près de 80 % de la dette due aux banques privées internationales[32]. En termes de montants, la dette publique extérieure de l'Amérique latine et des Caraïbes (ALC) est passée de 15 milliards 760 millions de dollars en 1970 à 130 422 millions de dollars en 1980 ; et son service est passé de 4 424 millions de dollars à 27 131 millions de dollars dans ces années-là[33].

L'explosion du problème de la dette s'est produite à l'été 1982, lorsque le Mexique, en raison de la hausse des taux d'intérêt internationaux et de la chute du prix du pétrole (qui représentait plus de 60 % de ses exportations), a été contraint de déclarer un moratoire de trois mois sur le paiement de ses obligations à l'étranger. Dans un moratoire sélectif uniquement sur les prêts bancaires privés – d'autres pays de la région avaient déjà connu des problèmes de paiement de leur dette, mais la renégociation opportune de leurs dettes, qui n'étaient pas très importantes, avait empêché la manifestation de la crise dans toute son ampleur réelle. À la suite de cette déclaration d'insolvabilité du Mexique, le crédit bancaire privé international est devenu pratiquement nul, de même que les autres flux de financement. Les conséquences de cette interruption des flux de capitaux ont été multiples : diminution des réserves de change dans plusieurs pays, notamment dans la première moitié des années quatre-vingt, lorsqu'elles ont été absorbées par les paiements du service de cette dette; deuxièmement, les déficits du secteur public – auparavant financés par des ressources provenant de l'étranger – ont dû être couverts par le crédit intérieur, ce qui a donné lieu au « phénomène d'éviction financière», qui signifiait moins de crédit disponible pour l'investissement privé et des taux d'intérêt plus élevés, tableau I.13.

32. Watson et al. (1988).

33. Urquidi (2005).

Tableau I.13
Amérique latine : financement intérieur du déficit de l'administration centrale par pays, 1980-1987, en pourcentage.

	1980	1983	1984	1985	1986	1987
Argentina	73	116	108,0	88,0	89,4	n.d.
Brasil	n.d.	n.d.	87,3	100,0	n.d	n.d.
Colombia	47	105	85,0	77,7	69,8	-51.8
Costa Rica	77	83	83,3	-22,9	59,5	71,4
Chile	n.d	100	74,0	-32,9	-484,5	174,0
Ecuador	64	116	n.d.	82,8	n.d.	n.d.
Mexico	82	65	78,3	97,8	n.d	n.d
Perù	75	46	20,7	-24,8	62,2	92,2
Uruguay	n.d	105	106,1	120,1	115,1	95,0
Venezuela	-36	95	62,9	100,0	100,0	92,3
n.d. No disponible.						

Source : BID (1987 et 1988)

Troisièmement, en raison de ces taux d'intérêt plus élevés et de la rareté du crédit intérieur, les entreprises ont augmenté leurs prix ou réduit leurs coûts principalement par le biais de restrictions salariales. Cela signifiait, d'une part, des tensions inflationnistes et, d'autre part, une baisse du pouvoir d'achat. En outre, en raison des politiques d'ajustement macroéconomique dans la plupart des pays de la région, les salaires ont baissé en termes réels[34]. À titre d'exemple, au cours de la période 1980-1986, les salaires minimums réels ont enregistré une baisse de leur pouvoir d'achat de 11 % en Uruguay, de 18 % au Brésil, de 33 % en Équateur, de près de 40 % au Chili et au Mexique, et de 44 % au Pérou[35]. Cela signifiait, dans l'ensemble de l'économie, une baisse de la demande effective, ce qui n'incitait guère les entrepreneurs à investir. En fait, l'investissement en pourcentage du PIB est passé de 23 % en moyenne au cours de la période 1970-1981 à 17 % au cours de la période 1982-1987[36].

34. Les politiques économiques du Brésil, du Chili et du Mexique sont analysées en détail dans Ibarra-Puig (2013). Voir aussi les essais de C. Braga et P. Salama contenus dans Ibarra-Puig (2022).

35. BID « Reporte Económico... », éd. 1988.

36. CEPAL (1988). La moyenne du GFKF pour l'Asie de l'Est et le Pacifique de 1960 à 2021 était de 32 % du PIB ; source Banque Mondiale.

Poursuivant notre analyse de la chute du GFKF en Amérique latine et des Caraïbes dans les années 80 du siècle dernier, il y a eu ensuite une baisse de l'activité économique dans la région, graphique I.9, non seulement en raison de la baisse des investissements, mais aussi en raison de la diminution de la capacité d'importation des entreprises. Il en était ainsi, puisque les programmes d'ajustement recommandaient une dévaluation de la monnaie nationale, afin de rendre les exportations compétitives, de générer des devises et de pouvoir ainsi continuer à payer le service de la dette. La chute de l'activité économique a été si forte que les années quatre-vingt ont été appelées la « décennie perdue » de l'Amérique latine[37].

Figure I.9
ALC, croissance annuelle du PIB réel 1970-2022, en pourcentage

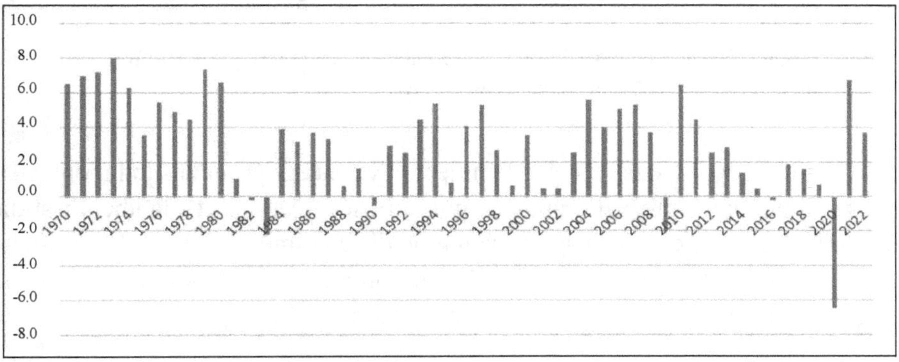

Source : D'après les Indicateurs du développement dans le monde de la Banque mondiale.

Nous avons mis ces données basées sur la Banque mondiale parce qu'on apprécie, dans les années soixante-dix, l'impact des chocs pétroliers de 1973 et 1979. Cette évolution macroéconomique de la région n'a pas été la même selon la sous-région. Comme le montre le graphique I.10, d'après le FMI, la région la plus touchée au cours de cette décennie des années 80 du siècle dernier a été l'Amérique centrale, suivie de l'Amérique du Sud et enfin des Caraïbes. Il convient de mentionner la chute de l'économie mexicaine et sa reprise ultérieure à la fin de cette décennie et au début des années quatre-vingt-dix, car elle a bénéficié d'une phase expansionniste de l'économie américaine.

37. Comme il a été déjà mentionné, les pays qui n'ont pas suivi les programmes d'ajustement du FMI ou ceux de la Banque mondiale sont ceux qui ont le mieux réussi leur développement ; voir Urquidi (2005), Porcher (2021).

Figure I.10
Amérique latine, croissance du PIB réel par sous-région et Mexique, pourcentages 1980-2023[e]

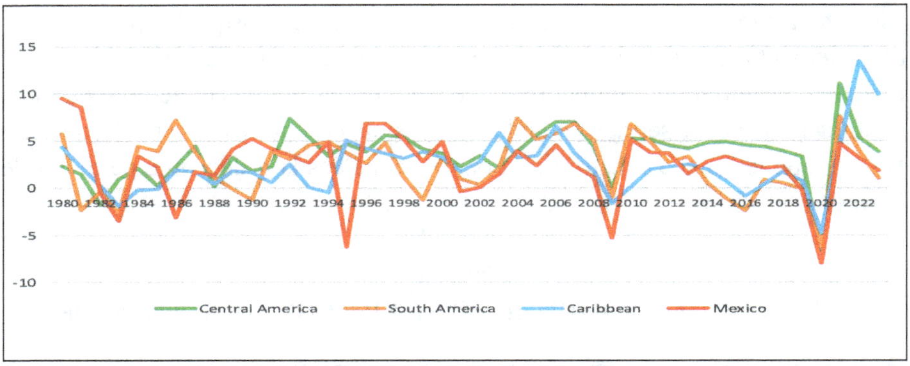

Source : D'après FMI, https ://www.imf.org/external/datamapper/NGDP_RPCH@WEO/ ADVEC/ WEOWORLD, consulté le 27 juin 2020. e=estimation

Comme nous l'avons vu précédemment, il y a eu des pressions inflationnistes dues d'abord aux entrées de capitaux, puis aux dévaluations et à la libéralisation des prix ; cela a affecté les pays de la région différemment. Comme le montrent le tableau I.14 et le graphique I.11, l'inflation a été particulièrement forte en Argentine, au Brésil et, dans une certaine mesure, au Mexique.

Tableau I.14
Inflation en Amérique latine et dans certains pays, 1970-2022 (Indice de déflation du PIB)

	1970	1971	1972	1973	1974	1975	1976	1977	1978	1979	1980	1981	1982
Argentina	6.5	31.3	64.2	65.5	30.6	197.7	438.3	159.4	161.4	147.4	95.8	105.3	194.5
Brasil	16.3	19.4	19.9	29.6	34.6	33.9	41.2	45.4	38.2	54.4	92.1	100.5	101.0
Chile	40.6	17.7	87.6	414.3	678.6	347.2	247.3	101.8	56.3	48.0	29.1	11.6	7.7
México	2.7	6.4	6.5	13.4	23.1	15.6	19.4	30.4	16.0	19.7	41.4	25.1	61.0
ALC	4.2	5.2	6.7	14.6	23.2	15.5	8.6	12.5	8.6	14.6	18.3	10.8	7.1

	1983	1984	1985	1986	1987	1988	1989	1990	1991	1992	1993	1994	1995	1996
Argentina	380.2	611.2	6074	77.3	127.5	381.2	3,046.1	2,078.3	140.5	16.1	-3.6	2.8	3.2	-0.1
Brasil	131.5	201.7	248.5	149.2	206.2	628.0	1,304.4	2,737.0	416.7	969.0	1,996.2	2,240.2	94.0	18.5
Chile	31.0	15.7	41.7	21.5	25.8	21.7	13.8	22.5	21.4	13.5	12.2	14.5	11.7	4.1
México	88.3	59.3	59.2	70.5	142.0	100.5	27.4	28.2	23.6	14.9	34.7	8.8	38.5	26.5
ALC	7.0	10.5	3.4	7.2	8.9	11.7	10.9	18.5	14.6	5.6	8.8	11.7	10.5	3.9

	1997	1998	1999	2000	2001	2002	2003	2004	2005	2006	2007	2008	2009
Argentina	-0.5	-1.7	-1.8	1.0	-1.1	30.6	10.5	18.4	10.3	13.7	14.9	23.1	15.4
Brasil	7.7	4.9	8.0	5.6	8.2	9.8	14.1	7.8	7.4	6.8	6.4	8.8	7.3
Chile	3.3	0.8	2.2	4.6	4.3	3.3	4.3	7.0	7.1	12.3	5.1	0.3	3.6
México	18.7	15.4	16.1	11.2	6.0	5.5	4.0	8.0	5.9	6.4	5.8	6.2	3.9
ALC	3.7	6.4	3.8	4.6	3.3	3.7	4.7	6.5	5.9	6.4	6.1	7.6	3.5

	2010	2011	2012	2013	2014	2015	2016	2017	2018	2019	2020	2021	2022
Argentina	20.3	23.7	22.3	23.9	40.3	26.6	41.1	26.8	42.0	49.2	40.3	54.2	69.7
Brasil	8.4	8.3	7.9	7.5	7.8	7.6	8.1	3.7	4.5	4.2	6.5	11.4	8.3
Chile	8.9	3.3	0.8	2.3	5.9	5.0	4.6	4.8	1.6	2.6	9.6	6.8	6.6
México	4.5	5.8	4.1	1.5	4.4	2.8	5.6	6.7	4.9	4.1	4.2	5.2	7.0
ALC	4.7	5.7	3.6	2.5	2.5	2.7	2.1	2.9	2.3	3.0	2.2	3.9	6.0

Source : D'après les indicateurs de développement économique de la Banque mondiale

D'après le tableau ci-dessus, nous pouvons voir que l'inflation a commencé à être un problème en Argentine à partir de la deuxième partie des années soixante-dix et s'est aggravée dans la seconde partie des années quatre – vingt. Dans le cas du Brésil, les problèmes inflationnistes sont apparus pour la première fois au début des années quatre-vingt et se sont aggravés dans la seconde partie de cette décennie, atteignant des niveaux de 2 700 % en 1990, avant d'être contrôlés, de remonter en 1994 à 2 304 % et de revenir au contrôle en 1997. Les problèmes du Chili sont apparus dans les années 1971-1980, puis se sont contrôlés et sont parvenus à la stabilité depuis lors, bien qu'à un coût social élevé[38], graphique I.11.

Figure I.11
Inflation dans les pays de l'Amérique latine et des Caraïbes et dans certains pays (indice de déflation du PIB) 1970-2022

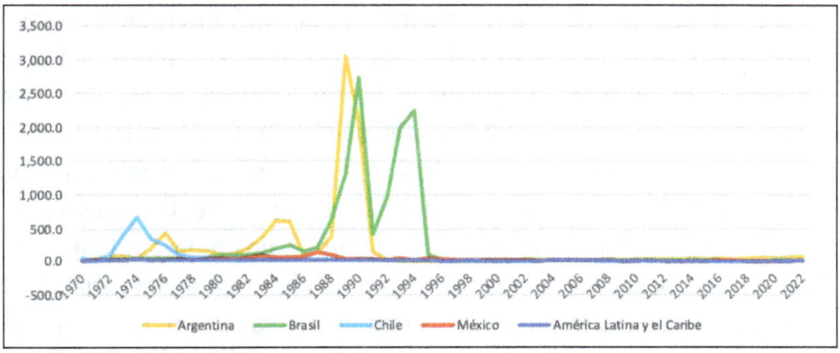

Source : D'après les indicateurs de développement économique de la Banque mondiale

Les pays d'Amérique latine ont mis en œuvre des programmes de choc pour freiner ces processus inflationnistes, la plupart du temps avec les conseils du Fonds Monétaire International, à travers leurs programmes d'ajustement de la balance des paiements, avec des coûts sociaux élevés et, parfois, une inflation croissante puisque ces programmes d'ajustement recommandent la libéralisation des prix et la dévaluation de la monnaie nationale.

Cette situation de crise de la dette, d'inflation et de raréfaction des ressources a conduit les pays d'Amérique latine à repenser leurs modèles de développement. La crise latino-américaine et sa mauvaise gestion ont été d'une telle ampleur que, d'autre part, elles ont accéléré les processus de changement social que diverses sociétés réclamaient depuis un certain temps : le 19 juillet 1979, la dictature de la famille Somoza, en vigueur de 1937 à 1979, est tombée au Nicaragua ; au Salvador, les accords de paix ont été signés le 16 janvier 1992 à Chapultepec, au Mexique, après soixante ans de dictature militaire ; en Uruguay, la dictature civique et militaire uruguayenne a pris fin qui, à la suite d'un coup d'État, a duré du 27 juin 1973 au 1er mars 1985 ; en Argentine, la dictature militaire, instaurée

38. Voir Gunder Frank (1976).

après un coup d'État militaire en 1976, a pris fin après avoir été au pouvoir jusqu'en 1983 ; au Brésil, la dictature militaire brésilienne, installée le 1er avril 1964 à la suite d'un coup d'État, a pris fin le 15 mars 1985 ; au Chili, la dictature militaire chilienne qui régnait depuis le 11 septembre 1973 a pris fin le 11 mars 1990. De même, le 7 février 1986, Jean-Claude Duvalier a fui Haïti, après une dictature de près de 30 ans héritée de son père, se réfugiant en France et laissant le pays au rang des plus pauvres du monde.

L'alternative de croissance qui a été choisie, forcée par ces pays en outre par la nécessité de générer des ressources pour le paiement de leur dette extérieure, était l'ouverture au monde extérieur sur deux axes : la déréglementation des systèmes financiers et l'ouverture de la balance des paiements. La première portait essentiellement sur trois pistes[39] : la privatisation du système bancaire (ou néoprivatisation, comme ce fut le cas au Mexique, après avoir nationalisé les banques commerciales en septembre 1982) ; la libération (en fait, une nouvelle régulation) de certaines politiques monétaires, notamment celles liées au contrôle gouvernemental des taux d'intérêt et des politiques de crédit ; et la troisième, la libéralisation des opérations sur les marchés financiers nationaux (principalement liée à l'ouverture des marchés aux investisseurs étrangers). Il convient de mentionner que l'ouverture de l'économie au monde extérieur dans le cas chilien n'a pas tant été motivé par les crises, mais par une tentative de diversifier son économie et de ne pas dépendre autant des exportations d'un seul produit, le cuivre[40].

Pour sa part, l'ouverture de la balance des paiements a couvert la balance commerciale, le compte courant et le compte de capital. Pour ce faire, les pays se sont tournés non seulement vers le FMI, mais aussi vers les prêts d'ajustement structurel de la Banque mondiale, qui a mis en œuvre ces prêts en 1979 à titre de mesure transitoire pour les pays en développement confrontés à des problèmes de balance des paiements ou ayant un endettement extérieur important, afin qu'ils puissent croître « vers l'extérieur » afin d'obtenir des devises pour continuer à honorer leurs engagements internationaux. Ainsi, le commerce extérieur de l'Amérique latine a subi une transformation, comme le montre le tableau I.15.

---

39. Voir Ibarra-Puig (1989).

40. Ibarra-Puig (2013a)

Tableau I.15

ALC : exportation des dix principaux produits, en fonction de leur part en pourcentage dans chaque année, 1980-2000. Voir notes a) b) à la fin du tableau

	Main products					
		1980	**1985**	**1990**	**1995**	**2000 d,e**
1	Crude petroleum	28.1	24.9	17.7	9.9	2.5
2	Pass motor vehexc buses	...	...	2.2	3.6	5.6
3	Petroleumproducts	10.6	11.6	7.3	3.3	3.6
4	Statiscal machines	...	...	...	...	2.4
5	Other motorvehcl parts	...	...	...	1.6	2.1
6	Insulated wire,cable	...	...	...	13.6	1.9
7	Oth telecom equipement	...	...	...	...	1.9
8	Televisionreceivers	...	...	...	1.4	1.7
9	Copper refined	2.3	1.5	3	2.2	1.6
10	Lorries, trucks	...	...	...	...	...
11	Bovine meatfresh, frozen	1	...	...	...	...
12	Wheat etcunmilled	...	1.2	...	...	...
13	Bananas, plantains fresh	...	1	...	...	...
14	Raw beet andcane sugar	2	...	...	...	...
15	Coffe green.roasted	7.7	6.7	3.5	2.8	...
16	Vegetable oilresidues	2	1.8	2.3	1.5	...
17	Soya beans. exclflour	1.2	1.5	1.6	...	...
18	Irom, ore, etc, excl pyrtes	1.2	1.5	1.6	...	...
19	Gas natural	1.2	...	...	...	...
20	Aluminium, alloys, unwrght	...	...	1.4	...	...
21	Piston enginesnon-air	...	2.4	1.9	1.3	...

	Average shareof leading products (%)	**58.4**	**54.4**	**43**	**41.2**	**34.9**
	Exports to theworld market(milions of US Dollard)	**89,802.40**	**94,596.50**	**119,931.50**	**217,511.30**	**343,882.60**

[a] *Argentira, Barbados, Belize, Bolivia, Brazil, Chile, Colombia, Costa Rica, Dominica, Ecuador, El Salvador, Guatemala, Honduras, Jamaica, Mexico, Nicaragua, Panama, Paraguay, Peru, Trinidad and Tobago, Uruguay and Venezuela.*

[b] *Starting from 1902, the data supplied by Mexico include goods processed under maquila arrangements.*

[c] *Does not include Dominica.*

[d] *Does not Include Belize.*

[e] *Preliminary figures.*

Source : D'après CEPAL (2002), Annuaire statistique 2001, tableau 83.

Il y a plusieurs points saillants de ce tableau. La première est que l'importance relative des 10 principaux produits dans les exportations de l'Amérique latine et des Caraïbes diminue dans leur poids spécifique, passant de 58,4 pour cent en 1980 à 43 pour cent en 1990, ce qui indique que le processus de libéralisation du commerce a été axé sur une diversification des exportations. La seconde est qu'en 1980, sur les dix principaux produits d'exportation, tous étaient des matières premières, mais depuis 1985, les produits manufacturés ont été incorporés : moteurs à combustion interne, à l'exception des avions ; et par la suite les véhicules à moteur, montés ou non montés (pour les passagers autres que les autobus et les véhicules à usage spécial) ; ce secteur automobile s'est développé principalement au Mexique et dans les pays du Mercosur[41]. La part des pétroles bruts et des produits pétroliers

41.Le Marché commun du Sud (MERCOSUR) est un processus d'intégration régionale initialement institué par l'Argentine, le Brésil, le Paraguay et l'Uruguay, auquel se sont joints ultérieurement le Venezuela (actuellement suspendu) et la Bolivie, cette dernière étant en cours d'adhésion ; source : https :// www.mercosur.int/quienes-somos/en-pocas-palabras/, consulté le 22 juillet 2023. Pour les processus d'intégration de ALC, voir l'excellent texte de Fernando de Mateo inclus dans Ibarra – Puig (2022).

a fortement diminué, passant de 38,7 % en 1980 à 25 % en 1990 (et à 13,2 % en 1995). Une situation similaire s'est produite avec les autres produits[42]. Cette situation s'est produite malgré le fait que les prix de certaines matières premières étaient à la hausse au cours de la seconde partie des années 80, figure I.12, mais les prix des denrées alimentaires, en termes réels, ont eu une tendance à la baisse dans la première partie des années 80, puis se sont stabilisés, graphique I.13, étant ce type de produits, ceux qui ont exporté le plus les pays d'Amérique du Sud, tels que l'Argentine, l'Uruguay, le Brésil. Dans le même temps, le prix du pétrole à l'international a connu une forte baisse, car après s'être échangé à 35,52 dollars le baril (dpb) l'année 1980, il est tombé à 13,53 en 1986, pour se redresser et commencer la décennie des années 90 avec un prix de 22,26 dpb, graphique I.14. En d'autres termes, les termes de l'échange n'étaient pas entièrement favorables à l'Amérique latine dans les années 80.

Il est à noter que, depuis cette époque, la Chine avait des taux de croissance réels de son PIB, supérieurs à 7 % [43], ce qui a aidé le prix des matières premières et des aliments exportés par la région latino-américaine, n'a pas trop baissé, puisque ce pays commençait déjà à consommer des produits de la région. Figures I.12 et I.13.

42. Dans le cas du café, en 1936, l'Office panaméricain du café a été créé, sous la forte impulsion du Brésil, avec pour mission de mener des activités promotionnelles, de stimuler la consommation de café sur le marché américain et d'essayer d'améliorer les relations commerciales. Dans les années quatre – vingt, l'Accord international sur le café, CIC, a été établi, qui a été suspendu et renouvelé plusieurs fois. Suite à la chute des prix du café et à l'annulation temporaire des contingents d'exportation, le CIC est rentré en vigueur le 1er octobre 1980 et a été revalidé en 1983. Du 1er février 1986 au 6 octobre 1987, elle a subi une nouvelle interruption ; À l'heure actuelle, il existe toujours, bien que son importance ait été considérablement diminuée ; voir Portillo (1993) et OIC (2020).

43. En fait, en 1984, il avait un taux de croissance réel de 15,2 %, source : IMF Data Mapper.

Figure I.12
Indice des prix des produits de base de la CNUCED, annuel (2015=100) 1996-2022, Taux de croissance (par rapport à la période précédente)

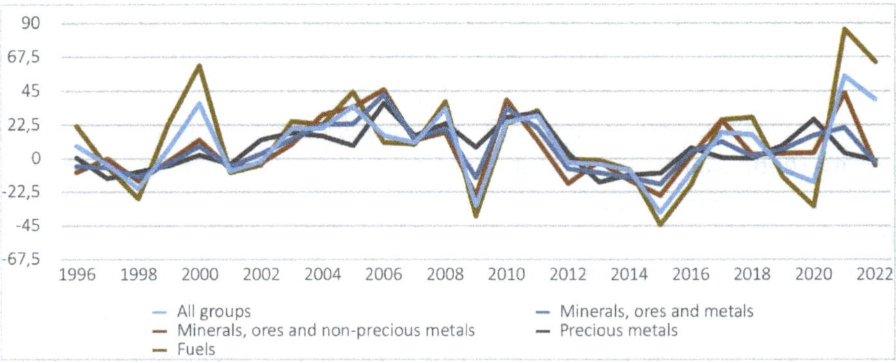

Source : https://unctadstat.unctad.org/datacentre/dataviewer/US.CommodityPriceIndices_A, 24 juin 2023.

Graphique I.13
Indice FAO des prix des produits alimentaires, en termes nominaux et réels 1961-août 2023

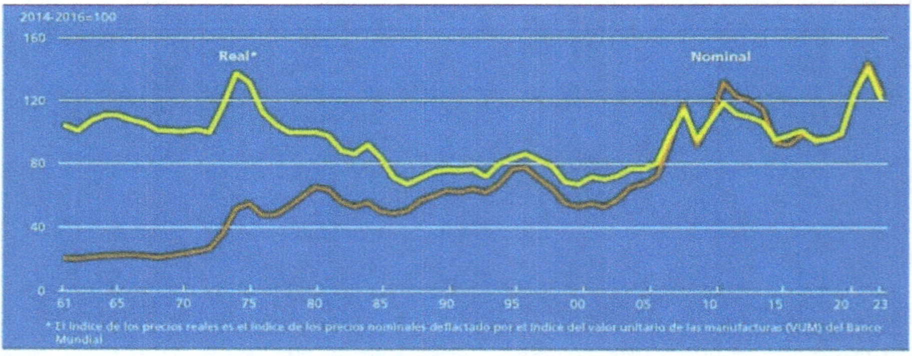

Source : http://www.fao.org/worldfoodsituation/foodpricesindex/es/, consulté le 8 septembre 2023.

Notons que, depuis le début de ce siècle, l'indice des prix alimentaires a suivi une tendance à la hausse, posant au moins deux problèmes aux pays importateurs, dont l'ALC. Premièrement, cela signifie des problèmes de balance commerciale dans un contexte de détérioration des termes de l'échange, de baisse des prix de leurs exportations et d'augmentation des prix des denrées alimentaires qu'ils importent ; deuxièmement, ils signifient des pressions inflationnistes.

Une situation similaire se produit avec le pétrole, qui est un produit important, mais importé dans plusieurs économies de la région, et dont le prix est resté à la hausse de 1999 à 2013, puis a diminué, mais le mal était déjà fait au compte courant.

Figure I.14
Évolution annuelle du prix moyen du pétrole brut fixé par l'Organisation des pays exportateurs de pétrole (OPEP) de 1960 à 2019 (en dollars le baril)

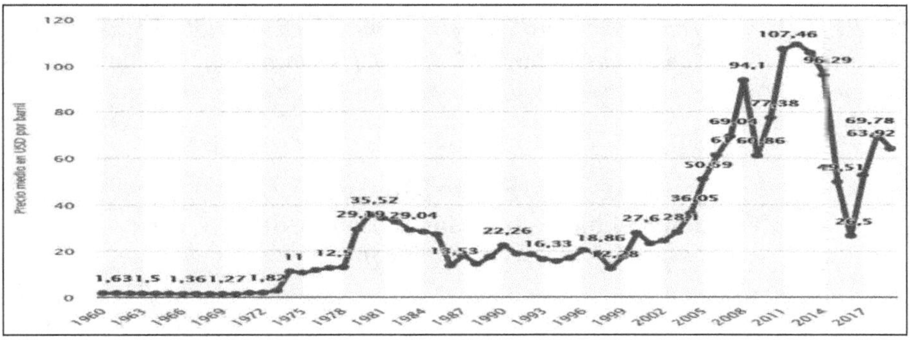

Source : https://es.statista.com/estadisticas/635114/precio-medio-del-crudo-fijado-por-la-opep/, consulté le 21 juillet 2020.

Ceci dans un contexte de taux d'intérêt internationaux élevés, graphique I.15, qui a conduit à une augmentation des paiements d'intérêts sur la dette extérieure, qui en 1990, s'élevait à 31 977 millions de dollars, sur une dette qui avait déjà atteint 327 447 milliards de dollars[44]. Les instabilités internationales, en particulier les marchés internationaux de capitaux, ont également fait des ravages (figure I.16).

44. Urquidi, op. cit. Les données de la CEPAL nous indiquent que les intérêts payés et courus ont atteint 40 790,8 millions de dollars en 1985 ; c'est-à-dire que la ponction sur les ressources provenant des paiements de la dette extérieure de l'ALC a été très forte au cours de cette décennie; voir CEPAL, Annuaire statistique de l'Amérique latine 2000.

Figure I.15
Taux préférentiel aux États-Unis Janvier 1970-Septembre 2023

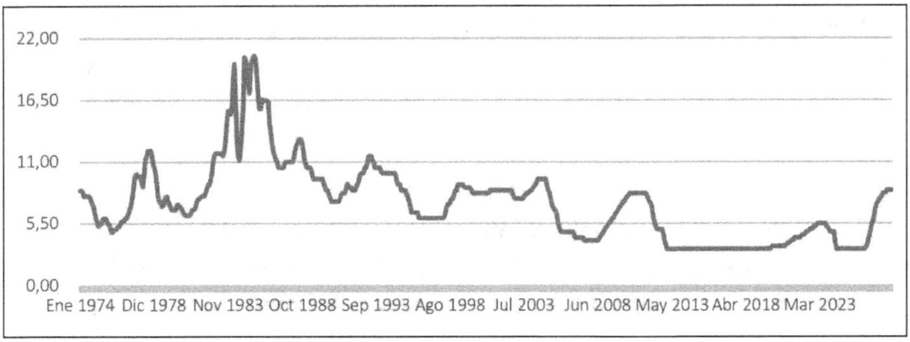

Source: https://www.banxico.org.mx/SieInternet/consultarDirectorioInternetAction.do?sector=18&accion=consultarCuadro&idCuadro=CI34&locale=es, j'ai consulté le 10 Décembre 2023

Figure I.16
Évolution de l'indice Dow Jones, Bourse de New York, 1992-novembre 2023

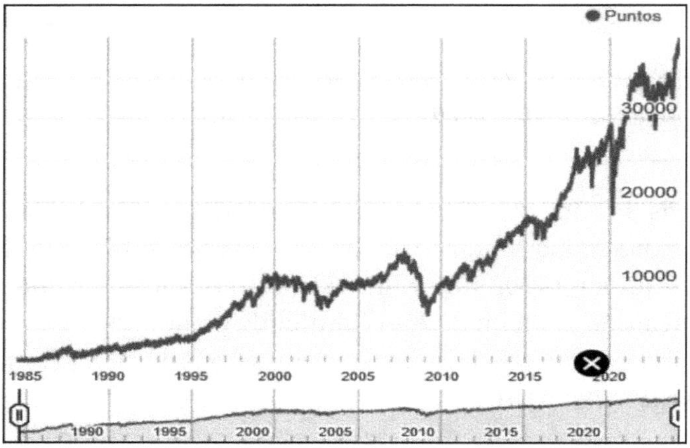

Source : http://www.macrotrends.net/1319/dow-jones-100-year-historical-chart 260823, consulté le 28 août 2023.

Ce graphique montre en nuance les différentes crises de la période, et la chute en 2022 était due à l'apparition d'une nouvelle variante du Covid-19.

Les années quatre-vingt-dix ont été la décennie des crises financières[45]. Cependant, malgré tant de turbulences, cette décennie a été synonyme de répit, du moins au début, des pressions internationales sur la région latino- américaine. Tout d'abord, une période de long expansionnisme de l'économie des États-Unis a commencé, ce qui a aidé les exportations des pays de la région. Deuxièmement, les taux d'intérêt internationaux ont poursuivi leur tendance à la baisse et, bien que cela aurait dû permettre au service de la dette de diminuer, cela ne s'est pas produit puisqu'il a augmenté à mesure que la dette continuait d'augmenter : en l'an 2000, le montant de la dette extérieure publique de l'ALC atteindrait 394 milliards 867 millions de dollars (après les 327 447 milliards de dollars précédents en 1990). Cela a conduit le service de la dette pour l'année 2000 à atteindre 82,459 milliards de dollars[46]. La formation brute de capital fixe s'est redressée et est revenue aux niveaux d'avant les années 80, graphique I.8, et comme le montre le tableau I.11, les programmes anti-inflationnistes ont été couronnés de succès, puisqu'elle est tombée à des niveaux à un chiffre à la fin de la décennie, en moyenne pour l'ensemble de la région, à l'exception de certains pays comme le Mexique (il faut remarquer le cas du Brésil, qui a réussi à réduire fortement son processus inflationniste[47]).

L'effort d'ouverture et de diversification des échanges a porté ses fruits, puisque les dix principaux produits exportés par la région ont poursuivi leur tendance à la baisse, ne représentant que 29,2 pour cent en 1995 (précisément la moitié de 1980), les exportations étant complétées par des produits tels que Autres pièces pour véhicules automobiles, à l'exception des motocycles ; Fils et câbles avec isolation ; et Récepteurs de télévision, avec ou sans gramophone ou radio, tableau I.12. Un élément très important à souligner est l'entrée en vigueur en 1994 de l'Accord de libre-échange nord-américain, l'ALENA, signé entre le Canada, les États-Unis et le Mexique, ce qui a eu un impact positif sur la diversification des exportations mexicaines, puisque le poids des exportations manufacturières augmentait. En 2000, les produits suivants avaient déjà été ajoutés aux exportations de la région : machines statistiques calculant sur la base de cartes perforées ou de rubans, camions et fourgonnettes (y compris voitures, ambulances, etc.), assemblés ou non ; et de nombreux produits de matières premières et même de nourriture ont disparu.

Le commerce extérieur de LAC a suivi la structure du commerce international. Les exportations totales de biens et de services de la région ont diminué au cours de la décennie perdue des années quatre-vingt du siècle dernier, alors que dans

45. Pour une analyse plus approfondie de cette étape financière mondiale, voir Ibarra-Puig (2015).
46. Urquidi, ibid.
47. Voir Ibarra-Puig (2013), Braga (2022)

les années 1990, elles ont augmenté à un taux de plus de 95 pour cent, graphique I.17 et tableau I.14.

Figure I.17
Exportations totales de biens et services de l'ALC 1980-2022

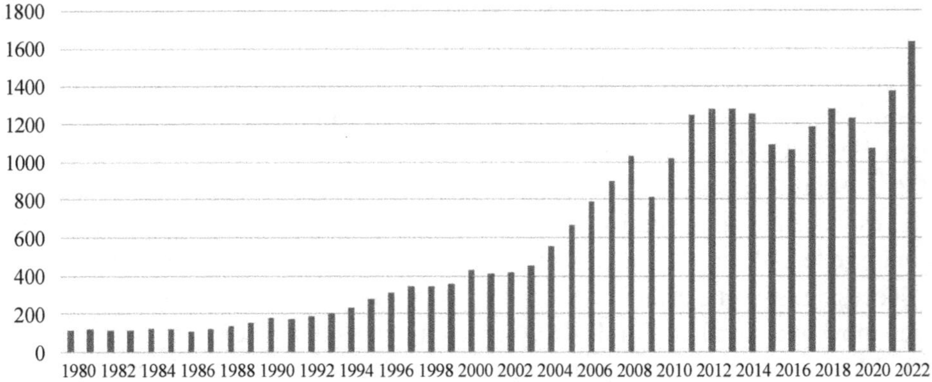

Source : d'après https://statistics.cepal.org/portal/cepalstat/dashboard.html?indicator_id=1819&area_id=454&lang=es, consulté le 8 septembre 2023

Le tableau I.16 montre les taux de croissance de ces exportations par décennie.

Tableau I.16
ALC, croissance en pourcentage et croissance absolue (MMD) des exportations 1980-2022

	1980-1990	1990-2000	2000-2010	2010-2020	2020-2022
Pourcentage decroissance	54,5	140,9	138,3	5,5	52,4
Croissance absolue	62,5	249,9	590,6	56,4	563,0

Source : d'après la même source, idem

Notons la forte augmentation au cours de la période 1990-2010. Au cours de la période 1990-2000, il a été fortement influencé par des programmes d'ajustement structurel axés sur les exportations afin de continuer à assurer le service de la dette ; et la période 2000-2010 a été influencée par l'entrée de la Chine à l'OMC en 2001. Par la suite, le nouveau changement de modèle de croissance chinois, diminuant ses exportations et se concentrant sur le marché intérieur, a diminué ses flux d'exportation et ses importations en provenance de ses fournisseurs.

Le résultat de tous ces éléments macroéconomiques, en particulier la relative stabilité des prix du pétrole et l'essor de l'économie américaine, a permis au PIB de la région de se redresser dans les années quatre-vingt- dix, par rapport à la décennie perdue des années quatre-vingt, tableau I.17.

Tableau I.17
Croissance moyenne du PIB en Amérique latine et dans les Caraïbes, 1981 à 2022, par sous-région

	1981-1990	1990-2000	2001-2010	2011-2020	2021-2022
Central America	1.45	4.5	4.06	3.23	8.15
South America	1.34	3.05	3.89	0.28	5.7
Caribbean	0.76	2.55	2.74	0.66	8.95
Mexico	1.93	3.55	1.49	1.35	3.9

Source : D'après FMI, https ://www.imf.org/external/datamapper/NGDP_RPCH@WEO/ADVEC/WEOWORLD, consulté le 8 septembre 2023.

Notons que, bien que la reprise moyenne ait été positive, par régions se distinguent à la fin du siècle dernier, l'Amérique centrale et les Caraïbes, ces dernières très dépendantes du secteur du tourisme. Au cours de la première décennie de ce siècle, comme nous l'avons déjà noté, la croissance de la Chine a eu un impact positif, en particulier en Amérique du Sud, mais le déclin de l'activité économique chinoise a fait des ravages[48][1]. Comme nous le verrons, la crise du Covid19 a beaucoup affecté les Caraïbes.

Puis, au début de ce siècle, il semblait que l'ALC commençait enfin à avoir un avenir prometteur, car les prix des matières premières augmentaient, principalement en raison de la consolidation de la Chine en tant que nouvelle puissance internationale et de ses taux de croissance encore élevés, avec sa demande conséquente de matières premières et de nourriture. Cependant, l'année 2000 ne promettait rien de bon pour l'économie américaine : les risques d'une récession qui a fini par se matérialiser au cours de l'année se profilaient déjà et sont entrés dans l'année 2001 avec de graves problèmes ; en conséquence, la Fed a décidé d'abaisser le taux d'escompte, ce qui a influencé l'autre taux directeur, le taux des fonds

48. Nous avons développé ces points dans Ibarra-Puig (2022c).

fédéraux, à baisser également de 6.5 % à 1 %, ce qui a entraîné une baisse des taux d'intérêt bancaires préférentiels (figure I.18). Mais à cela s'ajoutait le fait que la Maison-Blanche avait leurs propres problèmes, matérialisés dans deux sociétés : WorldCom et Enron ; les scandales de cette crise possible ont été évités par le déclenchement de la guerre au Koweït.

Figure I.18
Taux d'intérêt bancaires préférentiels (Prime Rate)
1970-septembre 2023

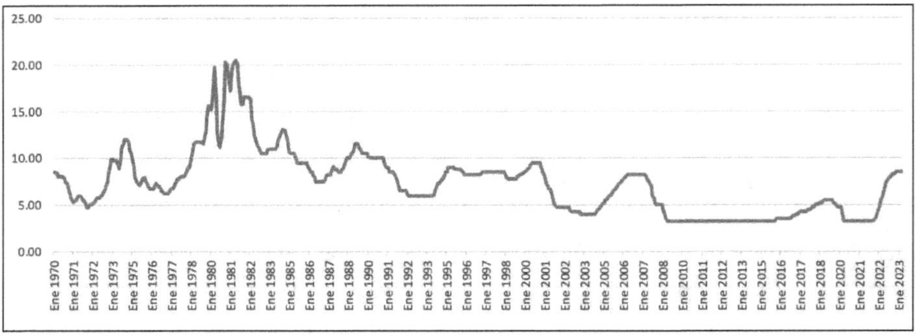

Source : https://www.banxico.org.mx/SieInternet/consultarDirectorioInternetAction.do?sector=18&accion=consultarCuadro&idCuadro=CI34&locale=es, consulté le 10 septembre 2023.

Notez le très faible niveau de ce taux pendant les années 2021 et 2022.

Le développement d'Internet et le succès des entreprises qui lui sont associées, ont suscité de nombreuses attentes et ont de nouveau suscité l'appétit des chercheurs d'opportunités : l'indice NASDAQ Composite, qui regroupe principalement des valeurs technologiques, est passé de 500 points en avril 1991 à 1 000 en juillet 1995, puis a atteint plus de 2 000 points en juillet 1998 et plus de 5 000 points en mars 2000, pour précipiter à partir du 10 mars de cette année dans une chute qui l'a amené à son point le plus bas en octobre 2002, lorsque ledit indice valait un peu plus de 1 000 points.

L'éclatement de la bulle technologique en mars 2000 (ou crise des entreprises.com), a été le prélude à des implications plus larges, puisque l'investissement a été ralenti face à une crise qui venait de commencer et que l'économie américaine s'est déclarée en récession l'année suivante. Le ralentissement de l'économie mondiale a été aggravé par les attentats du 11 septembre 2001, qui ont entraîné la fermeture temporaire des marchés financiers.

Il convient de faire un bref résumé des désirs d'intégration de LAC. Le désir de former un grand espace économique latino-américain est présent depuis le siècle dernier dans la région, mais le plus qui a été atteint est celui des accords régionaux en Amérique latine, les plus réussis étant : le SELA (Système économique latino-américain), le Marché commun centraméricain et le Pacte andin ; dans les Caraïbes, il y a la Carifta (Association de libre-échange des Caraïbes) et sa séquence la Caricom (Communauté et Marché commun des Caraïbes) ; et plus récemment l'Alliance du Pacifique (composée du Mexique, de la Colombie, du Pérou et du Chili). Cependant, aucun d'entre eux n'a eu, malgré son succès régional, une signification latino-américaine[49].

Il y a aussi deux initiatives majeures, la ZLE[50]A et l'ALBA[51], qui sont nées dans un contexte politique plutôt qu'économique et n'ont pas porté beaucoup de fruits non plus. Dans ce contexte, deux efforts méritent d'être soulignés : celui de l'ALADI, dont la base était l'Association latino- américaine de libre-échange, l'ALALC ; et celui du Mercosur. L'ALADI n'a pas beaucoup progressé dans sa vision continentale. Le Mercosur, lui- même, est composé de l'Argentine, du Brésil, du Paraguay, de l'Uruguay (ces quatre pays, membres fondateurs), et plus récemment de la Bolivie, en 2015. Les États associés sont le Chili, la Colombie, l'Équateur et le Pérou, outre les pays avec lesquels le MERCOSUR conclut des accords dans le cadre de l'article 25 du Traité de Montevideo. C'est le cas de la Guyane et du Suriname[52].

Dans le contexte international, de 1980 à 2022, le commerce international de marchandises, mesuré par les exportations mondiales, a augmenté de 1 123 %, passant d'une valeur de 2 036 milliards de dollars en 1980 à 24 904,5 milliards de dollars en 2022, graphique I.20. Mais ce taux de croissance a été sujet à des variations : de 1980 à 1990, le taux de croissance était de 71,4 %, de 1991 à 2000, il était de près de 84 %, alors que de 2001 à 2010, malgré la crise de 2008/2009,

49. Voir l'article de Fernando de Mateo dans Ibarra-Puig (2022b).

50. Lors du Sommet des Amériques, tenu à Miami en décembre 1994, il a été convenu d'établir une Zone de libre-échange des Amériques (ZLEA), afin de créer un espace de libre-échange continental avant 2005, un projet fortement promu par les États-Unis. Cette proposition a été suspendue lorsqu'aucun accord n'a été trouvé sur la question agricole ; https://news.agrofy.com.ar/noticia/45414/mexico-y-canada-dicen-que-el-alca-se-freno, consulté le 9 septembre 2023.

51. ALBA signifie la fin « Alternative bolivarienne pour l'Amérique latine et les Caraïbes » ; à ses débuts, elle a été promue par Cuba et le Venezuela comme une alternative à l'initiative de la ZLEA. L'adhésion à ce mécanisme a toutefois été très limitée.

52. http://www.mercosur.int/innovaportal/v/7823/11/innova.front/paises-del-mercosur, consulté le 7 mai 2018. En outre, il y a des tentatives de coopération monétaire en Amérique latine ; parmi elles, cinq initiatives monétaires et financières dans la région.

il était de 147 % ; compte tenu de la période de 2011 à 2019, alors qu'il semblait se redresser de l'automne 2015 et 2016, il a connu une rechute en 2019, de sorte que le taux de croissance au cours de la période de 2011 à 2020 a été négatif : -3,8% (tableau I.18), puis s'est redressé.

Figure I.20
Commerce mondial des marchandises 1980-2022, exportations, mmd

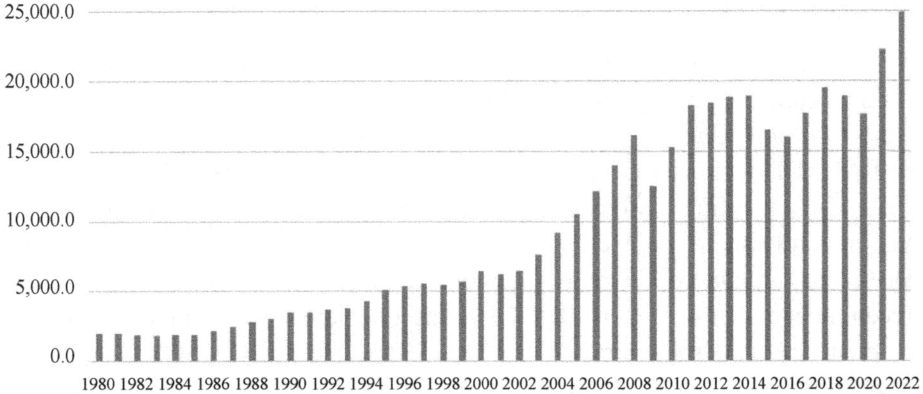

Source : OMC, https://data.wto.org/, consulté le 7 septembre 2023

Tableau I.18
Exportations mondiales de marchandises.
Pourcentage de croissance des exportations par période

1981/1990	1991/2000	2001/2010	2011/2020	2021/2022
73,2	83,8	146,93	-3,8	31,368

Source : d'après la même source, Ibid.

Il convient de mentionner que cette chute du commerce mondial a été fortement influencée non seulement par le faible taux de croissance de l'économie chinoise, parmi d'autres grands consommateurs, mais aussi en 2015, les prix mondiaux de l'énergie ont chuté de 45%[53]. Parallèlement à cette croissance du commerce mondial

53. OMC (2016).

des marchandises, le commerce des services commerciaux a eu tendance à devenir de plus en plus important, au point d'être de plus en plus étudié[54], graphique I.22.

Figure I.22
Exportations mondiales de services 2005-2022, mmd

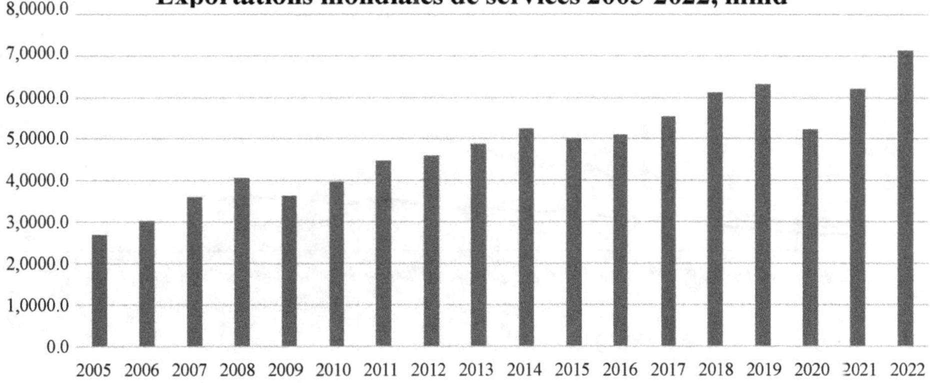

Source : OMC, https://data.wto.org/, 8 septembre 2023

Comme on peut le constater, la croissance de ces activités a été spectaculaire, passant de 2 692,1 milliards de dollars en 2005 à 7 127,1 milliards de dollars en 2022, soit une augmentation de 264 %. Les services commerciaux se distinguent par leur importance, suivis par les transports ; et, ce qui est également intéressant à noter, c'est que sa croissance n'a pas été interrompue par la crise de 2008/2009. Cependant, la crise du Covid-19 a eu un fort impact sur ces activités[55].

De même, les flux de capitaux internationaux s'adaptent à cette nouvelle réalité économique de la mondialisation. Ainsi, nous assistons, d'une part, à la poursuite des transferts de ressources financières des pays les moins développés vers les pays développés sous forme de paiements de la dette extérieure et, d'autre part, à un flux de capitaux dans la direction opposée, à savoir les envois de fonds des travailleurs qui ont dû émigrer de leur lieu d'origine et qui envoient des fonds vers leur pays de naissance, en quantités devenues considérables. La figure I.23 montre l'importance de ces montants au niveau mondial, et nous verrons plus tard l'importance de ces flux pour certains pays d'Afrique et d'Amérique latine et des Caraïbes.

---

54. La définition de chacun des concepts qui composent ce commerce, on la verra dans le Chapitre II.

55. https://stats.wto.org/, consulté le 8 septembre 2023. Pour une analyse de l'importance du commerce international de ces services, voir l'annexe du présent chapitre, ainsi que De Mateo (2023).

Figure I.23
Envois de fonds, investissements étrangers directs et flux d'aide publique au développement vers les pays à revenu faible ou intermédiaire, à l'exclusion de la Chine, 2000-2024e

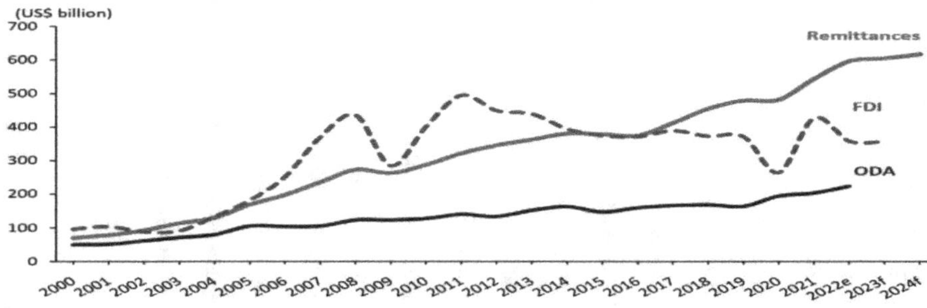

Source : Banque mondiale (2023c) e = estimé.

Dans le même temps, ces pays les moins avancés sont entrés dans une concurrence de plus en plus forte non seulement pour attirer les investissements nécessaires à la création d'emplois, mais même pour conserver leurs propres capitaux. Par conséquent, leur politique monétaire, en particulier les taux d'intérêt, est influencée par les variations internationales des taux dans les pays développés.

Parmi ces flux de capitaux internationaux figurent également ceux liés à l'investissement étranger direct, IED, réalisés par les Entreprises transnationales (ETN). Ces flux de capitaux ont connu un changement dans leur logique opérationnelle : de la recherche d'une simple et simple réduction de leurs coûts de production pour certains types d'investissements, ils recherchent désormais une main-d'œuvre de plus en plus qualifiée, dans un processus d'intégration horizontale, et si le pays bénéficiaire potentiel de ces flux offre des facilités fiscales, beaucoup mieux pour eux. C'est l'une des raisons pour lesquelles les flux d'IED continuent d'être concentrés dans les pays développés, en raison de la disponibilité de la main-d'œuvre qualifiée, renforcée par des vagues d'immigrants qualifiés ; tandis que les pays en développement continuent d'être marginalisés par la création d'emplois qui offrent une valeur moins qualifiée dans les chaînes de valeur mondiales, les CVM (la Chine est incluse dans les pays en développement). L'ALC est une destination relativement importante pour ces flux d'IED, appréciée par les investisseurs étrangers : les flux d'IED sont passés de 90 milliards de dollars EU en 2020 à 208 milliards de dollars en 2022 ; ceux destinés à l'Afrique sont passés de 39 à 45 milliards de dollars. Les flux vers les Pays Developpés, PD, sont passés de 315 à 378 milliards de dollars (tableau I.19). Si nous le regardons en pourcentage du total des IDE, les flux d'IDE vers l'Afrique en 2022 étaient de 3,5 %, et ceux vers l'ALC étaient de 16,1 %. Les flux vers l'Asie représentaient 51,1 % et les ont vu leur part tomber à 29,2 %, après avoir capté 32,8 % de ces flux en 2020.

Il convient de noter que certains pays en développement ont développé des avantages concurrentiels qui leur ont permis de tirer le meilleur parti de ces capitaux, dont les pays d'Asie du Sud-Est et la Chine sont des exemples réussis, comme nous le verrons dans l'appendice du chapitre III.

Tableau I.19
Destination des flux d'IDE dans le monde, par région, mmd, 2020, 2021 et 2022

Region	FDI	inflows		FDI outflows		
	2020	2021	2021	2020	2021	2022
World	962	1478	1259	732	1729	1490
Developed economies	315	579	378	350	1244	1031
Europe	133	51	-107	-38	573	224
European Union	116	152	-125	64	477	96
Other Europe	17	-102	18	-102	97	128
North America	123	453	338	247	447	452
Other developed countries	60	93	147	141	224	354
Developing economies	647	881	916	382	485	459
Africa	39	80	45	1	3	6
Asia	516	662	662	383	445	396
Central Asia	7	7	10	-2	1	-2
East Asia	285	334	324	267	290	269
South Asia	71	53	57	11	18	16
South-East Asia	119	213	223	69	81	86
West Asia	35	56	48	38	55	27
Latin America and the Caribbean	90	138	208	-0,1	38	59
Oceania	1.0	1.3	1.2	-0.9	-1.6	-2.1

Memorandum : percentage share in world FDI flows

Developed economies	32.8	40.4	29.2	47.8	72.0	69.2
Europe	13.8	3.4	-8.2	-5.3	33.2	15.1
EU	12.0	10.3	-9.7	8.7	27.2	6.5
Other Europe	1.8	-6.9	1.4	-13.9	5.6	8.6
North America	12.8	30.7	26.1	33.7	25.8	30.4
Other developed countries	6.3	6.3	11.4	19.3	13.0	23.8
Developing economies	67.2	59.6	70.8	52.2	28.0	30.8
Africa	4.1	5.4	3.5	0.2	0.2	0.4
Asia	53.7	44.8	51.1	52.3	25.8	26.6
Central Asia	0.7	0.5	0.8	-0.3	0.1	-0.2
East Asia	29.6	22.6	25.0	36.5	16.8	18.1
South Asia	7.4	3.6	4.4	1.5	1.0	1.1
South-East Asia	12.3	14.4	17.2	9.4	4.7	5.8
West Asia	3.7	3.8	3.7	5.2	3.2	1.8
Latin America and the Caribbean	9.3	9.3	16.1	-0.1	2.2	4.0
Oceania	0.1	0.1	0.1	-0.1	-0.1	-0.1

Source CNUCED 2023 . Reproduit avec l'autorisation des Nations unies.

Ces flux, ainsi que d'autres éléments, conduisent à ce que le développement technologique continue de se concentrer sur les PD, en mesurant cela au moyen de brevets enregistrés, soit par pays, soit par nationalité du déposant, figure I.24.

Figure I.24
Répartition de l'activité en matière de dépôt de demandes de titres de propriété ntellectuelle par région, per cent, 2021

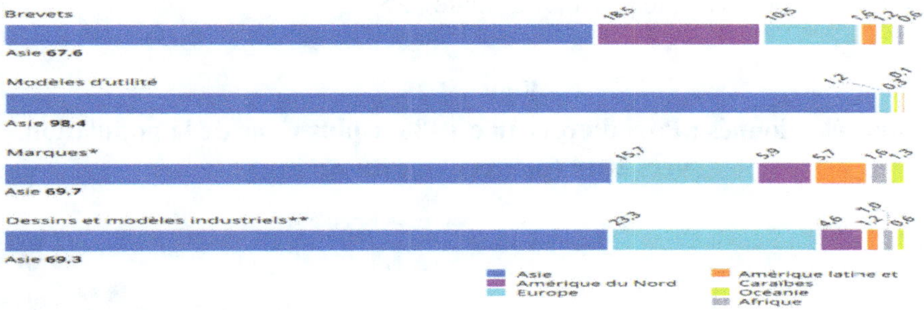

* *renvoie au nombre de classes - nombre total de classes de produits et services indiquées dans les demandes d'enregistrement de marques.*

** *renvoie au nombre de dessins et modèles - nombre total de dessins et modèles contenus dans les demandes d'enregistrement de dessins ou modèles industriels.*

Les offices nord-amèricains ne procèdent pas l'enregistrement des modèles d'utilité et ne Sont donc pas comptabilisés pour cette catégorie.

Source : Base de données statistiques de l'OMPI. septembre 2022-

Source : Organisation Mondiale de la Propriété Intellectuelle, OMPI.

On peut voir que les offices de l'OMPI situés en Asie représentent plus des deux tiers des activités d'enregistrement des DPI. Notez les pourcentages très faibles que l'ALC et l'Afrique représentent en tant que générateurs d'innovation, et doivent également tenir compte du fait que, lorsqu'ils passent un contrat avec ETN, les chercheurs travaillant dans les domaines de la recherche et du développement, s'engagent à ce que toute découverte faite soit enregistrée sous le nom de l'entreprise, qui est basée dans un autre pays.

D'autre part, les facteurs importants à prendre en compte dans cette nouvelle étape de la mondialisation sont : le rôle joué par les fonds d'investissement, publics et privés, dans le paysage financier international (et réel) ; les fusions et acquisitions d'entreprises ; le rôle prépondérant de la Chine non seulement dans l'économie et le commerce mondial, mais aussi dans la finance internationale. La Chine, déjà la deuxième plus grande économie du monde, est à la fois le premier exportateur de marchandises et le deuxième importateur, tandis que les États-Unis sont, à leur tour, le deuxième exportateur et le premier importateur. Les sociétés financières chinoises, ou les investissements de ce pays dans le monde, donnent chaque une position plus important au géant asiatique. Cette néomondialisation a généré des tensions sans précédent, qui se manifestent par des crises financières ou des confrontations commerciales, représentées à l'époque par les positions de M. Trump aux États-Unis[56]. La mondialisation inégale se retrouve également dans chacun des pays, la répartition des revenus tendant à favoriser la population ayant le 1 % de revenu le plus élevé, figure I.25.

Figure I.25
Pays sélectionnés : Part du revenu du 1% le plus riche de la population, vers 2014 (pourcentage du revenu)

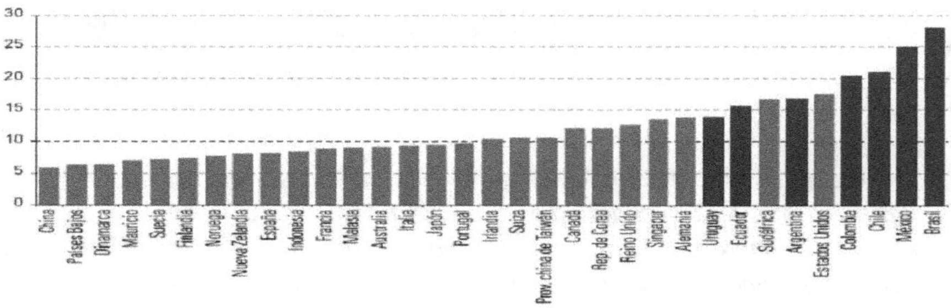

Fuente: Cepal (2018)

Après 40 ans de croissance vers l'extérieur, l'ALC accuse encore en 2020 de grands retards. Même avant la pandémie de Covid19, l'un de ces défis était la pauvreté et l'extrême pauvreté, comme l'avait déjà souligné la CEPAL (2019).

Notons d'abord que le développement des différents pays d'Amérique latine, et la performance du Mexique en particulier, ont permis au Mexique d'avoir l'un des taux de pauvreté les plus élevés de la région en 2016 (43,7 % de la population), seulement dépassé par le Guatemala (50,5 %), le Honduras (53,2 %) et le Nicaragua (46,3 % de la population dans la pauvreté). Dans le cas de l'Argentine, la population vivant à des niveaux de pauvreté est passée de 50 % en 2002 à 21,5 % en 2016 ; au Brésil, la population en situation de pauvreté est passée de 37,8 % à 18,8 % pour les mêmes années ; au Chili, la population vivant dans la pauvreté est passée de 40,1 % à 13,7 % à cette époque ; et enfin, dans le cas du Mexique, la population

56. En ce qui concerne les crises financières, voir notre ouvrage « Le système financier international de 1982 à 2006. Adieu les crises financières, bienvenue aux renflouements » (en espagnol), contenu dans Buzo et al (2017).

en situation de pauvreté est passée de 46,4 % à 43,7 %, également de 2002 à 2016. En d'autres termes, nous voyons que 28,5 % de la population est sortie de la pauvreté en Argentine, 19 % de la population au Brésil, 26,4 % de la population est sortie de la pauvreté au Chili et au Mexique seulement 2,7 % de la population est sortie de la marginalité. Il convient de noter que certains des pays qui ont été classés comme populistes ont le mieux réussi à réduire la pauvreté (en particulier l'Argentine, la Bolivie, le Brésil, l'Équateur, l'Uruguay).

Cependant, la crise du Covid-19 a aggravé les niveaux de pauvreté (figure I.26).

Graphique I.26
Amérique latine (18 pays) (a) : nombre de personnes vivant dans la pauvreté et l'extrême pauvreté, 1990-2021 et projections pour 2022 (millions de personnes)

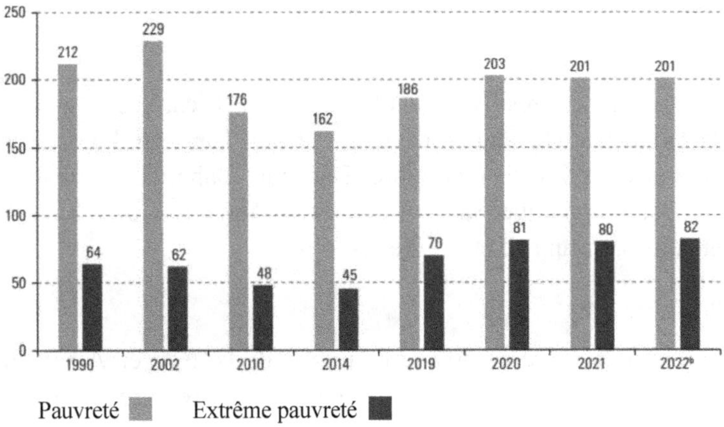

Commission économique pour l'Amérique latine et les Caraïbes (CEPALC), sur la base de la Banque de données des enquêtes auprès des ménages (BADEHOG).

Moyenne pondérée des pays suivants : Argentine, Bolivie (État plurinational de), Brésil, Chili, Colombie, Costa Rica, République dominicaine, Équateur, El Salvador, Guatemala, Honduras, Mexique, Nicaragua, Panama, Paraguay, Pérou, Uruguay et Venezuela (République bolivarienne du).

Projections.

Source : CEPAL (2022), figure I.9b

Compte tenu de ce grand problème, nous constatons qu'il y a encore beaucoup de retards à surmonter dans la région ; en d'autres termes : l'Amérique latine peut-elle se récupérer du siècle perdu, comme l'a appelé Urquidi (2005) ?

Considérons un autre élément qui continue de peser sur la région, à savoir celui des paiements d'intérêts sur la dette extérieure, graphique I.26.

Graphique I.26
Amérique latine (16 pays) (a) et Caraïbes (12 pays) (b) : paiements d'intérêts de l'administration centrale, 2010-2019 (Indice, 100=niveau en pourcentage du PIB en 2010)

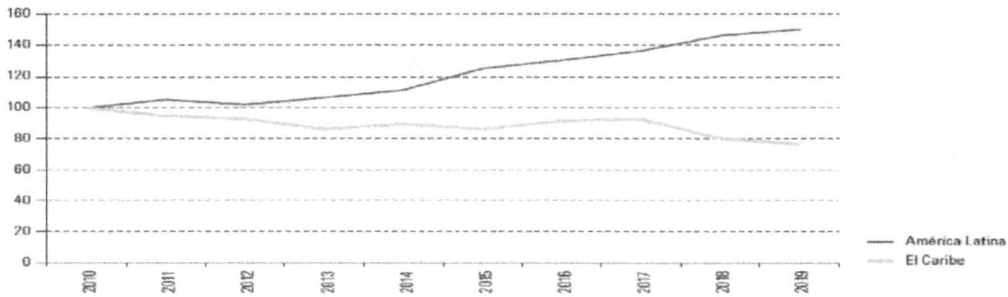

Notes. a) Argentine, Brésil, Chili, Colombie, Costa Rica, El Salvador, Équateur, Guatemala, Honduras, Mexique, Nicaragua, Panama, Paraguay, Pérou, République dominicaine et Uruguay. b) Antigua-et-Barbuda, Bahamas, Barbade, Belize, Grenade, Guyana, Jamaïque, Sainte-Lucie, Saint-Kitts- et-Nevis, Saint-Vincent-et-les Grenadines, Suriname et Trinité-et-Tobago.

Source : CEPAL (2020a)

Cette situation est due à une augmentation de la dette en Amérique latine continentale, tandis que les Caraïbes ont continué de réduire leur endettement (graphique I.27).

Figure I.27
Amérique latine et Caraïbes : dette publique brute de l'administration centrale, 2018-2019 (Pourcentages du PIB)

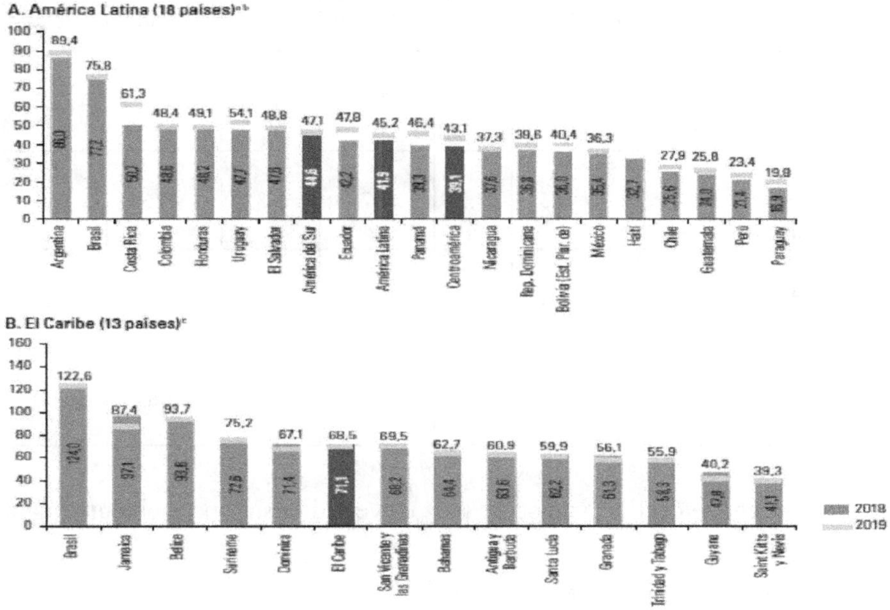

Source : CEPAL 2020b (les notes de la figure I.24 s'appliquent)

Un autre élément fondamental à considérer pour l'avenir économique de l'Amérique latine est l'infrastructure. Selon l'indice de compétitivité mondiale préparé par le Forum économique mondial dans son édition 2019, une série de valeurs d'infrastructure peut être obtenue pour certains pays d'Amérique latine dans ce domaine (la valeur maximale pouvant être atteinte est de 7). Nous prenons certaines de ces données et les comparons à ce qui se passe dans certains pays du G7, tableaux I.20a et I.20b[57].

57. Voir Ibarra-Puig (2016).

Tableau I.20a
Qualité des infrastructures dans certains pays d'Amérique latine

	Argentina	Brasil	Chile	Colombia	Mexico	Uruguay	Moyenne De 6 Pays
Qualité des infrastructures de transport	3.6	3	5.2	3.4	4.5	3.7	3.9
Efficacité des services ferroviaires	2.7	2.5	3.2	1.7	3.3	1.2	2.4
Efficacité des servicesde transport aérien	4.4	4.4	4.9	4.5	4.4	5.1	4.6
Efficacité des services portuaires	3.9	3.2	4.9	4.1	3.3	4.8	4.0

Note : Échelle de 1 à 7, un score plus élevé indiquant une meilleure qualité d'infrastructure.

Source : elaboré avec des données du WEF (2019)

Tableau I.20b
Qualité des infrastructures dans certains pays développés et en Chine Íbid

	Canada	EEUU	Francia	Promedio 3 Paises	China
Qualité des infrastructures detransport	5.0	5.5	5.4	5.3	4.6
Efficacité des services ferroviaires	4.5	5.2	5	4.9	4.5
Efficacité des services de transport aérien	5.3	5.8	5.5	5.5	4.6
Efficacité des services portuaires	5.1	5.6	5.2	5.3	4.5

Note : Échelle de 1 à 7, un score plus élevé indiquant une meilleure qualité d'infrastructure.

Source : ERP (2016).

On peut voir qu'il y a un grand décalage en matière d'infrastructures entre les pays développés de l'échantillon et LAC ; même la Chine dispose déjà d'une meilleure infrastructure que cette région, ce qui la positionne avantageusement pour le XXIe siècle. L'investissement dans les infrastructures a des effets positifs sur l'économie (ERP 2016, Serebrisky et al. 2015), en plus de ses répercussions sur le reste de l'économie. Dans ce contexte, les investissements dans ce domaine sont urgents pour la région latino – américaine si elle veut cesser de perdre sa position internationale.

Mais on ne peut pas investir si on n'a pas de ressources, et en ce sens, l'ALC a beaucoup à faire en termes de réforme fiscale[58], montre le cas du Mexique.

Figure I.30
Collecte des impôts au Mexique 1940-2014
En pourcentage du PIB

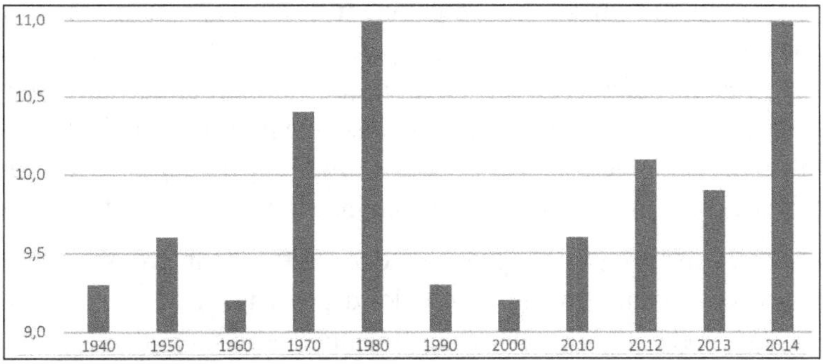

Source : Tello (2015).

En fait, la situation en Amérique latine et en Caraïbes est globalement similaire. Selon l'OCDE (2019), la collecte moyenne dans les pays de l'OCDE en 2017 était (34.8%), tandis qu'elle était de 22.5% dans les pays de l'ALC. Au Mexique, il représentait 16 % du PIB.

Il est clair que ce que nous avons vu ne sont pas les seuls problèmes de l'Amérique latine, mais ils nous font voir les défis auxquels elle est confrontée, et qui manifestent la nécessité d'une politique économique spécifique pour la région, différente des systèmes appliqués dans d'autres pays. Cela ne signifie pas que

58. Par réforme fiscale (reforma fiscal), nous entendons une réforme qui implique l'introduction de nouveaux impôts ou l'élimination de certains d'entre eux ; la réforme des impôts (reforma tributaria) consiste à modifier les impôts existants à la hausse ou à la baisse.

certaines mesures ne peuvent pas être appliquées dans notre région, mais nous devons être en mesure d'analyser les situations pour chaque pays.

Un exemple de ceci peut être l'inflation et la façon de la contrôler. Dans les pays développés, lorsqu'il y a des pressions inflationnistes, celles-ci sont le plus souvent associées à des pressions d'augmentation de la demande, de sorte que la politique appliquée est une politique monétaire restrictive, basée sur une augmentation des taux d'intérêt, de sorte que les consommateurs décident d'affecter leurs revenus à l'épargne au lieu de consommer maintenant. Dans le même temps, le gouvernement émet des obligations de dette avec un taux d'intérêt attractif afin que les agents économiques leur allouent leurs liquidités excédentaires, au lieu de continuer à faire pression sur la demande.

Dans les pays d'Amérique latine, lorsqu'il y a inflation, la même mesure est appliquée sans penser que toutes les pressions inflationnistes ne proviennent pas d'une augmentation de la demande. De plus, nos économistes supposent souvent que tout phénomène inflationniste provient d'un excès de masse monétaire (approche monétariste de la balance des paiements), oubliant que, par exemple, il peut y avoir une inflation importée ; ou que simplement ces pressions de la demande peuvent provenir de la capacité installée inutilisée, de sorte qu'il n'y a pas suffisamment de biens et de services et que les prix augmentent, sans qu'il soit nécessaire d'augmenter la masse monétaire par une augmentation des salaires.

Les conséquences dans nos pays, lorsque les taux d'intérêt sont augmentés, sont que les coûts financiers à investir et les dépenses de consommation financée augmentent, de sorte que l'investissement ralentit, que le chômage augmente et que les prix des biens augmentent, d'une part, et d'autre part, les consommateurs voient leur revenu réel diminuer parce qu'ils doivent affecter une plus grande partie de leurs revenus au paiement des dettes contractées. En conséquence, il y a une baisse générale de l'activité économique et plus de tensions sociales dues au chômage.

La solution, dans ce cas particulier, est d'accroître l'offre de biens et de services produits localement, ce qui arrive rarement.

Il ne reste plus qu'à mentionner que les problèmes traditionnellement rencontrés par les pays, tels que la productivité, la croissance et le bien- être, sont aggravés par de nouveaux défis tels que la préservation de l'environnement, le vieillissement de la population et son impact sur les retraites et, de plus en plus consciemment, l'impact de l'automatisation sur les perspectives d'emploi. Du côté des salaires et du chômage. Il y a aussi les défis de la connectivité à large bande ; la disponibilité des ressources permettant aux entreprises et aux ménages d'accéder à Internet, entre autres. Mais nous pensons que le panorama macroéconomique présenté nous donne déjà des indications sur l'orientation des efforts de la région. Par exemple,

Sur le plan de la productivité, ALC a obtenu de mauvais résultats, avec une tendance à la baisse depuis 1980 (figure I.31).

Figure I.31
Amérique latine et Caraïbes (27 pays) : productivité relative par rapport à celle des États-Unis, 1980-2018, en pourcentage.

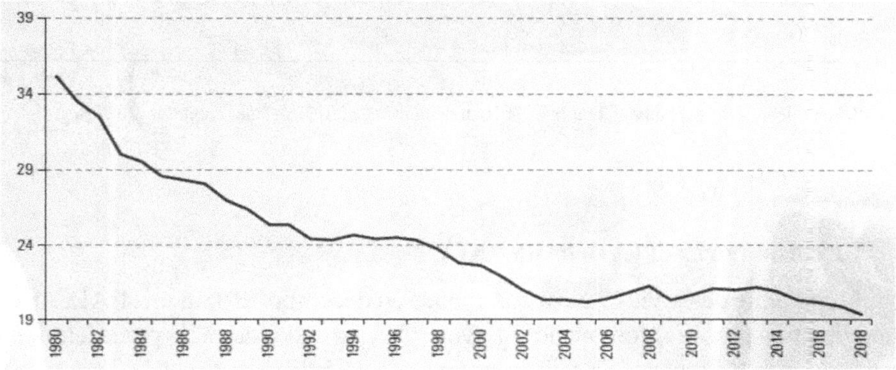

Source : CEPAL (2020b)

Et en ce qui concerne la pénétration de Internet à large bande, il y a beaucoup de retards, figure I.32.

Figure I.32 Amérique latine et Caraïbes
Taux de pénétration de l'Internet à large bande, 2017, en pourcentage de la population.

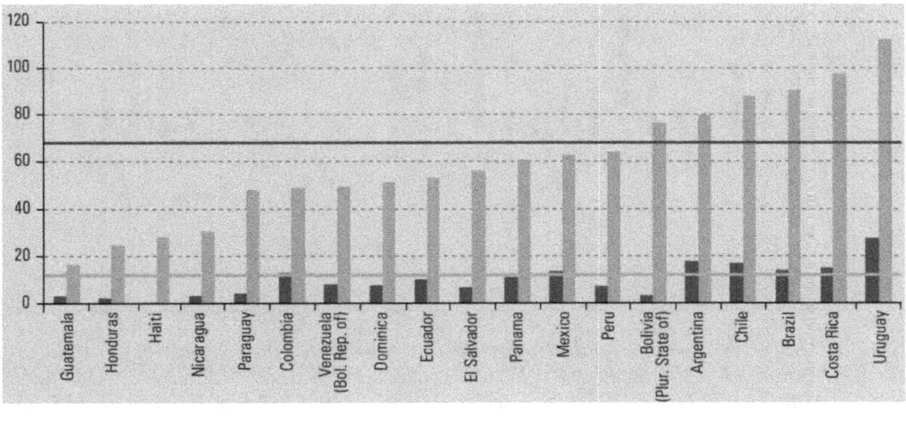

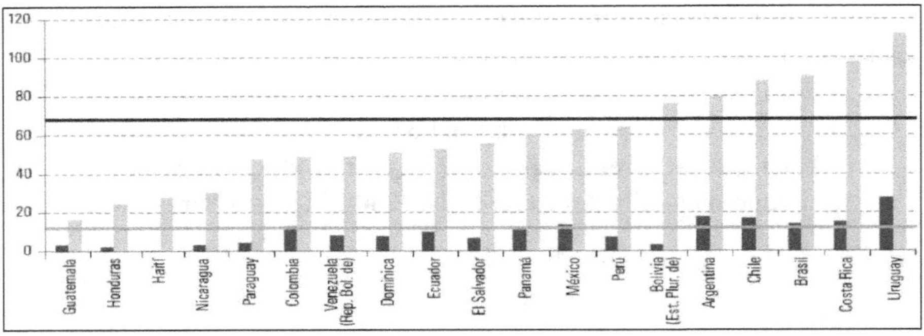

■ Haut débit fixe ■ Haut débit mobile ■ Haut débit mobile 2017 ■ Haut débit fixe, 2017

Source : CEPAL (2020c)

Le coronavirus et les défis de l'ALC

L'épidémie de Covid19 qui a commencé en décembre 2019 a mis l'ALC dans une situation précaire, comme nous l'avons vu à partir des données précédemment analysées : faible croissance, faibles revenus, chute des prix des matières premières et des denrées alimentaires. En ce qui concerne la santé, les données suivantes nous donnent une idée très claire de la situation hospitalière dans la région face au Covid 19, graphique I.33.

Figure I.33
Nombre Nom des lits d'hôpitaux pour 10,000 habitants en ALC 2019 ou dernière année disponible

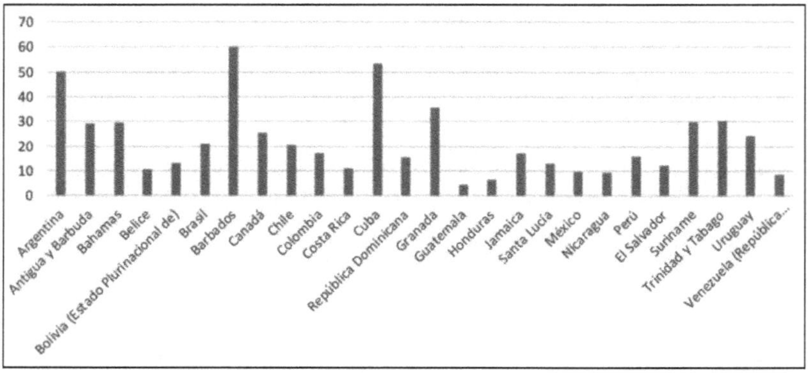

Source : https://statistics.cepal.org/portal/databank/index.html?lang=es&indicator_id=2511&area_id=410&members=214%2C216%2C218%2C219%2C220%2C221%2C222%2C43440%2C224%2C225%2C226%2C249%2C229%2C230%2C234%2C235%2C

237%2C238%2C239%2C246%2C233%2C240%2C241%2C242%2C244%2C254%2C260%2C262%2C263%2C256%2C258%2C259%2C29189, consulté le 12 décembre 2023.

Comme nous pouvons le voir sur ce graphique, et en consultant l'OCDE 2022, seuls la Barbade, Cuba et l'Argentine étaient au-dessus de la moyenne des pays de l'OCDE pour la qualité des soins hospitaliers ; En fait, les deux plus grandes économies du continent, le Brésil et le Mexique, étaient bien en dessous de cette moyenne, ce qui, ajouté à la gestion erratique de la pandémie, a faite que ceux deux pays d'avoir les taux de mortalité les plus élevés, non seulement en Amérique latine et dans les Caraïbes, mais dans le monde[59]. Au 9 septembre 2020, le Brésil, avec 128 000 décès, occupait la deuxième place pour ce type de décès, tandis que le Mexique enregistrait 68 484 décès dus au coronavirus, se classant ainsi à la troisième place mondiale. Les perspectives de l'ALC dans l'ombre du coronavirus étaient plus que jamais conditionnées par l'avenir de l'économie mondiale. C'était, à son tour, une question qui aurait une réponse multidimensionnelle et qui devrait tenir compte du fait que les instabilités sont, de plus en plus, le quotidien.

Les perspectives n'étaient pas optimistes pour l'Amérique latine et les Caraïbes. Toutes les projections de croissance des organisations internationales étaient basées sur les données que nous avons citées du FMI, CEPAL, OCDE, BID. Et les mêmes organisations, dans leurs domaines respectifs, visaient à : une forte réduction du commerce ; l'augmentation de la pauvreté et de l'extrême pauvreté ; augmentation du chômage, en particulier chez les jeunes qui allaient entrer sur le marché du travail pour la première fois. On s'attendait à ce que la situation s'aggrave parce que l'appui apporté à la reprise économique ou à l'atténuation des effets sociaux de la crise a été limité dans de nombreux cas, comme le montre la figure I.34, qui montre que les pays qui ont le plus soutenu leur économie et leur société sont El Salvador (même en utilisant des fonds du FMI à des conditions extrêmement favorables). Brésil, Chili et Bolivie.

59. Le président du Brésil, Jair Bolsonaro, avait commémoré l'indépendance du Brésil sans masque ni distance saine le 7 septembre 2020. De son côté, le président du Mexique a déclaré le 22 mars 2020 dans son pays : « Je te le dirai quand tu ne sortiras pas. Mais s'ils peuvent le faire et ont une possibilité économique, continuer à emmener la famille manger, au restaurant, dans les auberges », alors que depuis le 11 mars l'OMS avait déclaré la pandémie ; tout au long de la pandémie, il n'a jamais porté de masque, bien qu'il ait été infecté trois fois ; voir Quintana (2020).

Figure I.34
Amérique latine (17 pays) : effort budgétaire des mesures annoncées pour faire face à la pandémie de COVID-19, en pourcentage du PIB.

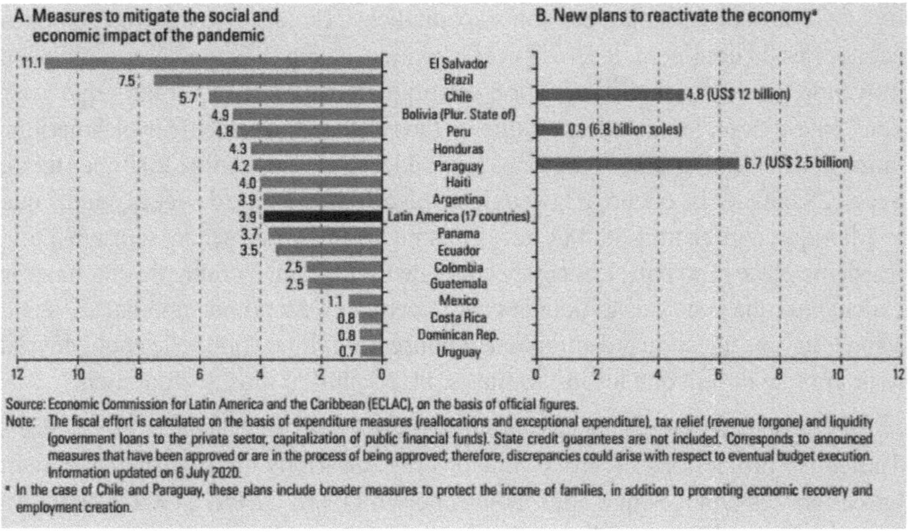

Source : CEPAL (2020d)

D'autre part, le tableau I.34 met en évidence le maigre soutien de pays tels que l'Uruguay, la République dominicaine, le Costa Rica et le Mexique. Dans ces conditions, et sur la base de l'analyse effectuée tout au long de ces notes, nous pensons qu'un Plan d'action pour l'Amérique latine pourrait s'articuler autour de trois axes : budgétaire (interne), transferts à l'étranger (paiement de la dette) et coopération multilatérale.

Sur le plan budgétaire, notre analyse a montré que l'Amérique latine investit dans une part importante du PIB, mais cet investissement, à en juger par les résultats, a été insuffisant. Elle doit être réorientée vers les secteurs technologiques de pointe. Et pour cela, une réforme fiscale fondamentale dans nos pays est nécessaire pour augmenter les recettes afin de les porter à des niveaux similaires à ceux de l'OCDE, avec une vision non pas de punir et d'augmenter les impôts sur les auteurs captifs, mais : a) Élargir l'assiette fiscale de ceux qui paient des impôts ; b) rendre effective la perception de l'impôt foncier[60] ; c) percevoir formellement les impôts facturés aux travailleurs dans l'informalité. Deuxièmement, le remboursement de

60. Au Mexique, par exemple, les hôtels de plage ne paient pas de propriété parce que légalement ils ne sont pas propriétaires de la terre, puisque la Constitution l'interdit et les occupe donc dans le cadre du régime de fiducie. Il faut rappeler également que l'impôt foncier n'est pas un impôt fédéral, mais un impôt municipal.

la dette demeure un lourd fardeau pour ALC. Par conséquent, une renégociation, y compris des réductions de capital, de cette dette est nécessaire, en particulier avec les banques internationales, dont le montant payé a largement dépassé le capital demandé. Troisièmement, l'ALC devrait étendre ses liens de coopération non seulement dans le domaine économique, en identifiant les chaînes de valeur mondiales qu'elles ont générées, en particulier en Amérique du Sud, ainsi qu'en accordant des tarifs préférentiels aux produits de la région. Une plus grande coopération technologique et une formation du capital humain sont également nécessaires : accroître les échanges d'étudiants, principalement vers les pays dotés de meilleurs systèmes d'enseignement universitaire et postuniversitaire, de manière à ce que les pays les plus arriérés, qui sont ceux qui ont le moins de ressources pour envoyer leurs étudiants à l'étranger, pour se spécialiser.

Une comparaison entre les économies de l'Afrique et de l'ALC

L'économie mondiale a connu une forte transformation depuis 1980. Comme le montre la figure I.35, la croissance n'a pas été équilibrée lorsque nous l'analysons entre les différents groupes de pays.

Figure I.35
PIB de certains groupes de pays, 1980-2022, milliards de dollars courants

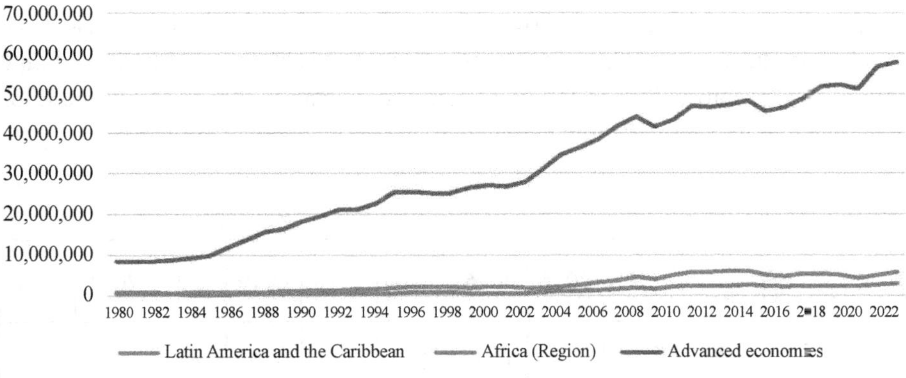

Source : D'après FMI, https://www.imf.org/external/datamapper/NGDPD@WEO/OEMDC/ADVEC/WEOWORLD, consulté le 16 juin 2023[61].

61. Économies avancées : Allemagne, Andorre, Australie, Autriche, Belgique, Canada, Chypre, Danemark, Espagne, Estonie, Finlande, France, Grèce, RAS de Hong Kong, Irlande, Islande, Israël, Italie, Japon, Lettonie, Lituanie, Luxembourg, RAS de Macao, Malte, Norvège, Nouvelle-Zélande, Pays-Bas, Portugal, Porto Rico, Saint-Marin, Singapour, République slovaque, République tchèque, Slovénie, Suède, Suisse, Province chinoise de Taïwan, Royaume-Uni, États-Unis. Source : FMI.

Lorsque nous analysons cette tendance en termes de poids dans l'économie mondiale, nous avons le tableau I.21 ci-dessous.

Tableau I.22
Poids relatif des différents groupes de pays dans l'économie mondiale, en pourcentage.

GPD, current prices, Percentaje	1980	1990	2000	2010	2019	2022
Latin America and the Caribbean	7.7	5.1	6.5	7.7	6.0	5.8
Africa (Region)	4.1	2.9	2.1	3.1	2.9	57.5
Advanced economies	75.5	81.4	79.1	65.5	59.6	57.5
Other economies	12.7	10.5	12.3	23.8	31.5	33.8
World Economy	100	100	100	100	100	100

Source : Calculé d'après la source de la figure I.35.

Nous avons donc que le poids relatif des trois groupes de pays constitués par l'ALC, l'Afrique et les économies avancées, a diminué dans le scénario mondial, cette diminution étant plus importante dans le cas des agroes en faveur d'autres économies, parmi lesquelles l'Asie, particulièrement la Chine.

L'impact économique de la Covid 19 au niveau mondial a été différencié, avec une baisse plus forte du taux de croissance du PIB dans le cas de l'Amérique latine que dans le cas africain, comme le montrent le tableau I.22 et le graphique I.36.

Tableau I.22

Real GDP growth (Annual percent)	2015	2016	2017	2018	2019	2020	2021	2022
Latin America and the Caribbean	0.4	-0.6	1.4	1.2	0.2	-6.8	7	4
Africa (Region)	3.4	2.2	3.5	3.4	3	-1.7	4.9	3.8
World	3.4	3.3	3.8	3.6	2.8	-2.8	6.3	3.4

Source : D'après le Ibid.

Graphique I.36
Taux de croissance du PIB réel,

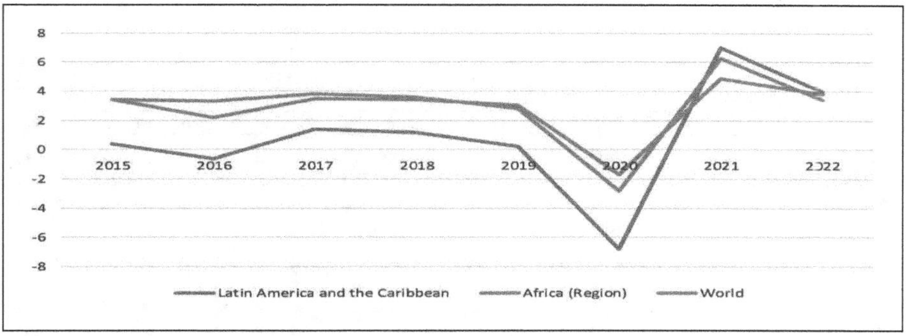

Source : d'après IMF Datamapper, https://www.imf.org/external/datamapper/NGDP_RPCH@WEO/OEMDC/ADVEC/WEOWORLD, consulté le 15 juin 2023.

Cette baisse a été largement influencée par la chute du PIB du Mexique, comme le montre la figure I.37.

Figure I.37
PIB de l'ALC par région et Mexique, 2015-2023e

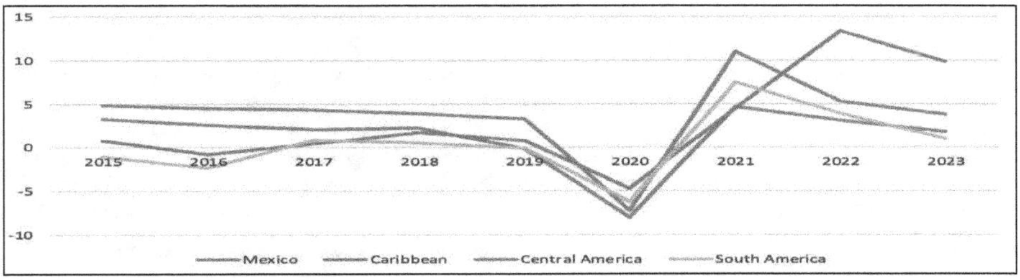

Source : d'après https://www.imf.org/external/datamapper/NGDP_RPCH@WEO/OEMDC/ADVEC/WEOWORLD du FMI, consulté le 15 juin 2023.

L'une des activités les plus touchées sur les deux continents en 2020 a été le tourisme, comme le montrent les tableaux I.23a et I.24b pour l'Amérique latine et les Caraïbes.

Tableau I.23a
ALC. Arrivées de touristes internationaux par sous-région et par pays et territoires de destination

	(million)				Share (%)	Change (%) vs. previous year			Change (%) vs. 2019		Monthly/quarterly data series Change (%)[2] 2023 versus 2022*				2023 versus 2019			
	2019	2020	2021	2022*	2022*	20/19	21/20*	22/21*	21/19*	22/19*	YTD	Jan.	Feb.	Mar.	YTD	Jan.	Feb.	Mar.
World	**1465**	**407**	**456**	**963**	**100**	**-72.2**	**12.0**	**111.2**	**-68.9**	**-34.3**	**86**	**121**	**86**	**65**	**-20.4**	**-22.0**	**-20.1**	**-19.3**
Advanced economies[1]	*777*	*221*	*244*	*541*	*56.2*	*-71.6*	*10.5*	*121.9*	*-68.6*	*-30.4*	*90*	*126*	*87*	*70*	*-18.4*	*-21.3*	*-17.9*	*-16.4*
Emerging economies[1]	*688*	*186*	*212*	*422*	*43.8*	*-73.0*	*13.8*	*98.9*	*-69.2*	*-38.8*	*83*	*116*	*85*	*59*	*-22.4*	*-22.7*	*-22.2*	*-22.3*
By UNWTO regions:																		
Europe	***743.9***	***239.6***	***304.9***	***594.5***	***61.8***	***-67.8***	***27.2***	***95.0***	***-59.0***	***-20.1***	***52***	***81***	***47***	***37***	***-9.6***	***-8.5***	***-9.2***	***-10.8***
Northern Europe	83.7	23.7	21.9	71.7	7.4	-71.7	-7.3	226.9	-73.8	-14.4	73	151	72	37	-9.2	-11.1	-8.1	-8.4
Western Europe	205.1	83.5	87.7	167.4	17.4	-59.3	5.1	90.8	-57.2	-18.4	57	88	54	40	-8.4	-6.3	-7.1	-11.2
Central/Eastern Eur.	150.9	44.1	56.3	88.7	9.2	-70.8	27.9	57.5	-62.7	-41.2	45	53	37	44	-27.8	-28.6	-28.7	-26.3
Southern/Medit. Eur.	304.1	88.4	138.9	266.7	27.7	-70.9	57.1	92.1	-54.3	-12.3	45	75	39	32	0.6	4.2	1.2	-3.1
- of which EU-27	539.0	182.7	225.9	440.6	45.8	-66.1	23.6	95.0	-58.1	-18.3	53	86	49	37	-7.7	-6.4	-6.8	-9.4
Asia and the Pacific	***360.1***	***59.1***	***24.8***	***100.5***	***10.4***	***-83.6***	***-58.0***	***304.6***	***-93.1***	***-72.1***	***474***	***538***	***496***	***412***	***-46.0***	***-49.9***	***-45.2***	***-43.1***
North-East Asia	170.3	20.3	10.9	19.2	2.0	-88.1	-46.4	76.8	-93.6	-88.7	503	414	474	603	-64.5	-72.0	-64.6	-57.4
South-East Asia	138.6	25.5	3.3	46.9	4.9	-81.6	-87.2	↑	-97.6	-66.2	↑	↑	↑	↑	-32.3	-34.3	-33.6	-29.1
Oceania	17.5	3.6	0.8	6.7	0.7	-79.2	-79.2	788.7	-95.7	-61.4	477	695	655	292	-36.7	-40.1	-36.6	-33.5
South Asia	33.8	9.8	10.0	27.7	2.9	-71.1	2.1	177.9	-70.5	-17.9	85	144	112	25	-16.7	-11.4	-9.6	-29.5
Americas	***219.3***	***69.6***	***81.5***	***155.6***	***16.2***	***-68.3***	***17.1***	***91.0***	***-62.8***	***-29.1***	***70***	***86***	***72***	***56***	***-14.5***	***-16.8***	***-13.4***	***-13.1***
North America	146.6	46.5	57.0	102.0	10.6	-68.3	22.7	78.9	-61.1	-30.4	68	76	71	61	-16.3	-18.9	-15.9	-14.3
Caribbean	26.3	10.3	14.5	22.6	2.3	-61.0	40.7	56.2	-45.1	-14.2	39	58	36	29	-6.2	-6.1	-6.2	-6.3
Central America	10.9	3.1	4.7	9.3	1.0	-71.6	51.1	98.2	-57.1	-15.0	44	67	42	28	-2.4	-8.2	1.5	0.4
South America	35.4	9.8	5.3	21.7	2.3	-72.4	-45.6	308.1	-85.0	-38.8	132	174	135	92	-18.3	-20.0	-15.5	-19.3
Africa	***69.1***	***18.7***	***19.6***	***46.5***	***4.8***	***-72.9***	***5.0***	***136.8***	***-71.5***	***-32.6***	***101***	***170***	***98***	***62***	***-11.7***	***-10.8***	***-10.6***	***-13.6***
North Africa	25.6	5.6	6.6	19.0	2.0	-78.2	17.9	188.9	-74.4	-25.9	159	506	147	74	4.3	7.2	9.2	-2.3
Subsaharan Africa	43.4	13.1	13.1	27.5	2.9	-69.8	-0.4	110.6	-69.9	-36.6	73	97	71	53	-20.8	-19.9	-21.9	-20.7
Middle East	***73.0***	***19.8***	***24.9***	***65.6***	***6.8***	***-72.9***	***25.7***	***163.4***	***-65.9***	***-10.1***	***49***	***101***	***55***	***16***	***15.4***	***13.6***	***15.8***	***16.7***
Memorandum[3]																		
ASEAN	*138.5*	*25.4*	*3.3*	*46.8*	*4.9*	*-81.6*	*-87.2*	↑	*-97.7*	*-66.2*	↑	↑	↑	↑	*-32.3*	*-34.3*	*-33.6*	*-29.1*
G20	*1000.2*	*300.0*	*351.9*	*708.1*	*73.5*	*-70.0*	*17.3*	*101.3*	*-64.8*	*-29.2*	*106*	*105*	*72*	*53*	*-17.6*	*-18.4*	*-16.7*	*-17.7*
GCC	*47.7*	*13.5*	*18.3*	*47.6*	*4.9*	*-71.7*	*35.4*	*160.4*	*-61.7*	*-0.3*	*161*	*112*	*58*	*12*	*33.0*	*25.8*	*34.9*	*38.7*
LDCs	*36.7*	*10.4*	*7.8*	*17.3*	*1.8*	*-71.6*	*-24.8*	*120.2*	*-78.6*	*-53.0*	*146*	*185*	*175*	*143*	*-36.2*	*-37.5*	*-37.3*	*-33.8*
LLDCs	*50.6*	*12.0*	*12.8*	*30.0*	*3.1*	*-76.3*	*6.9*	*134.1*	*-74.7*	*-40.7*	*163*	*148*	*128*	*100*	*-28.5*	*-28.7*	*-30.0*	*-26.9*
SIDS	*43.9*	*10.5*	*13.4*	*35.3*	*3.7*	*-76.1*	*27.7*	*163.8*	*-69.5*	*-19.6*	*166*	*116*	*89*	*77*	*-4.8*	*-6.6*	*-4.9*	*-3.0*

Source: World Tourism Organization (UNWTO) (Data as collected by UNWTO, May 2023)

* Provisional data

[1] Classification based on the International Monetary Fund (IMF), see the Statistical Annex of the IMF World Economic Outlook of April 2017, page 175, at www.imf.org/external/ns/cs.aspx?id=29.

[2] Arrows (↑) indicate percentage change above 1000. (See Methodological Notes)

[3] ASEAN: Association of Southeast Asian Nations, G20: Group of Twenty, GCC: Gulf Cooperation Council, LDCs: Least Developed Countries, LLDCs: Landlocked Developing Countries, SIDS: Small Island Developing States. (See Methodological Notes)

Tableau I.24b
ALC. Recettes du tourisme international par (sous-) région et par pays et territoires de destination, USD Millions

	2019	2020	2021*	2022*
Américas	**330.573**	**125.365**	**140.340**	**243.905**
América del Norte	*253.360*	*97.059*	*104.435*	*187.266*
Canada	29.807	13.582	14.454	24.034
México	24.573	10.996	19.765	28.016
Estados Unidos	198.980	72.481	70.215	135.215
El Caribe	34.949	14.485	20.919	25.171
Angulla	163	47	59	143
Antigua y Barbuda	776	350	488	921
Aruba	2.099	1.078	1.790	2.477
Bahamas	4.126	967	2.322	-
Barbados	1.250	578	627	929
Bermudas	600	94	156	-
Bonaire	-	-	-	-
IsI.Virg.Britanicas	-	-	-	-
Islas Calman	919	251	-	-
Cuba	2.596	1.137	404	-
Curaçao	703	281	459	-
Dominica	122	21	16	62
Rep. Dominicana	7.472	2.675	5.697	8.406
Granada	212	59	63	158
Guadalupe	-	-	-	-
Haiti	450	98	80	-
Jamaica	3.598	1.349	2.097	-
Martinica	549	280	283	
Montserrat	10	5	2	4
Antillas Neerland.	-	-	-	-
Puerto Rico	3.612	2.921	2.787	-
Saba	-	-	-	-

Santa Lucia	999	318	564	860
San Eustaqulo	-	-	-	-
Saint Kitts y News	189	46	29	115
San Martin	682	234	492	-
San Vicente Grd	118	44	29	63
Trinidad y Tabago	436	144	55	-
Islas Turcas y Calcos	-	-	-	-
Isl. Virgenes de EE.UU.	1.031	686	1.004	-
América Central	*12.624*	*4.008*	*6.063*	*8.897*
Belice	527	247	374	599
Costa Rica	3.988	1.328	1.717	3.137
El Salvador	1.306	636	993	1.864
Guatemala	1.221	327	388	987
Honduras	549	155	303	540
Nicaragua	515	199	184	596
Panama	4.519	1.116	2.104	-
América del Sur	*29.639*	*9.814*	*8.923*	*22.571*
Argentina	5.241	1.728	406	3.461
Bolivia	837	189	190	545
Brasil	5.995	3.044	2.947	4.952
Chile	2.302	413	113	1.024
Colomblia	5.682	1.568	2.741	6.250
Ecuador	2.282	702	1.055	1.793
Guyana Francesa	-	-	-	-
Guyana	27	24	26	-
Paraguay	953	201	84	455
Perú	3.738	776	688	2.137
Suriname	53	15	13	26
Uruguay	2.249	1.055	541	1.743
Venezuela	-	-	-	-

Source : Ídem

Ils se distinguent par l'impact sur leur économie, la chute des revenus du Mexique ; dans les Caraïbes, à Anguilla, aux Bahamas, aux Bermudes, aux îles Caïmans, à la Dominique, à la Grenade, en Haïti, à Saint-Kit et News ; en Amérique centrale, au Guatemala, au Honduras et au Panama ; et en Amérique du Sud, en Bolivie, au Chili, en Colombie, au Paraguay, au Pérou et au Suriname.

Du côté du continent africain, l'impact du Covid 19 est illustré par le tableau I.25 suivant.

Tableau 1.25
Afrique. Arrivées de touristes internationaux par sous-région et par pays et territoires de destination

	Serie	2019	2020	2021*	2022*
Africa		**69.059**	**18.705**	**19.649**	**46.530**
Africa del Norte		*25.622*	*5.575*	*6.570*	*18.981*
Argella	VF	2.371	591	125	-
Marruecos	TF	12.933	2.778	3.722	10.869
Sudan	TF	-	-	-	-
Tunez	TF	9.429	2.012	2.474	6.438
Africa Subsahariana		*43.437*	*13.130*	*13.079*	*27.549*
Angola	TF	218	64	64	-
Benin	TF	309	325	-	-
Botswana	TF	-	329	-	-
Burkina Faso	THS	143	67	106	-
Burundi	TF	-	-	-	-
Camerún	TF	-	-	-	-
Cabo Verde	THS	758	180	135	798
Rep.centroafricana	TF	87	35	-	-
Chad	THS	79	10	40	
Comoras	TF	45	7	29	-
Congo	THS	-	-	-	-
Côte d'ivoire	VF	2.070	668	576	-
R.Dem.Congo	TF	-	-	-	-
Djibouti	TF	167	75	114	-
Guinea Ecuatorial		-	-	-	-
Entrea	VF	-	-	-	-
Eswatini	TF	680	194	170	-
Etiopia	TF	812	271	518	840

Gabon	TF	-	-	-	-
Gambla	TF	620	246	332	-
Ghana	TF	1.130	355	624	-
Guinea	TF	-	-	-	-
Guinea-Bissau	TF	52	-	-	-
Kenya	TF	1.863	542	823	-
Les otho	TF	-	-	-	-
Liberia		-	-	-	-
Madagascar	TF	384	68	32	-
Malawi	TF	978	199	432	-
Mali	TF	217	75	168	-
Mauritania	TF	-	-	-	-
Mauricio	TF	1.383	309	180	997
Mozambique	TF	2.019	952	492	-
Namibia	TF	1.596	170	233	-
Niger	TF	192	85	-	-
Nigeria	TF	2.005	502	518	-
Reunion	TF	534	217	251	495
Rwanda	Tf	1.544	460	480	
Santo Tomé y Pm	TF	35	11	15	-
Senegal	TF	-	-	-	-
Seychelles	TF	384	115	183	332
Sierra Leona	TF	63	24	40	-
Somalla		-	-	-	-
Sudatica	TF	10.229	2.802	2.256	5.698
Rep. Unida Tanzania	TF	1.443	592	923	-
Togo	THS	876	482	-	-
Uganda	TF	1.543	473	513	-
Zambla	TF	1.266	502	554	-
Zimbabwe	VF	2.294	639	381	-
Egipto	VF	13.026	3.677	-	-

**TF = tourists at frontiers*
**VF = visitors at frontiers*
**TCE = international tourists at all forms of commercial accommodation*
**THS = international tourists at hotels and similar establishments*
Fuente: OMT, Barómetro del Turismo Mundial, Anexo Estadístico, Volumen 21 • Número 2 • Mayo 2023

Et au niveau de ces pays africains, le tableau I.26 montre l'impact de la baisse des recettes de l'activité touristique.

Tableau I.26

Afrique. Recettes du tourisme international par (sous)région et par pays et territoires de destination, USD Millions

	2019	2020	2021*	2022*
Africa	***38.890***	***14.331***	***17.546***	***31.581***
Africa del Norte	*11.239*	*5.423*	*5.992*	*11.727*
Argella	112	43	73	-
Marruecos	8.189	3.839	3.817	8.985
Sudan	821	689	1.077	1.065
Tunez	2.116	852	1.025	1.657
Africa Subsahariana	***27.652***	***9.507***	***11.554***	***19.853***
Angola	384	16	22	20
Benin	240	200	244	-
Botswana	705	252	288	-
Burkina Faso	116	75	82	-
Burundi	2	1	1	-
Camerún				
Cabo Verde				
Rep.centroafricana				
Chad				
Comoras				
Congo				
Côte d'ivoire				
R.Dem.Congo				
Djibouti				
Guinea Ecuatorial				
Entrea				
Eswatini				
Etiopia	812	271	518	840
Gabon	-	-	-	-
Gambla	620	246	332	-
Ghana	1.130	355	624	-

Guinea	-	-	-	-
Guinea-Bissau	52	-	-	-
Kenya	1.863	542	823	-
Les otho	-	-	-	-
Liberia	-	-	-	-
Madagascar	384	68	32	-
Malawi	978	199	432	-
Mali	217	75	168	-
Mauritania	-	-	-	-
Mauricio	1.383	309	180	997
Mozambique	2.019	952	492	-
Namibia	1.596	170	233	-
Niger	192	85	-	-
Nigeria	2.005	502	518	-
Reunion	534	217	251	495
Rwanda	1.544	460	480	
Santo Tomé y Pm	35	11	15	-
Senegal	-	-	-	-
Seychelles	384	115	183	332
Sierra Leona	63	24	40	-
Somalla	-	-	-	-
Sudatica	10.229	2.802	2.256	5.698
Rep. Unida Tanzania	1.443	592	923	-
Togo	876	482	-	-
Uganda	1.543	473	513	-
Zambla	1.266	502	554	-
Zimbabwe	2.294	639	381	-
Egipto	13.026	3.677	-	-

Source OMT, Barómetro del Turismo Mundial, Anexo Estadístico, Volumen 21 • Número 2 • Mayo 2023

D'autre part, cette situation de baisse de l'activité économique généralisée a également affecté les envois de fonds. La baisse des envois de fonds a diminué en Afrique du Nord, spécialement en Algérie et en Égypte. En Afrique subsaharienne : Afrique du Sud, Angola, Cap-Vert, Comores, Congo, Gambie, Ghana, Guinée,

Guinée-Bissau, Lesotho, Madagascar, Maurice, Nigéria, Seychelles, Tanzanie et Zimbabwe[62], tableau I.27.

Tableau I.27
Estimations et projections des envois de fonds vers les régions à faible revenu et à revenu intermédiaire

($ billions)	2016	2017	2018	2019	2020	2021	2022e	2023f	2024f
Low- and middle-income countries	435	475	522	548	542	599	647	656	666
East Asia and Pacific	122	128	137	143	131	129	130	131	132
excluding China	61	65	70	74	72	76	79	81	83
Europe and Central Asia	43	52	59	62	58	66	79	80	80
Latin America and the Caribbean	73	81	89	96	103	130	145	150	154
Middle East and North Africa	48	54	55	57	60	67	64	65	67
South Asia	111	117	132	140	147	157	176	177	178
Sub-Saharan Africa	39	42	49	49	43	50	53	54	56
World	590	640	695	727	717	791	831	840	858
Growth rate (percent)									
Low- and middle-income countries	-1.5	9.3	9.8	5.0	-1.1	10.6	8.0	1.4	1.5
East Asia and Pacific	-0.9	5.3	7.0	4.0	-8.0	-2.0	0.7	1.0	1.0
excluding China	3.0	5.8	8.4	6.4	-3.4	5.5	3.8	3.0	2.9
Europe and Central Asia	2.2	21.1	12.9	4.7	-6.9	15.3	19.0	1.0	-0.2
Latin America and the Caribbean	7.2	11.0	9.9	8.3	7.1	26.5	11.3	3.3	2.7
Middle East and North Africa	-1.2	13.4	2.2	4.1	3.7	12.2	-3.8	1.7	1.8
South Asia	-5.9	6.0	12.3	6.1	5.2	6.7	12.2	0.3	0.8
Sub-Saharan Africa	-8.6	9.6	16.9	0.0	-13.0	16.3	6.1	1.3	3.7
World	-1.0	8.4	8.6	4.5	-1.4	10.4	5.1	1.1	2.0

Source : Banque Mondiale, Migration and Develpmente Brief 38, mai 2023

Le flux d'envois de fonds vers l'ALC a été si important en 2020, malgré la crise, que la Banque mondiale (2022) est allée jusqu'à souligner que « la croissance des envois de fonds a été exceptionnellement forte en Amérique latine et dans les Caraïbes (21,6 %). Bien que des données actualisées ne soient pas encore disponibles, l'augmentation du nombre de migrants en transit (et des

62. Il convient de noter que lors de la XIVe Assemblée de la CNUCED tenue à Nairobi, au Kenya, bien que le rôle et le potentiel du tourisme en tant que moteur de développement et générateur d'emplois sur le continent africain aient été soulignés, en particulier chez les jeunes (il a même été mentionné que les agences gouvernementales axées sur le secteur avaient décidé de promouvoir la marque/destination Afrique en tant que telle en Europe), le rapport final de la réunion ne mentionne le secteur qu'une seule fois ; CNUCED XIV, Rapport final.

envois de fonds qu'ils reçoivent pour leur subsistance...) est un facteur important de l'augmentation exceptionnellement forte des envois de fonds dans la région, en particulier au Mexique (qui a enregistré une croissance de 25% au cours des neuf premiers mois de 2021 par rapport à la même période en 2020). ainsi qu'au Guatemala, en République dominicaine et au Salvador (qui ont enregistré une croissance de plus de 30% au cours des neuf premiers mois de 2021 par rapport à la même période de l'année précédente)»[63]. Comme on peut le voir dans le même graphique, l'Afrique s'est également redressée en 2021.

L'importance des envois de fonds pour certains pays d'Amérique latine et des Caraïbes et pays africains est évidente dans la figure I.38 ci-dessous.

Figure I.38

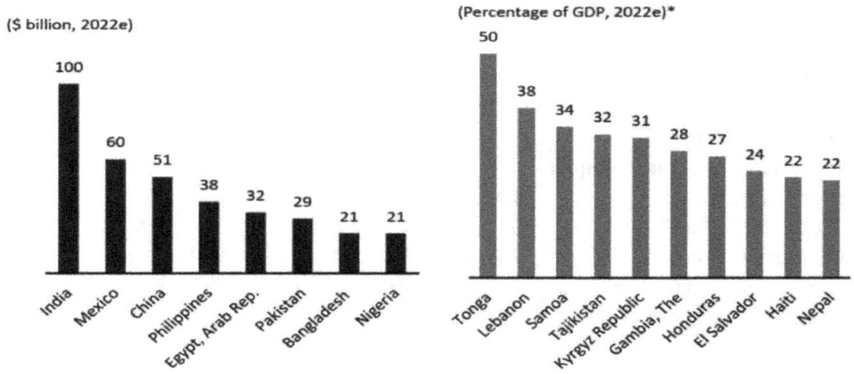

Source : Banque mondiale, Migrations et développement Report 38, juin 2023

Le Mexique, l'Égypte et le Nigéria se distinguent parmi les pays bénéficiaires par leur montant ; et pour son importance pour l'économie du pays qui reçoit ces fujos, la Gambie, le Honduras, El Salvador et Haïti.

À la fin de ce chapitre, nous pouvons dire que l'Amérique latine et l'Afrique sont confrontées à des problèmes similaires, mais les réponses ne peuvent pas être les mêmes. Les différents niveaux de développement de chaque continent, et à l'intérieur de ceux-ci, dans chaque pays, exigent des solutions pour chaque cas particulier. Nous pouvons toutefois identifier certains problèmes sur lesquels nous pouvons travailler ensemble, comme cela se fait déjà dans certaines initiatives, en plus d'identifier certains domaines de coopération.

63. Banque mondiale (2022), page 6.

Une première liste serait :

1. Le problème de la dette
2. Croissance démographique
3. Exposition aux pandémies (et négociation conjointe dans le cadre de l'Accord sur les ADPIC)
4. Mécanismes visant à rendre les envois de fonds très rentables
5. Traités de migration temporaire ou permanente avec les pays développés, afin de décourager les activités des groupes criminels qui tirent profit du transfert de personnes et de leur traite.
6. L'échange d'étudiants entre les deux régions.
7. Échange de technologies et de brevets.

Il y en a beaucoup d'autres, mais nous pensons que cette première relation donnerait le ton à une coopération plus grande et meilleure.

ANNEXE I.1
OBJECTIFS ET DOMAINES PRIORITAIRES DE L'AGENDA 2063 DE L'UNION AFRICAINE[64]

Nos aspirations pour l'Afrique que nous voulons

L'agenda 3063 vise à concrétiser un ensemble de Sept aspirations chacune avec ses propres objectifs qui, s'ils sont atteints, permettront à l'Afrique de réaliser sa vision de l'année 3063. Ces 7 Aspirations reflètent notre désir de prospérité et de bien-être partagés, d'unité et d'intégration, d'un continent de citoyens libres et d'horizons élargis, où le potentiel des femmes et des jeunes est pleinement exploité, et libéré de la peur, de la maladie et du désir.

Aspiration 1 : *Une Afrique prospère fondée sur la croissance inclusive et le développement durable.*

Nous sommes déterminés à éradiquer la pauvreté en une génération, grâce au partage de la prospérité par le biais de la transformation sociale et économique du continent

Buts :

Un niveau de vie élevé, une qualité de vie et un bien-être pour tous

Mettre fin à la pauvreté, aux inégalités de revenus et d'opportunités; création d'emplois, en particulier en ce qui concerne le chômage des jeunes; relever les défis de la croissance démographique rapide et de l'urbanisation, amélioration des habitats et de l'accès aux biens de première nécessité - eau, assainissement, électricité; assurer la sécurité sociale et la protection.

Des citoyens bien formés et suffisamment qualifiés ayant pour support la science, la technologie et l'innovation

Développer le capital humain et social de l'Afrique (à travers une révolution de l'éducation et des compétences mettant l'accent sur la science et la technologie).

Des citoyens en bonne santé et bien nourris

64. Source : https://au.int/fr, consulté le 20 avril 2023.

Élargir l'accès à des services de santé de qualité, en particulier pour les femmes et les filles;

Économies transformées et emplois

Transformer les économies africaines en exploitant les ressources naturelles de l'Afrique, sa fabrication, son industrialisation et sa valeur ajoutée, tout en augmentant sa productivité et sa compétitivité.

L'agriculture moderne pour une proactivité et une production accrues

Transformer radicalement l'agriculture africaine pour permettre au continent de se nourrir et d'être un acteur majeur en tant qu'exportateur net de produits alimentaires.

Économie bleue / océanique pour une croissance économique accélérée

Exploiter le vaste potentiel de l'économie bleue / océanique de l'Afrique.

Climat durable sur le plan environnemental et économies et communautés résilientes

Mettre en place des mesures pour gérer durablement la riche biodiversité, les forêts, les terres et les eaux du continent, et utiliser principalement des mesures d'adaptation pour faire face aux risques liés au changement climatique.

Aspiration 2 : *Un continent intégré, uni sur le plan politique et ancré dans les idéaux du panafricanisme et la vision de la renaissance africaine.*

Depuis 1963, la quête de l'Unité africaine a été inspirée par l'esprit du panafricanisme, en mettant essentiellement l'accent sur la libération et l'indépendance politique et économique. Cet esprit est motivé par le développement fondé sur l'autonomie des peuples africains, avec une gouvernance démocratique et centrée sur les personnes.

Buts :

Afrique unie (fédérale / confédérée)

Accélérer les progrès vers l'unité et l'intégration continentale pour une croissance soutenue, le commerce, les échanges de biens et services, la libre circulation des personnes et des capitaux grâce à la création d'une Afrique unie et à l'intégration accélérée de l'économie par la mise en place de la ZLEC.

Une infrastructure de classe mondiale sur tout le continent

L'amélioration de la connectivité grâce à des initiatives plus récentes et plus audacieuses visant à relier le continent par chemin de fer, route, mer et air; et développer des pools énergétiques régionaux et continentaux, ainsi que des TIC

Décolonisation

Tous les vestiges du colonialisme auront pris fin et tous les territoires africains sous occupation entièrement libérés. Nous prendrons des mesures pour mettre rapidement fin à l'occupation illégale de l'archipel des Chagos, l'île comorienne de Mayotte, et affirmer le droit à l'autodétermination du peuple du Sahara occidental.

Aspiration 3 : *Une Afrique de bonne gouvernance, de démocratie, de respect des droits de l'homme, de justice et d'état de droit.*

Une Afrique attachée à la bonne gouvernance, au respect des droits de l'homme, à la justice et l'état de droit.

L'Afrique aura une culture universelle de bonne gouvernance, de valeurs démocratiques, d'égalité entre les sexes, de respect des droits de l'homme, de justice et de l'État de droit.

Buts :

Valeurs, pratiques démocratiques, principes universels des droits de l'homme, de la justice et de l'état de droit pleinement ancré

Consolider les acquis démocratiques et améliorer la qualité de la gouvernance, le respect des droits de l'homme et de l'état de droit.

Des institutions compétentes et un leadership transformé à tous les niveaux

Construire des institutions fortes pour un état de développement; et faciliter l'émergence d'un leadership visionnaire orienté vers le développement dans tous les domaines et à tous les niveaux.

Aspiration 4 : *Une Afrique vivant dans la paix et dans la sécurité.*

Les mécanismes de prévention et de règlement pacifique des conflits seront opérationnels à tous les niveaux. Dans un premier temps, la prévention et le règlement des conflits axés sur le dialogue seront activement encouragés de manière à ce que, d'ici 2020, toutes les armes seront réduites au silence. Une culture de paix et de tolérance sera prodiguée aux enfants et aux jeunes de l'Afrique par le biais d'une éducation de paix .

Buts :

La paix et la sécurité sont préservées

Renforcer la gouvernance, la responsabilité et la transparence en tant que fondement d'une Afrique pacifique.

Une Afrique stable et pacifique

Renforcer les mécanismes permettant de garantir la paix et la réconciliation à tous les niveaux, ainsi que de faire face aux nouvelles menaces qui pèsent sur la paix et la sécurité en Afrique.

Une APSA entièrement fonctionnelle et opérationnelle

Mettre en place des stratégies pour que le continent puisse financer ses besoins en matière de sécurité.

Aspiration 5 : *Une Afrique dotée d'une forte identité culturelle, d'un patrimoine commun, et de valeurs et d'éthique partagées.*

Le Panafricanisme et la communauté d'histoire, de destin, d'identité, d'héritages, de respect de la diversité religieuse et de conscience des peuples d'Afrique et de sa diaspora seront fortement ancrés.

Buts :

La renaissance culturelle africaine est prééminente

Inculquer l'esprit du panafricanisme; exploiter le riche patrimoine et la culture de l'Afrique pour faire en sorte que les arts créatifs contribuent de manière significative à la croissance et à la transformation de l'Afrique; et la restauration et la préservation du patrimoine culturel de l'Afrique, y compris de ses langues.

Aspiration 6 : *Une Afrique dont le développement est axé sur les populations, qui s'appuie sur le potentiel de ses populations, notamment celles des femmes et des jeunes, qui se soucie du bien-être des enfants.*

Tous les citoyens africains seront activement impliqués dans tous les aspects de la prise de décisions. L'Afrique sera un continent inclusif où aucun enfant, aucune femme, aucun homme ne sera délaissé ou exclu sur la base du sexe, de l'appartenance politique, de la religion, de l'appartenance ethnique, de la localité, de l'âge ou de tout autre facteur:

Pleine égalité entre les hommes et les femmes dans tous les domaines de la vie

Renforcer le rôle des femmes africaines en garantissant l'égalité et la parité hommes-femmes dans tous les domaines de la vie (politique, économique et sociale); éliminer toutes les formes de discrimination et de violence à l'égard des femmes et des filles.

Jeunes et enfants engagés et responsabilisés

Créer des opportunités pour la jeunesse africaine en vue de l'épanouissement personnel, de l'accès à la santé, de l'éducation et de l'emploi; assurer la sécurité des enfants africains et assurer le développement de la petite enfance.

Aspiration 7 : *Une Afrique qui agit en tant qu'acteur et partenaire fort, uni et influent sur la scène mondiale.*

L'Afrique émergera en tant qu'acteur et partenaire mondial fort, résistant, pacifique et influent, jouant un rôle important dans les affaires internationales.

Nous affirmons l'importance de l'unité et de la solidarité africaines face à l'ingérence extérieure persistante, y compris, aux tentatives menées pour diviser le continent, ainsi qu'aux pressions et aux sanctions indues imposées à certains pays:

L'Afrique, partenaire majeur des affaires mondiales et de la coexistence pacifique

L'amélioration de la place de l'Afrique dans le système de gouvernance mondiale (Conseil de sécurité des Nations Unies, institutions financières, biens communs mondiaux tels que l'espace extra-atmosphérique).

L'Afrique assume l'entière responsabilité du financement de son développement

Améliorer les partenariats de l'Afrique et les recentrer de manière plus stratégique pour répondre aux priorités de l'Afrique en matière de croissance et de transformation; et veiller à ce que le continent dispose des stratégies appropriées pour financer son propre développement et réduire la dépendance à l'aide.

Le Premier Plan décennal de Mise en œuvre

Le Premier Plan Décennal de Mise en Œuvre (FTYIP, First Ten Year Implementation Plan) de l'Agenda 2063 (2013 - 2023) est le premier d'une série de cinq plans décennaux couvrant l'horizon des cinquante prochaines années du calendrier de l'Agenda 2063.

L'élaboration des plans décennaux vise à:

- Identifier les domaines prioritaires, fixer des objectifs spécifiques, définir les stratégies et les mesures politiques nécessaires à la mise en œuvre du FTYIP (de l'Agenda 2063.
- Mettre en œuvre les programmes et initiatives de la procédure accélérée décrits dans les décisions de Malabo de l'Union africaine (UA) afin de donner l'impulsion et les avancées décisives pour la transformation économique et sociale de l'Afrique.
- Fournir des informations à tous les acteurs clés aux niveaux national, régional et continental sur les résultats attendus pour les dix premières années du plan et attribuer des responsabilités à tous les acteurs pour sa mise en œuvre, son suivi et son évaluation
- Décrire les stratégies nécessaires pour assurer la disponibilité des ressources et des capacités, ainsi que l'engagement des citoyens dans la mise en œuvre du Premier Plan Décennal.

Résultats clés de la transformation de l'Agenda 2063

L'Agenda 2063 identifie plusieurs avantages clés pour les Africains si les programmes identifiés dans le cadre de développement stratégique sont initiés et mis en œuvre dans le FTYIP.

L'Afrique devrait améliorer son niveau de vie; économies transformées, inclusives et durables; intensification de l'intégration régionale et continentale; une population de femmes et de jeunes autonomes et une société dans laquelle les enfants sont pris en charge et protégés; des sociétés pacifiques, qui défendent de bonnes valeurs démocratiques et appliquent les principes de bonne gouvernance et qui préservent et renforcent l'identité culturelle de l'Afrique.

Amélioration de la qualité de vie

- Le revenu réel par habitant serait un tiers supérieur à celui de 2013.
- L'incidence de la faim, en particulier chez les femmes et les jeunes, ne représentera que 20% des niveaux de 2023.
- Les possibilités d'emploi seront accessibles à au moins une personne sur quatre à la recherche d'un emploi.
- Au moins un enfant sur trois aura accès à la maternelle dès que tous les enfants du secondaire seront scolarisés et sept diplômés sur dix sans accès à l'enseignement supérieur inscrits dans des programmes d'EFTP (Enseignement et formation techniques, commerciaux et professionnels).
- La malnutrition, la mortalité maternelle, infantile et néonatale à partir de 2013 seraient réduites de moitié; l'accès aux antirétroviraux sera automatique et la proportion de décès imputables au VIH / SIDA et au paludisme aurait été réduite de moitié.
- Neuf personnes sur dix auront accès à l'eau potable et à l'assainissement; L'approvisionnement en électricité et la connectivité Internet augmenteront de 50% et les villes recycleront au moins 50% des déchets qu'elles produisent.

Économies transformées, inclusives et durables

- Le PIB augmentera de 7% et au moins un tiers des produits seront générés par des entreprises nationales.
- La fabrication à forte intensité de main-d'œuvre, soutenue par la valeur ajoutée aux produits de base et le doublement de la productivité totale des facteurs agricoles, sera atteinte d'ici 2023.

- Les débuts de l'économie bleue à valeur ajoutée - pêche, tourisme côtier respectueux de l'environnement, produits de la biotechnologie marine et opérations portuaires - vont émerger.
- Les entreprises d'arts créatifs contribueront deux fois plus en termes réels que leur contribution de 2013 au PIB.
- La pénétration des TIC et la contribution au PIB réel en termes absolus seraient le double de celles de 2013.
- Des centres d'industrialisation régionaux liés aux chaînes de valeur mondiales et aux bourses de produits seront en place d'ici 2023.
- Au moins 17% des eaux terrestres et intérieures et 10% des zones côtières et marines auraient été préservés et 30% des agriculteurs, des pêcheurs et des pasteurs pratiquent des systèmes de production résilients au climat.

Afrique intégrée

- Il y aura libre circulation des biens, des services et des capitaux; et les personnes se rendant dans n'importe quel État membre pourraient obtenir le visa au point d'entrée.
- Le volume des échanges intra-africains, en particulier de produits à valeur ajoutée agricole, devrait tripler d'ici 2023.
- L'Union douanière africaine, un marché commun africain et une union monétaire africaine seront opérationnels d'ici 2023.
- Le réseau africain de trains à grande vitesse aura franchi l'étape de création et emmènera ses premiers passagers entre deux villes connectées.
- Le ciel africain sera ouvert à toutes les compagnies aériennes africaines.
- Les pools énergétiques régionaux alimentés par une augmentation d'au moins 50% de la production d'énergie et le barrage INGA seront opérationnels et contribueront à alimenter la transformation industrielle du continent et le confort des citoyens.
- L'Agence africaine d'accréditation de l'éducation et un système éducatif commun sont en place et la jeunesse africaine aura le choix d'étudier dans n'importe quelle université et de travailler n'importe où sur le continent.

Autonomisation des femmes, des jeunes et des enfants

- Tous les obstacles liés au fait que les femmes ont / héritent d'une propriété ou d'une entreprise, signent un contrat, possèdent ou gèrent un compte bancaire seraient éliminés d'ici 2023.

- Au moins une femme sur cinq aurait accès aux ressources productives et en aurait le contrôle.
- La parité hommes-femmes en matière de contrôle, de représentation et d'avancement sera la norme dans tous les organes de l'UA et les CER.
- Toutes les formes de violence à l'égard des femmes auraient été réduites d'un tiers en 2023.
- Toutes les normes sociales préjudiciables et les pratiques coutumières auraient pris fin en 2023.
- La jeunesse africaine sera mobile et 15% de toutes les nouvelles entreprises proviendront de leur ingéniosité et de leur talent et la proportion de jeunes chômeurs de 2013 sera réduite d'au moins un quart.
- L'exploitation du travail des enfants, les mariages, le trafic et les activités militaires auraient pris fin d'ici 2023

Une Afrique centrée sur la culture, bien gouvernée, pacifique et culturelle dans un contexte mondial

- Les valeurs et la culture démocratiques telles qu'énoncées dans l'Architecture de gouvernance africaine auraient été intégrées d'ici 2023.
- Au moins sept personnes sur dix dans chaque État membre de l'Union perçoivent les élections comme libres, justes et crédibles; institutions démocratiques, processus et dirigeants responsables; le pouvoir judiciaire impartial et indépendant; et la législature, composante indépendante et essentielle du processus de gouvernance nationale.
- Le Mécanisme africain d'évaluation par les pairs aura été attribué à tous les États Membres et son impact positif sur les indicateurs de gouvernance a été ressenti.
- Toutes les armes auraient été réduites au silence d'ici 2023.
- Tous les États membres de l'Union disposeront de mécanismes locaux et nationaux de prévention et de règlement des conflits.
- Tous les États membres de l'Union disposeront d'un programme de double citoyenneté pour la diaspora.
- L'Encyclopedia Africana sera lancée par la Conférence de l'Union en 2023.
- Une école polytechnique sur cinq offrira des programmes en arts créatifs et en gestion de microentreprises culturelles afin de soutenir la croissance de ces entreprises.

- Le contenu local dans tous les médias imprimés et électroniques aurait augmenté de 60%.
- Au moins 30% de tous les patrimoines culturels auraient été récupérés d'ici 2023.
- Une agence spatiale africaine aurait été créée d'ici 2023.
- Une plate-forme mondiale africaine sera en place d'ici 2017 et contribuera à une augmentation d'au moins 20% de la part des exportations africaines dans les exportations mondiales en 2023.
- La Banque africaine d'investissement, le mécanisme africain de garantie, l'Institut africain des envois de fonds et au moins deux bourses régionales ont été créés et fonctionnent.
- Les marchés des capitaux nationaux représenteront au moins 10% du financement du développement et la part de l'aide dans le budget national ne dépassera pas 25% du niveau de 2013.

CHAPITRE II
COMMERCE ENTRE L'AFRIQUE ET L'ALC

Introduction

Dans ce chapitre, nous verrons le commerce extérieur entre l'Afrique et l'ALC, en particulier du point de vue des exportations. L'analyse sera complétée dans le chapitre suivant par l'analyse des importations. Nous ferons cette étude en analysant en principe en détail le cas d'un pays africain et ses opportunités commerciales avec ALC. En raison de la disponibilité de l'information et du fait qu'il présente un certain degré de diversification dans sa production et ses exportations, le pays sélectionné est le Maroc. Une fois cette analyse effectuée dans les lignes suivantes, nous procéderons à une analyse plus détaillée basée sur 10 pays africains dans la section II.a. Dans la section II.b, nous analyserons le commerce des services internationaux de ces 10 pays africains, afin de déterminer, à la fois dans ce cas et dans les biens échangés, l'offre exportable. Dans les sections II.c et II.d, nous ferons la même analyse, mais pour 10 pays de l'ALC. En conclusion, nous ferons analyser l'offre exportable de chaque région.

Nous commençons par noter que la part de l'Afrique dans le commerce international des marchandises est modeste depuis la fin de la Seconde Guerre mondiale, avec une forte tendance à la baisse : de 7,3 % des exportations mondiales en 1948, elle n'était plus que de 2,7 % en 2022 (tableau II.1). Il convient également de noter que cette réduction du commerce extérieur de la part de l'Afrique a été si forte qu'en 2022, les exportations du Mexique représentaient en valeur la quasi-totalité des exportations du continent africain.

Tableau II.1
Exportations mondiales de marchandises par région et par économie sélectionnée, 1948 à 2022, années sélectionnées (milliards de dollars et pourcentages)

	1948	1953	1963	1973	1983	1993	2003	2022
	Value							
World	**59**	**84**	**157**	**579**	**1838**	**3688**	**7382**	**24312**
	Share							
World	100.0	100.0	100.0	100.0	100.0	100.0	100.0	100.0
North America	**28.1**	**24.8**	**19.9**	**17.3**	**16.8**	**17.9**	**15.8**	**13.3**
United States of America	21,6	14.6	14.3	12.2	11.2	12.6	9.8	8.5
Canada	5.5	5.2	4.3	4.6	4.2	3.9	3.7	2.5
Mexico	09	07	06	04	14	14	22	24
South and Central America and the Caribbean	**11.3**	**9.7**	**6.4**	**4.3**	**4.5**	**3.0**	**3.1**	**3.4**
Brazil	2.0	1.8	0.9	1.1	1.2	1.0	1.0	1.4
Chile	0.6	0.5	0.3	0.2	0.2	0.2	0.3	0.4
Europe	35.1	39.4	47.8	50.9	43.5	45.3	46.2	35.8
Germany (1)	1.4	5.3	9.3	11.7	9.2	10.3	10.2	6.8
Netherlands	2.0	3.0	3.6	4.7	3.5	3.8	4.0	4.0
France	3.4	4.8	5.2	6.3	5.2	6.0	5.3	2.5
United Kingdom	11.3	9.0	7.8	5.1	5.0	4.9	4.2	2.2
Commonwealth of Independent States (CIS), including certain associate and former member States (2)	-	-	-	-	-	1.7	2.3	3.0
Africa	7.3	6.5	5.7	4.8	4.5	2.5	2.4	2.7
South Africa (3)	2.0	1.6	1.5	1.0	1.0	0.7	0.5	0.5
Middle East	**2.0**	**2.7**	**3.2**	**4.1**	**6.7**	**3.5**	**4.1**	**6.7**
Asia	**14.0**	**13.4**	**12.5**	**14.9**	**19.1**	**26.0**	**26.1**	**35.1**
China	0.9	1.2	1.3	1.0	1.2	2.5	5.9	14.8
Japan	0.4	1.5	3.5	6.4	8.0	9.8	6.4	3.1
India	2.2	1.3	1.0	0.5	0.5	0.6	0.8	1.9
Australia and New Zealand	3.7	3.2	2.4	2.1	1.4	1.4	1.2	1.9
Six East Asian traders	3.4	3.0	2.5	3.6	5.8	9.6	9.6	9.6
Memorandum item : EU (4)	-	-	24.5	37.0	31.3	37.3	38.6	29.4
USSR, Former	2.2	3.5	4.6	3. 7	5.0	-	-	-
GATT/WTO Members (5)	63.4	69.6	75.0	84.1	77.0	89.0	98.3	98.1

Note : Between 1973 and 1983 and between 1993 and 2003 export shares were significantly influenced by oil price developments.

Source : OMC (2023), tableau II.A4, page 58.

Notez que la part de l'Amérique du Nord (hors Mexique) a également diminué, passant de 28,1 % à 13,3 % au cours de la période (en fait, les États- Unis ont vu leur part diminuer de 21,6 % à 8,5 %). L'Europe est restée plus ou moins constante, notant que l'Allemagne unifiée, alors qu'elle atteignait 10,2% en 2003, était de 6,8% en 2022. Le cas de l'Asie est remarquable : de 14 % en 1948, en 2022, elle représentait déjà 35,1 % des exportations mondiales de marchandises. En particulier, la Chine est passée de 0,9% à 14,8% au cours de ces années. Le Japon, après avoir atteint 9,8% des exportations mondiales en 1993, sa participation était de 3,1% en 2022.

En ce qui concerne les importations avec destination de l'Afrique, qui représentaient en 1948 8,1% de la destination des produits faisant l'objet d'échanges internationaux, elles ne représentaient en 2022 que 2,9% des importations mondiales, tableau II.2. Les résultats des autres régions ont globalement suivi le même schéma que les exportations.

Tableau II.2
Importations mondiales de marchandises par région et par économie, 1948 à 2021 (certaines années)

	1948	1953	1963	1973	1983	1993	2003	2022
				Value				
World	**62**	**84**	**85**	**164**	**594**	**3805**	**7599**	**25118**
				Share				
World	100.0	100.0	100.0	100.0	100.0	100.0	100.0	100.0
North America	**18.5**	**20.5**	**16.1**	**17.2**	**18.5**	**21.3**	**15.8**	**18.3**
United States of America	13.0	13.9	11.4	12.4	14.3	15.9	17.1	13.4
Mexico	1.0	0.9	0.8	0.6	0.7	1.8	2.3	2.5
Canada	4.4	5.5	3.9	4.2	3.4	3.7	3.2	2.3
South and Central America and the Caribbean	10.4	8.3	6.0	4.4	3.9	3.3	2.5	3.7
Brazil	1.8	1.6	0.9	1.2	0.9	0.7	0.7	1.2
Chile	0.4	0.4	0.4	0.2	0.2	0.3	0.3	0.4
Europe	**45.3**	**43.7**	**52.0**	**53.3**	**44.1**	**44.5**	**44.6**	**36.9**
Germany (1)	2.2	4.5	8.0	9.2	8.1	9.0	8.0	6.3
Netherlands	3.4	3.3	4.4	4.8	3.3	3.3	3.5	3.6
United Kingdom	13.4	11.0	8.5	6.5	5.3	5.5	5.2	3.3
France	5.5	4.9	5.3	6.4	5.6	5.7	5.2	3.3
Commonwealth of Independent States (CIS), including certain associate and former member States (2)	-	-	-	-	-	1.5	1.4	1.6
Africa	8.1	7.0	5.2	3.9	4.6	2.6	2.2	2.9
South Africa (3)	2.5	1.5	1.1	0.9	0.8	0.5	0.5	0.5
Middle East	1.7	2.2	2.3	2.7	6.2	3.3	2.8	4.2
Asia	13.9	15.1	14.1	14.9	18.5	23.5	23.8	32.5
China	0.6	1.6	0.9	0.9	1.1	2.7	5.4	10.8
Japan	1.1	2.8	4.1	6.5	6.7	6.4	5.0	3.6
India	2.3	1.4	1.5	0.5	0.7	0.6	1.0	2.9
Australia and New Zealand	2.9	2.3	2.2	1.6	1.4	1.5	1.4	1.4
Six East Asian traders	3.5	3.7	3.2	3.9	6.1	10.2	8.7	9.6
Memorandum item : EU (4)	-	-	25.5	37.1	31.4	36.2	36.1	29.7
USSR, Former	1.9	3.3	4.3	3.6	4.3	-	-	-
GATT/WTO Members (5)	58.6	66.9	75.3	85.5	79.7	89.3	98.4	98.2

Note : Between 1973 and 1983 and between 1993 and 2003 import shares were significantly influenced by oil price developments.

Source : Ibid.

Il convient de noter qu'en 2022, un seul pays africain, l'Afrique du Sud, figurait parmi les 50 premiers exportateurs et importateurs, se classant au 37e rang en tant qu'exportateur et au 38e rang en tant qu'importateur. Pour sa part, le premier pays d'Amérique latine à figurer sur ces listes est le Mexique, qui occupe la 12e place en tant qu'exportateur et importateur (tableau II.3).

Tableau II.3
Principaux exportateurs et importateurs mondiaux de marchandises (à l'exclusion du commerce intra-UE), 2022 (milliards USD et pour cent)

Rank	Exporters	Value	Share	Annual percentage change	Rank	Importers	Value	Share	Annual percentage change
1	China	3594	17.6	7	1	United States of America	3376	15.8	15
2	Extra-EU exports	2704	13.2	5	2	Extra-EU imports	3155	14.8	26
3	United States of America	2065	10.1	18	3	China	2716	12.7	1
4	Japan	747	3.7	-1	4	Japan	897	4.2	17
5	Korea, Republic of	684	3.3	6	5	United Kingdom	824	3.9	19
6	Hong Kong, China	610	3.0	-9	6	Korea, Republic of	731	3.4	19
	Domestic exports	18	0.1	-13					
	Re-exports	592	2.9	-9					
7	United Arab Emirates (1)	599	2.9	41	7	India	723	3.4	26
8	Canada	597	2.9	18	8	Hong Kong, China	668	3.1	-6
						Retained imports (1)	164	0.8	3
9	Mexico	578	2.8	17	9	Mexico	626	2.9	20
10	Russian Federation (1)	532	2.6	8	10	Canada	582	2.7	15
11	United Kingdom	529	2.6	13	11	Singapore	476	2.2	17
						Retained imports (1)	199	0.9	27
12	Singapore	516	2.5	13	12	Chinese Taipei	436	2.0	14
	Domestic exports	239	1.2	15					
	Re-exports	277	1.4	11					
13	Chinese Taipei	478	2.3	7	13	United Arab Emirates (1)	425	2.0	22
14	India	453	2.2	15	14	Türkiye	364	1.7	34
15	Australia	412	2.0	20	15	Viet Nam	359	1.7	8
16	Saudi Arabia, Kingdom of (1)	410	2.0	49	16	Switzerland	356	1.7	10
17	Switzerland	402	2.0	6	17	Australia	309	1.5	18
18	Viet Nam	371	1.8	11	18	Thailand	303	1.4	14
19	Malaysia	353	1.7	18	19	Malaysia	294	1.4	24
20	Brazil	334	1.6	19	20	Brazil	292	1.4	25
21	Indonesia	292	1.4	26	21	Russian Federation (1),(2)	240	1.1	-21
22	Thailand	287	1.4	6	22	Indonesia	237	1.1	21
23	Türkiye	254	1.2	13	23	Saudi Arabia, Kingdom of	188	0.9	23
24	Norway	250	1.2	56	24	Philippines	144	0.7	16
25	Iraq (1)	132	0.6	53	25	South Africa (1)	136	0.6	19
26	Qatar	130	0.6	49	26	Israel	107	0.5	16
27	South Africa	123	0.6	-1	27	Norway	106	0.5	8
28	Kuwait, the State of (1)	104	0.5	65	28	Chile	104	0.5	13
29	Chile	97	0.5	3	29	Bangladesh	88	0.4	10
30	Argentina	88	0.4	13	30	Egypt (1)	86	0.4	17
31	Kazakhstan	85	0.4	40	31	Argentina	82	0.4	29
32	Philippines	79	0.4	6	32	Iraq (1)	78	0.4	18
33	Israel	74	0.4	22	33	Colombia	77	0.4	27
34	Iran (1)	73	0.4	2	34	Morocco (1)	72	0.3	23
35	Oman (1)	63	0.3	41	35	Pakistan	71	0.3	-2
36	Nigeria	63	0.3	34	36	Peru	61	0.3	20
37	Algeria (1)	61	0.3	58	37	Ukraine (1)	56	0.3	-23
38	Peru	59	0.3	-2	38	Iran (1)	55	0.3	13
39	Colombia	57	0.3	41	39	New Zealand	54	0.3	9
40	Bangladesh	55	0.3	24	40	Nigeria	54	0.3	3
41	Egypt (1)	49	0.2	21	41	Kazakhstan	50	0.2	20
42	Angola (1)	48	0.2	42	42	Serbia	41	0.2	22
43	Ukraine (1)	46	0.2	-33	43	Belarus (1)	40	0.2	-4
44	New Zealand	46	0.2	2	44	Algeria (1)	39	0.2	5
45	Azerbaijan (1)	42	0.2	88	45	Oman (1)	37	0.2	19
46	Morocco (1)	41	0.2	15	46	Kuwait, the State of (1)	35	0.2	9
47	Libya (1)	36	0.2	23	47	Qatar	33	0.2	19
48	Ecuador	33	0.2	22	48	Ecuador	33	0.2	29
49	Pakistan	31	0.2	9	49	Guatemala	32	0.2	21
50	Bahrain, Kingdom of (1)	30	0.1	33	50	Panama (1)	32	0.1	54
	Total of above (3)	**19793**	**96.7**	-		**Total of above (3)**	**20382**	**95.6**	-
	World excluding intra-EU exports (3)	**20460**	**100.0**	**12**		**World excluding intra-EU imports (3)**	**21313**	**100.0**	**14**

Note: For annual data 2012-2022, see Tables A58 and A59.
(1) Secretariat estimates.
(2) Imports are valued f.o.b.
(3) Includes significant re-exports or imports for re-export.

Source : Idem

À l'aide de la base de données WITS[65], il nous donne une première approche du comportement des relations économiques de commerce extérieur entre l'Afrique et l'ALC[66]. Si l'on ne considère que le commerce de l'Afrique subsaharienne et de l'ALC, le tableau II.4 et le graphique II.1 montrent les exportations de l'Afrique subsaharienne vers l'Amérique latine et les Caraïbes par groupe de produits.

65. WITS, World Integrated Trade Solution. La Banque mondiale, en collaboration avec la Conférence des Nations Unies sur le commerce et le développement (CNUCED) et en consultation avec des entités telles que le Centre du commerce international, la Division de statistique des Nations Unies (DSNU) et l'Organisation mondiale du commerce (OMC), a mis au point le logiciel « Global Integrated Trade Solution » (WITS). Il permet aux utilisateurs d'accéder et de récupérer des informations sur le commerce et les tarifs douaniers. https://wits.worldbank.org/es/about_wits.html, consultations du 18 août 2023 au 30 août. Pour plus de commodité, toutes les requêtes adressées à cette base de données seront référencées uniquement en tant que WITS.

66. Dans cette base de données WITS, l'Amérique du Nord comprend le Canada, les États-Unis et les Bahamas, c'est-à-dire que le Mexique est inclus dans l'Amérique centrale et l'Amérique du Sud. Source : https://data.worldbank.org/country/XU, consulté le 19 août 2023.

Tableau II.4

Exportations de marchandises de l'Afrique subsaharienne vers l'ALC par groupe de produits, 1990-2020, en milliers USD

Grupos de Productos	Calzado	Combustibles	Cueros y pieles	Madera	Maquinaria y electricidad	Metales	Minerales	Piedras y vidrio	Plástico o caucho	Productos alimenticios	Productos químicos	Reino animal	Reino vegetal	Textiles yprendas de vestir	Transporte	Varios
1990					25.6		44.7			5,243.8						44.0
1991		63.8			17.5	1.2				4,694.5		1.7	101.7	0.7	0.5	83.8
1992	166.6	23,788.2	820.9	46,662.6	15,704.9	143,673.8	10,965.4	3,297.8	6,452.5	14,824.5	31,651.8	1,226.2	1,818.1	5,688.5	7,425.0	1,997.0
1993	658.5	145,244.3	1,172.7	46,333.9	28,447.9	111,912.8	12,487.5	3,502.7	6,090.0	35,703.9	59,662.0	1,015.4	1,163.3	6,242.9	19,004.4	2,223.1
1994	566.5	107,263.8	1,177.2	49,967.8	34,282.8	169,429.1	21,586.1	3,586.4	4,474.9	122,666.4	79,943.1	2,547.3	46,552.3	7,254.1	25,978.8	2,619.7
1995	441.5	127,861.2	1,211.1	61,004.3	70,084.8	120,287.4	22,389.9	4,897.1	6,960.4	89,764.1	172,645.3	1,266.0	8,187.3	47,105.1	22,400.9	9,523.3
1996	478.0	559,962.2	1,377.2	39,441.6	51,499.7	99,691.8	35,402.9	4,553.9	8,432.9	129,358.9	128,398.6	1,323.2	91,408.9	65,727.5	14,940.2	17,236.5
1997	958.3	420,451.1	3,538.0	37,217.4	89,556.9	103,217.7	36,506.7	4,348.8	10,845.8	96,378.7	109,350.9	1,662.5	68,280.1	73,076.6	36,369.1	12,438.8
1998	632.3	558,212.5	2,283.3	47,206.4	86,836.3	121,117.3	25,278.1	7,899.7	11,390.3	32,562.2	91,247.8	2,149.8	27,932.4	117,673.2	35,891.0	9,636.6
1999	709.7	1,161,247.8	2,596.5	64,895.9	163,591.2	218,464.0	18,420.6	5,830.8	10,923.0	70,389.8	77,189.8	2,540.7	28,618.6	98,731.3	65,846.0	47,858.0
2000	599.5	1,530,829.6	8,147.4	40,778.8	38,824.1	259,646.5	21,559.8	4,087.0	12,330.1	62,945.5	91,336.3	3,469.1	17,140.0	79,214.1	37,669.4	7,502.3
2001	323.5	1,535,472.4	9,430.8	38,591.6	40,944.7	157,960.5	41,401.3	5,208.2	8,369.6	34,791.8	98,232.6	7,480.6	17,192.8	52,867.1	201,942.7	7,257.6
2002	376.3	1,918,398.9	6,089.9	26,819.7	29,770.4	152,059.5	28,512.7	3,461.8	7,246.3	33,111.1	88,982.9	7,869.2	21,697.3	36,252.5	42,121.2	6,221.5
2003	374.6	2,087,706.1	4,633.0	20,035.6	55,292.8	169,410.7	22,384.1	5,925.6	13,410.2	52,590.1	87,038.9	7,262.6	26,756.8	39,113.9	13,585.8	8,351.8
2004	396.5	87,261.2	8,411.4	36,295.1	58,878.9	266,964.8	32,947.7	54,532.8	14,605.5	34,392.1	108,570.2	10,039.4	27,312.8	28,032.4	17,536.6	8,001.5
2005	606.7	134,033.3	12,074.2	39,089.9	89,830.4	275,041.4	51,379.0	6,239.8	18,837.2	42,286.8	141,009.2	7,758.2	18,214.7	33,925.9	366,809.3	7,433.0
2006	729.7	3,240,248.6	11,415.4	25,793.1	108,865.1	386,074.4	61,465.0	4,474.6	17,343.9	48,828.4	147,599.9	8,465.6	20,035.0	50,517.6	250,937.1	8,645.6
2007	6,716.0	6,693,748.5	32,256.2	27,167.4	155,945.2	480,249.7	83,790.7	7,231.2	23,505.8	111,969.5	167,845.2	10,688.0	61,267.4	58,251.7	38,732.6	11,399.3
2008	9,695.5	6,173,569.3	28,302.3	29,587.3	221,729.2	455,307.7	120,496.2	14,250.3	83,906.1	252,573.4	198,725.3	18,616.8	68,901.4	36,543.2	154,688.6	15,022.2
2009	26,940.3	5,901,357.2	17,596.0	33,181.8	208,125.1	208,946.6	62,491.4	8,040.6	77,044.4	1,155,144.6	190,223.0	312,948.5	85,196.5	43,248.1	110,567.8	35,257.1
2010	50,011.7	8,721,260.2	32,445.5	19,982.6	264,966.9	505,277.7	71,639.5	79,722.1	178,632.1	544,757.2	210,470.6	41,993.4	82,015.7	504,649.5	192,759.1	60,572.2
2011	48,385.6	20,029,543.7	28,975.4	43,989.3	309,945.6	472,019.9	129,162.9	44,243.9	551,640.0	821,352.0	280,761.0	82,636.2	530,352.0	45,748.4	193,062.3	44,769.6
2012	35,460.6	15,961,416.7	14,024.7	28,829.7	292,969.4	427,657.0	92,464.6	58,894.3	1,747,261.7	1,469,571.2	307,190.6	269,956.7	436,737.0	50,963.9	208,697.6	29,421.7
2013	2,638.2	11,277,100.6	28,650.9	21,055.3	189,319.2	291,108.4	79,786.7	33,273.4	234,450.8	171,335.2	241,518.4	51,009.3	223,189.7	20,183.9	278,192.7	27,400.6
2014	1,751.8	12,423,918.4	28,453.0	31,676.1	159,205.7	260,189.9	140,753.5	6,414.7	111,884.7	257,677.0	252,062.9	238,434.6	79,215.0	31,075.3	587,868.8	34,920.1
2015	1,561.8	4,904,520.3	38,591.8	40,328.7	185,375.0	203,417.1	62,231.2	84,584.3	56,756.2	200,499.6	205,824.0	7,604.7	88,644.9	19,506.8	561,111.5	20,935.0
2016	1,651.9	2,279,835.4	32,208.2	18,751.8	155,169.5	253,684.5	96,363.8	3,559.3	72,147.0	362,710.5	210,194.3	6,394.3	49,489.3	25,054.4	173,274.6	27,927.5
2017	1,822.0	2,669,118.7	23,322.1	21,122.3	135,560.0	272,861.0	112,176.1	3,687.3	72,854.2	313,051.3	321,086.3	16,662.1	77,128.2	20,764.6	256,210.9	21,568.8
2018	853.4	3,838,961.6	21,718.0	50,842.9	171,932.3	355,540.8	142,101.9	9,623.0	63,929.8	427,329.8	376,267.1	24,208.0	82,213.6	18,175.6	334,817.9	22,105.5
2019	1,389.4	2,380,830.4	15,498.9	22,854.6	214,606.8	228,421.7	85,530.3	15,060.0	50,226.5	211,087.0	307,686.7	22,237.1	48,554.5	17,399.4	317,852.4	17,028.0
2020	667.3	548,050.3	11,396.7	15,975.8	166,538.4	176,819.6	99,063.7	10,012.8	15,142.0	25,331.8	287,040.7	17,714.4	34,907.8	15,793.1	270,668.1	7,896.4

Source : d'après https://wits.worldbank.org/CountryProfile/es/Country/SSF/StartYear/1990/EndYear/2020/TradeFlow/Export/Indicator/XPRT-TRD-VL/Partner/LCN/Product/all-groups#, 21 août 2023.

Les exportations de l'Afrique subsaharienne ont augmenté régulièrement de 1990 à 2003, passant de 5 358,1 milliers de dollars EU à 2 620 135,4 milliers de dollars EU, ce qui signifiait une augmentation de près de 49 000 pour cent, pour chuter fortement en 2004, pour atteindre 794 489,7 milliers USD. Par la suite, de 2004 à 2011, ils ont de nouveau augmenté, passant de 794 489,7 milliers USD à 23 656 694,6 milliers USD, soit une augmentation de 2 877,6%. En 2012, ils ont connu une tendance à la baisse à partir de 21 431 570,5 milliers USD pour atteindre une valeur de 1 703 018,9 millions de dollars en 2020 ; en d'autres termes, les ventes de l'Afrique subsaharienne à l'Amérique latine et aux Caraïbes en 2020 ne représentaient que 7,2 % de celles de 2011.

Figure II.1
Exportations de marchandises de l'Afrique subsaharienne vers l'ALC 1990-2020, par groupe de produits, milliers USD

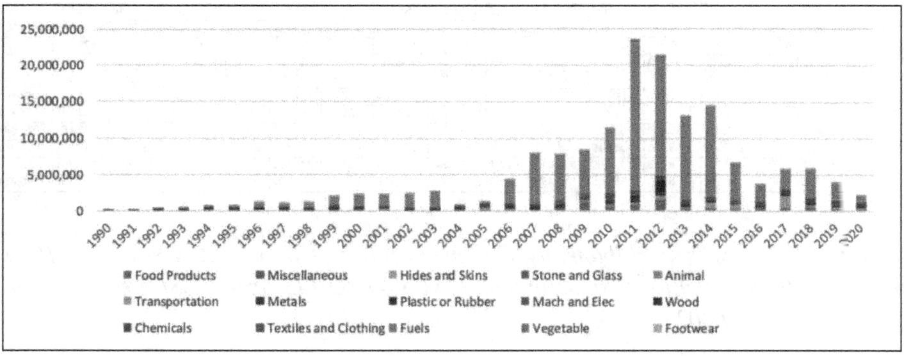

Source : D'après le tableau II.4.

Il faut souligner le rôle important des exportations de carburant de l'Afrique vers l'Amérique latine et les Caraïbes. Rappelons que la période 2008-2014 a été, en termes généraux, une période de prix élevés du pétrole, même au-dessus de 130 dollars le baril, une situation qui a également été mise à profit par les sociétés transnationales négociant des matières premières, pour d'énormes profits[67].

Les exportations de marchandises de l'ALC vers l'Afrique subsaharienne ont affiché les résultats suivants, tableau II.5 et graphique II.2.

67. Blas et Farchi (2022).

Tableau II.5
Exportations de l'ALC vers l'Afrique subsaharienne par groupes de produits, 1990-2020, en milliers USD

Product Group	Food Products	Miscellaneous	Hides and Skins	Stone and Glass	Animal	Transportation	Metals	Plastic or Rubber	Mach and Elec	Wood	Chemicals	Textiles and Clothing	Fuels	Vegetable	Footwear
1990	167,855	7,387	2,633	15,465	21,364	83,578	79,822	45,170	76,431	95,473	42,738	10,617	14,133	15,216	3,618
1991	185,872	8,322	2,118	16,403	6,355	131,699	111,983	45,161	79,040	65,138	89,929	14,330	17,128	13,562	4,309
1992	269,054	7,229	4,699	21,286	8,668	124,726	100,957	45,497	72,263	83,272	103,021	13,015	67,161	26,315	5,296
1993	250,640	11,761	4,400	22,485	14,715	85,897	80,669	42,162	77,461	63,609	101,931	12,083	48,765	138,931	5,230
1994	268,540	11,493	12,800	25,156	9,730	243,660	97,665	42,602	183,283	82,664	69,156	6,919	42,272	219,912	2,730
1995	423,362	10,271	10,608	38,166	9,673	154,265	100,202	53,708	94,216	94,879	115,026	13,025	72,921	390,638	2,768
1996	546,525	20,236	11,920	28,449	28,705	144,638	110,198	46,875	105,865	105,352	149,647	15,836	105,664	260,531	2,014
1997	525,827	21,864	16,154	27,139	44,795	199,983	119,318	43,981	129,305	67,386	180,584	11,016	122,188	363,404	2,747
1998	533,078	15,767	10,823	38,030	40,058	175,362	128,158	46,400	112,775	56,312	88,542	12,128	203,972	335,266	3,511
1999	366,640	14,640	16,260	107,187	32,644	111,522	111,819	45,314	106,741	50,121	125,004	8,287	70,163	267,881	2,187
2000	352,055	12,277	26,845	62,781	58,893	156,730	136,254	61,080	128,073	56,068	146,796	8,985	92,428	237,331	3,607
2001	537,368	13,678	28,065	89,578	103,310	273,349	151,863	62,245	144,797	52,714	138,778	16,621	153,442	273,969	3,408
2002	627,992	18,702	22,490	83,778	131,503	264,941	180,579	83,050	164,893	59,133	171,882	18,366	224,501	291,961	6,168
2003	564,606	28,586	29,081	79,739	222,015	340,556	223,927	108,775	195,893	82,655	123,696	22,183	166,112	217,124	8,499
2004	774,414	45,888	36,407	70,779	402,322	465,240	497,505	137,029	338,107	86,606	124,498	20,408	241,916	414,455	13,396
2005	1,200,487	68,662	40,386	150,539	562,268	755,205	542,095	175,193	459,529	135,113	228,070	25,634	560,752	639,452	18,924
2006	1,484,913	101,116	57,831	101,660	676,534	1,032,536	627,753	271,256	585,837	160,768	277,689	27,808	1,056,617	832,665	16,130
2007	1,653,342	178,542	55,056	116,945	871,679	1,157,393	630,876	246,351	688,608	178,743	292,562	29,560	1,278,299	1,291,352	22,059
2008	1,912,336	212,917	47,346	145,686	1,076,656	1,388,840	640,047	215,603	1,010,402	171,784	423,470	48,566	1,296,140	1,502,628	24,476
2009	2,265,082	159,022	35,592	84,299	1,022,002	920,035	715,465	190,753	688,827	150,352	267,552	36,077	422,349	921,312	27,331
2010	2,492,483	132,120	62,898	70,660	990,623	911,852	498,065	155,452	679,752	155,826	317,854	35,228	701,346	781,027	28,023
2011	3,166,210	180,452	43,242	75,373	1,399,285	1,096,509	532,145	237,401	838,966	195,860	378,421	53,168	736,047	1,653,730	42,603
2012	2,918,464	284,593	39,360	232,202	1,429,257	1,147,176	387,939	191,960	826,914	167,442	400,153	46,357	705,320	1,879,768	51,426
2013	2,971,788	139,490	35,901	333,268	1,291,686	1,156,393	547,394	153,992	732,386	151,237	347,366	42,067	415,584	796,588	71,195
2014	2,344,332	170,909	27,523	96,210	1,219,173	795,800	575,902	149,855	660,909	164,909	392,785	33,831	579,549	622,150	75,453
2015	2,133,963	145,708	12,976	80,766	799,463	723,529	558,531	121,436	549,463	147,026	362,674	26,454	397,460	855,629	49,966
2016	2,232,610	91,096	13,397	99,446	692,179	712,673	396,147	119,875	383,204	140,279	356,155	24,666	331,292	1,311,396	18,418
2017	2,720,890	101,400	18,302	91,715	924,686	534,801	356,722	119,467	475,718	152,741	357,149	25,422	317,184	1,042,453	20,392
2018	1,842,316	286,888	15,366	58,310	1,005,568	963,765	249,494	106,474	457,406	172,611	357,013	24,102	590,518	814,947	19,089
2019	1,884,107	327,755	8,273	39,669	924,639	617,702	263,906	96,414	456,577	240,931	240,466	22,907	545,041	1,005,291	21,939
2020	2,106,957	311,538	6,413	66,305	811,495	365,486	234,498	77,408	360,432	172,792	211,788	15,601	501,019	971,138	20,274

Source : https://wits.worldbank.org/CountryProfile/en/Country/LCN/StartYear/1990/EndYear/2020/TradeFlow/Export/Indicator/XPRT-TRD-VL/Partner/SSF/Product/all-groups#, 22 août 2023.

Ainsi, de 1990 à 2011, son point culminant, les exportations de l'ALC vers l'Afrique subsaharienne ont augmenté de 1 503,3 pour cent ; de là, ils ont une tendance à la baisse et en 2020, ils représentaient 59,1% des exportations en 2011, c'est ce que montre la figure II.2.

Figure II.2
Exportations de l'ALC vers l'Afrique subsaharienne par groupe de produits, 1990-2020, en milliers USD

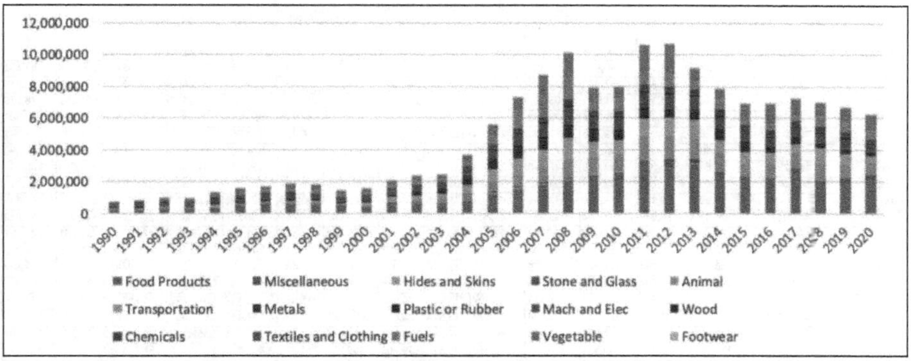

Source : D'après le tableau II.5.

Les ventes latino-américaines vers l'Afrique subsaharienne de produits alimentaires, ceux du règne végétal et ceux du règne animal, dans cet ordre, se distinguent.

Ces données nous donnent déjà une idée de l'offre exportable de l'ALC vers l'Afrique subsaharienne, mais pour combiner ces données avec les exportations dans la direction opposée, nous devons descendre au niveau du produit.

Pour cela, comme nous l'avons mentionné, nous commencerons par l'analyse d'un pays africain, le Maroc, qui ne fait pas partie de l'Afrique subsaharienne, mais qui, en raison de la disponibilité de l'information et de son économie, servira d'exemple. Dans le tableau II.6 et le graphique II.3, nous avons les exportations totales du Maroc, selon la méthodologie WITS déjà indiquée.

Tableau II.6
Exportations totales du Maroc, par type de marchandises, 1993-2020, en milliers USD

Product Group	Food Products	Miscellaneous	Hides and Skins	Stone and Glass	Animal	Transportation	Metals	Plastic or Rubber	Mach and Elec	Wood	Chemicals	Textiles and Clothing	Fuels	Vegetable	Footwear
1993	274,586	22,319	51,584	40,466	398,350	71,873	78,098	19,040	133,218	79,457	718,362	904,658	98,334	370,419	83,151
1994	343,557	29,050	73,398	51,435	470,003	21,111	82,965	31,658	146,318	115,572	807,111	875,863	83,967	403,269	72,939
1995	427,585	30,146	71,158	63,114	603,287	26,469	99,671	38,774	126,952	129,139	970,547	959,483	103,898	539,251	78,278
1996	402,469	30,463	86,081	69,284	583,939	20,820	104,949	37,970	120,439	91,435	950,539	923,428	77,141	654,529	79,403
1997	369,883	33,284	64,027	79,730	531,083	27,894	116,199	31,985	113,067	98,830	972,066	851,599	90,859	616,195	86,937
1998	375,572	81,492	64,074	96,657	571,607	56,791	131,953	36,540	578,735	96,536	898,566	2,655,424	104,492	639,233	164,090
1999	382,258	98,842	50,092	93,476	575,469	23,775	117,708	49,730	776,758	122,627	959,875	2,613,645	202,822	677,640	166,841
2000	362,541	83,838	87,691	92,225	794,498	36,680	166,862	47,229	787,695	146,369	881,567	2,497,892	271,455	503,643	151,193
2001	412,605	82,992	69,134	93,390	633,859	68,401	139,216	30,217	708,659	100,849	861,202	2,458,347	301,766	525,300	165,455
2002	441,011	105,827	66,979	192,644	713,934	61,807	186,070	37,802	933,441	125,745	868,127	2,533,652	287,170	599,077	182,832
2003	547,518	122,090	62,491	114,132	686,747	57,733	209,953	40,570	1,225,021	131,349	955,635	2,923,055	229,172	739,231	227,391
2004	599,276	100,040	67,979	125,324	540,230	73,669	378,164	47,095	1,337,887	145,385	1,243,330	3,119,660	445,263	856,228	235,012
2005	677,640	110,684	76,257	141,974	749,579	98,217	443,696	61,941	1,674,991	153,437	1,416,656	3,009,679	565,888	1,078,528	259,867
2006	768,315	129,843	82,824	206,166	861,034	204,838	543,005	52,336	2,028,509	168,043	1,576,885	3,454,607	462,474	1,075,460	284,292
2007	790,992	138,564	83,620	185,030	1,015,216	223,897	724,082	90,665	2,488,311	211,531	2,173,337	3,842,272	569,572	1,382,470	351,824
2008	1,023,760	142,847	92,202	224,637	1,127,494	301,822	746,574	120,679	2,655,662	163,834	4,584,430	3,687,364	841,290	1,473,593	375,920
2009	1,063,428	141,461	85,731	221,697	960,903	380,524	482,138	104,792	2,194,866	129,105	1,906,251	3,365,908	502,404	1,338,365	364,147
2010	1,076,212	177,269	103,188	450,384	930,083	478,634	673,523	159,201	2,899,538	214,673	3,438,609	3,337,750	588,118	1,494,741	358,216
2011	974,541	130,625	134,059	440,196	1,029,423	654,975	977,390	187,641	3,422,662	188,772	4,690,977	3,691,693	939,922	1,876,956	389,241
2012	1,120,240	185,528	125,786	364,071	1,077,453	1,336,902	725,983	179,323	3,081,736	176,083	4,311,704	3,576,174	1,234,594	1,629,488	312,094
2013	1,212,962	155,834	133,019	275,515	1,162,228	2,071,996	595,279	152,086	3,500,122	140,540	3,625,881	3,518,338	1,585,428	1,909,760	340,634
2014	1,419,601	177,080	139,530	348,057	1,197,408	2,860,284	573,243	188,727	4,108,086	177,883	3,876,980	3,707,349	1,206,311	2,025,706	354,090
2015	1,308,825	180,428	108,912	311,611	1,240,317	3,040,343	522,173	192,425	3,855,779	142,929	3,774,288	3,222,516	431,421	2,152,969	308,233
2016	1,457,936	183,759	110,604	360,117	1,382,607	3,591,531	523,346	211,345	4,031,311	155,258	3,549,882	3,491,943	194,669	2,109,218	313,679
2017	2,156,730	290,715	117,186	315,016	899,531	3,997,249	672,950	236,280	4,567,636	169,683	4,005,534	3,663,703	234,646	2,533,770	319,735
2018	2,289,355	499,656	122,504	293,295	906,526	4,689,387	742,964	290,285	5,363,640	170,454	4,984,989	3,840,429	342,067	3,034,013	338,535
2019	2,199,200	505,026	118,324	357,005	947,608	4,898,350	659,273	329,863	5,762,396	169,145	4,662,531	3,643,105	446,597	3,312,306	309,580
2020	2,166,128	358,647	80,312	362,386	1,002,073	4,576,813	647,410	364,609	5,074,800	153,292	4,867,999	3,013,181	142,685	3,432,013	264,212

Source : d'après https://wits.worldbank.org/CountryProfile/es/Country/MAR/StartYear/1993/EndYear/2020/TradeFlow/Export/Indicator/XPRT-TRD-VL/Partner/WLD/Product/all-groups#, 22 août 2023

Graphiquement, nous avons les éléments suivants :

Figure II.3
Exportations totales du Maroc, par type de marchandises, 1993-2020, en milliers USD

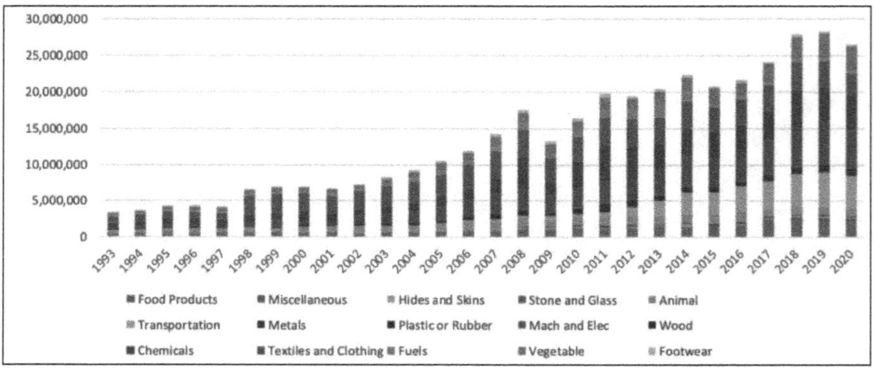

Source : d'après le tableau II.4

La valeur des exportations totales du Maroc est ensuite passée de 3.695,9 millions de dollars l'année 1993, à 27.702,7 millions de dollars pour l'année 2020, soit une augmentation de 649,5% sur la période, malgré la forte baisse dérivée de la crise du Covid-19 qui a entraîné la fermeture de plusieurs économies, dont l'Union européenne, qui est son principal partenaire commercial en tant que destination, comme nous le verrons plus tard. Il faut souligner le rôle important joué par les ventes de biens de consommation, suivies par celles de biens intermédiaires et de matières premières, dans cet ordre. À noter la diversification des exportations du pays. Ces statistiques nous donnent une idée de l'offre exportable du Maroc, c'est-à-dire de ce qu'il est capable d'exporter. Pour nous donner une idée plus claire de ces opportunités commerciales, examinons ces données par groupes de produits, en suivant la méthodologie WITS, pour des annés selectionées, tableau II.7.

Tableau II.7
Offre exportable du Maroc par groupes de produits, 1993 à 2020, en milliers USD

Product Group	Food Products	Miscellaneous	Hides and Skins	Stone and Glass	Animal	Transportation	Metals	Plastic or Rubber	Mach and Elec	Wood	Chemicals	Textiles and Clothing	Fuels	Vegetable	Footwear
1990	167,855	7,387	2,633	15,465	21,364	83,578	79,822	45,170	76,431	95,473	42,738	10,617	14,133	15,216	3,618
1995	423,362	10,271	10,608	38,166	9,673	154,265	100,202	53,708	94,216	94,879	115,026	13,025	72,921	390,638	2,768
2000	352,055	12,277	26,845	62,781	58,893	156,730	136,254	61,080	128,073	56,068	146,796	8,985	92,428	237,331	3,607
2005	1,200,487	68,662	40,386	150,539	562,268	755,205	542,095	175,193	459,529	135,113	228,070	25,634	560,752	639,452	18,924
2010	2,492,483	132,120	62,898	70,660	990,623	911,852	498,065	155,452	679,752	155,826	317,854	35,228	701,346	781,027	28,023
2015	2,133,963	145,708	12,976	80,766	799,463	723,529	558,531	121,436	549,463	147,026	362,674	26,454	397,460	855,529	49,966
2020	2,106,957	311,538	6,413	66,305	811,495	365,486	234,498	77,408	360,432	172,792	211,788	15,601	501,019	971,[illegible]38	20,274

Source : d'après WITS

À noter la forte augmentation des exportations du secteur des Transports, de 6 267,9 % sur la période 1993 à 2020, qui est due à la stratégie du Maroc de rejoindre les chaînes de valeur mondiales, en particulier du secteur automobile, attirant notamment les IDE de France dans ce secteur. Dans le même ordre d'idées, le secteur des machines et de l'électricité a augmenté ses exportations de 3 709,4 pour cent ; celle du plastique ou du caoutchouc a augmenté ses ventes externes de 1 815,0 %, tandis que celle du secteur Divers les a augmentées de 1 506,9 %[68]. Graphiquement, nous avons ce qui suit, le graphique II.4.

68. Pour une image des défis auxquels sont confrontés le Maroc et le Maghreb dans la phase post-Covod-19, voir Guerraoui (2022a).

Figure II.4
Offre exportable du Maroc par groupes de produits, années selectionées, 1993 à 2020, en milliers USD

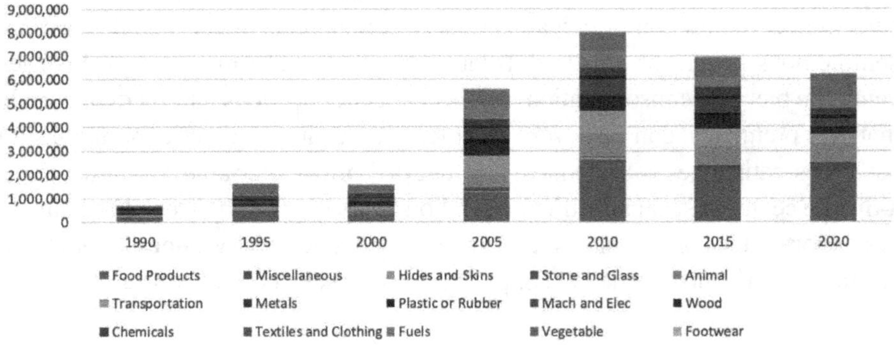

Source : D'après le tableau II.7.

Ils se distinguent par leur importance pour l'année 2020, les machines et l'électricité avec 18,3%, les produits chimiques avec 17,6%, les transports avec 16,5%, les produits du règne végétal avec 12,4% et les textiles et vêtements avec 10,9%. D'un autre côté, pour identifier les opportunités commerciales entre le Maroc et l'ALC, il suffirait de croiser l'offre exportable du Maroc avec la demande manifeste de l'ALC par le biais de ses importations totales, tableau II.8. et figure II.5.

Tableau II.8
Importations totales de l'ALC, milliers USD (demande manifeste), 1993 à 2020, mdd

Product Group	Food Products	Miscellaneous	Hides and Skins	Stone and Glass	Animal	Transportation	Metals	Plastic or Rubber	Mach and Elec	Wood	Chemicals	Textiles and Clothing	Fuels	Vegetable	Footwear
1993	3,261,695	15,154,187	762,427	1,775,487	2,835,640	12,101,511	10,352,777	8,148,968	43,205,887	5,539,649	14,208,265	7,276,340	10,440,[illegible]55	6,467,469	686,363
1994	5,564,498	18,294,950	901,357	2,562,175	3,787,707	19,729,828	13,773,650	11,114,201	59,473,262	7,801,516	20,220,455	9,084,673	11,105,[illegible]71	10,107,817	971,319
1995	6,375,819	15,777,222	975,787	2,707,160	3,904,248	21,987,504	16,557,909	14,439,350	67,388,872	9,684,792	24,328,472	10,664,563	13,963,[illegible]2	11,005,717	1,094,690
1996	6,975,038	14,486,642	1,216,538	3,161,968	4,413,337	24,278,827	18,458,547	15,969,600	78,533,515	9,538,154	27,234,877	11,970,493	16,967,[illegible]3	14,368,343	1,108,607
1997	8,154,777	18,221,225	1,553,044	4,021,530	5,099,276	32,919,442	22,963,633	19,283,459	98,531,354	11,060,154	31,435,179	14,854,909	19,348,[illegible]2	13,617,166	1,397,103
1998	8,543,361	19,064,670	1,700,998	4,478,767	5,361,082	35,867,453	24,872,131	19,875,172	105,599,555	11,685,406	32,260,601	15,876,900	15,468,2[illegible]9	14,280,642	1,333,561
1999	8,264,553	18,970,415	1,693,617	4,425,860	4,878,497	29,889,903	23,246,474	20,330,662	106,458,663	11,602,764	32,487,636	15,626,984	17,787,5[illegible]5	12,857,097	1,262,377
2000	8,403,960	25,469,867	1,938,378	5,034,429	5,571,343	35,140,442	25,999,126	23,300,747	121,584,000	12,792,458	35,264,065	18,566,071	28,100,9[illegible]4	13,746,486	1,431,994
2001	9,722,353	17,890,845	1,978,599	5,058,693	6,144,841	36,216,854	25,383,235	23,127,763	122,749,251	12,644,344	37,554,092	18,034,503	28,749,6[illegible]1	14,548,039	1,703,116
2002	9,531,752	19,237,943	1,818,882	5,107,539	5,754,105	35,045,111	23,471,759	22,965,012	109,126,783	11,668,088	36,096,612	18,027,821	26,017,0[illegible]6	14,920,899	1,566,703
2003	10,116,023	17,868,486	2,031,896	5,344,049	5,696,100	32,792,435	24,000,788	25,240,289	110,371,890	12,028,947	39,807,195	18,220,032	30,890,1[illegible]	16,675,702	1,771,749
2004	11,635,942	21,649,460	2,454,757	5,923,748	6,565,007	40,918,457	31,855,381	29,165,548	134,220,043	13,852,477	48,758,310	19,834,049	41,682,8[illegible]	17,991,384	2,082,694
2005	13,320,283	26,148,720	2,687,305	6,787,343	8,061,509	52,727,435	38,209,487	34,879,134	156,808,382	15,843,857	54,106,310	21,981,943	57,898,8[illegible]	16,729,024	2,573,120
2006	15,313,371	43,851,075	2,811,809	8,131,386	8,371,280	62,891,196	47,839,003	39,720,975	185,856,004	17,599,613	61,641,614	24,525,710	68,777,9[illegible]	19,210,043	3,786,321
2007	18,235,218	66,416,359	2,919,693	9,510,851	10,176,809	75,699,527	54,846,470	43,957,350	196,828,116	19,835,755	75,150,911	27,196,560	87,738,1[illegible]	25,036,676	4,182,513
2008	22,118,644	48,817,996	3,415,545	10,400,968	13,598,737	85,817,501	68,929,617	49,959,931	247,184,238	22,174,595	99,091,471	30,877,833	126,943,35[illegible]	35,305,605	5,303,904
2009	21,222,034	41,368,668	2,310,842	8,234,176	11,695,819	62,237,193	45,751,132	39,485,001	200,683,826	17,866,449	81,413,298	24,490,478	76,284,94[illegible]	26,182,562	4,515,984
2010	23,813,856	47,526,793	2,989,997	10,441,908	13,099,134	88,735,083	63,909,482	53,887,105	256,921,254	21,414,296	98,628,511	30,189,224	106,844,97[illegible]	29,360,287	5,418,931
2011	29,989,682	57,997,846	3,847,264	12,437,449	16,038,569	112,499,025	75,308,335	64,523,460	297,010,446	23,848,854	122,208,523	38,199,057	154,776,89[illegible]	38,633,031	7,088,299
2012	32,321,782	63,847,069	4,130,627	13,093,249	17,482,233	116,700,764	79,856,258	66,753,225	312,553,537	23,907,585	127,974,507	38,493,642	156,745,26[illegible]	37,346,591	7,787,703
2013	32,193,153	64,401,909	4,265,084	13,078,368	18,265,083	117,463,449	76,309,333	68,784,619	321,213,722	23,589,581	128,851,041	37,854,547	164,521,77[illegible]	38,026,943	7,617,367
2014	31,334,589	62,810,099	4,500,679	12,873,937	16,794,906	110,771,619	75,509,934	68,342,730	305,324,236	23,207,079	121,245,553	37,875,082	160,599,46[illegible]	34,580,825	7,397,884
2015	30,576,572	63,050,100	4,278,732	12,288,301	14,641,649	101,965,940	70,521,594	63,733,621	287,476,057	22,306,086	111,566,896	35,710,297	104,920,66[illegible]	31,211,613	7,181,434
2016	31,084,903	60,232,866	3,920,113	11,266,540	14,795,609	95,412,902	60,740,162	59,578,759	270,061,594	20,841,240	103,189,531	33,110,340	84,436,57[illegible]	32,679,659	6,733,058
2017	32,765,673	65,870,868	4,007,276	11,952,393	16,453,010	105,383,933	69,093,769	64,281,944	286,514,538	22,034,151	110,800,256	35,529,308	109,499,182	34,378,115	7,328,452
2018	34,296,357	70,606,669	4,231,096	12,784,423	16,945,418	113,584,833	78,644,423	69,153,321	308,877,657	23,861,443	123,822,172	38,147,403	136,002,485	37,987,502	7,360,561
2019	33,747,631	71,132,540	3,864,646	12,793,053	17,660,708	106,464,939	74,890,777	66,818,233	307,422,887	22,599,343	121,554,588	36,288,250	123,536,598	37,008,802	7,160,238
2020	32,486,986	62,524,223	2,482,480	10,523,184	15,875,353	77,516,112	63,026,668	59,201,491	269,564,364	19,313,746	116,217,735	30,437,287	75,175,064	39,235,084	4,913,233

Source : d'après https://wits.worldbank.org/CountryProfile/es/Country/LCN/StartYear/1993/EndYear/2020/TradeFlow/Import/Indicator/MPRT-TRD-VL/Partner/WLD/Product/all-groups#, consulté le 22 août 2023

Figure II.5
Importations totales de l'ALC, milliers USD (demande manifeste), 1993 à 2020, mdd

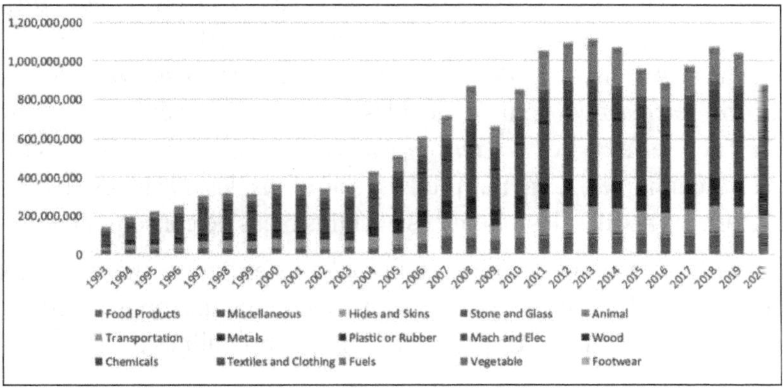

Source : D'après le tableau II.8.

Mais comme on peut le constater, le niveau de désagrégation n'est pas suffisant, car il ne permet pas d'identifier les produits spécifiques proposés et demandés par les deux parties. Pour cette raison, nous utiliserons une autre base de données offerte par l'OMC (2022), qui offre de très bonnes informations au niveau des produits, bien que le nombre de produits présentés soit limité à seulement 5 d'entre eux dans sa publication[69].

L'étude sera ensuite basée sur le comportement de la variable exportatrice, dans 10 pays de chaque continent : les 5 plus grands, dont le Maroc, et les 5 plus petits de chaque région. La source de données pour cette recherche sera Profils commerciaux de l'OMC, édition 2022, OMC (2022a). Les raisons sont les suivantes.

1. Il s'agit d'une méthode uniforme de collecte de données pour tous les pays sélectionnés.
2. Il contient des informations sur le commerce des marchandises et sur le commerce des services commerciaux.
3. Il contient des informations détaillées sur les cinq principaux produits d'exportation, agricoles (et compris l'élevage) et non agricoles, pour chaque pays.
4. Dans la mesure du possible, fournis une ventilation du commerce des services commerciaux de chaque pays.
5. Il permet d'avoir les destinations des exportations de marchandises, dans la mesure où il y a disponibilité des informations.

Dans le document cité, tous les groupes de produits sont définis conformément à la révision 3 de la classification type pour le commerce international (CTCI) et à la révision 4 de la classification par grandes catégories économiques (CGCE), également utilisées par l'OMC (2022b). Les *produits agricoles* sont les denrées alimentaires (CTCI Rév.3, sections 0, 1, 4 et division 22) et les *matières premières* (CTCI Rév.3, divisions 21, 23, 24, 25 et 26). Cette définition diffère de celle figurant dans l'Accord de l'OMC sur l'agriculture. Les *combustibles et produits des industries extractives* comprennent les mines et les minéraux ; combustibles et métaux non ferreux. Les *produits manufacturés* comprennent le fer et l'acier, les produits chimiques, les autres produits semi-finis, les machines et le matériel de transport, les textiles, les vêtements et autres biens de consommation.

Comme nous l'avons déjà mentionné, il existe d'autres bases de données qui peuvent compléter, dans des études ultérieures, ce que nous proposons ici ; mais étant donné les limites de temps et d'espace disponibles pour ce livre, nous

69. Il existe, par exemple, la base de données Comtrade de l'ONU, https://comtradeplus.un.org/ .

espérons qu'il soit utile tant par des spécialistes que par des étudiants en commerce international. Avec le Chapitre III, et ça, va répondre à l'objectif de cet ouvrage : la recherche d'opportunités commerciales pour les deux continents, basée sur une position gagnant-gagnant.

II.a Commerce extérieur de marchandises de l'Afrique

Analysons ci-dessous les exportations des 5 plus grands pays d'Afrique (Nigéria, Égypte, Afrique du Sud, Algérie et Maroc), ainsi que les ventes à l'étranger des 5 plus petits (Gambie, Seychelles, Guinée-Bissau, Comores et Saint-Tomé-et-Prince). Dans ce dernier cas, nous le ferons, car étant les plus petits par la taille, les analyses qui sont généralement effectuées ne les incluent pas en détail, et nous voulons corriger cette situation. Commençons par l'analyse du cas du Nigéria, tableau II.9.

Nigéria.
Tableau II.9 Commerce extérieur

MERCHANDISE TRADE

Million US$	Value 2021	Annual percentage change 2010-2021	2020	2021
Merchandise exports, f.o.b.	46 932	-5	-43	32
Merchandise imports, c.i.f.	51 941	1	-35	45

	2021		2021
Share in world total exports (%)	0.21	Share in world total imports (%)	0.23

Breakdown in economy's total exports
By main commodity group, % (2020)

- Agricultural products: 3.1
- Fuels and mining products: 87.2
- Manufactures: 7.7
- Other: 2.1

By main destination, % (2021)

- European Union: 36.3
- India: 16.4
- Canada: 4.5
- United States of America: 4.2
- Indonesia: 3.9
- Other: 34.7

Breakdown in economy's total imports
By main commodity group, % (2020)

- Agricultural products: 15.5
- Fuels and mining products: 16.5
- Manufactures: 67.7
- Other: 0.4

By main origin, % (2021)

- European Union: 30.3
- China: 24.7
- India: 8.8
- United States of America: 5.1
- Russian Federation: 4
- Other: 26

Non-Agricultural Products

Top exported products (Million US$)		Value 2021
HS2709	Petroleum oils, crude	35 998
HS2711	Petroleum gases	5 829
HS8905	Vessels not mainly for navigability	1 233
HS3102	Nitrogenous fertilisers	942
HS2716	Electrical energy	218

Top imported products (Million US$)		Value 2021
HS2710	Petroleum oils, other than crude	15 7[illegible]1
HS8703	Motor cars for transport of persons	1 7[illegible]2
HS3004	Medicaments in measured doses	1 1[illegible]7
HS8517	Line telephony electrical apparatus	7[illegible]3
HS0303	Fish, frozen, excluding fish fillet	7[illegible]

Source : OMC (2022a)

Il faut souligner, dans ce cas, la forte proportion représentée par les exportations de combustibles et de produits extractifs, en particulier le pétrole ; et, du côté des importations, celles de Sophisticated Medicines. La principale destination des exportations est l'Europe, et c'est aussi son principal fournisseur. Aucun pays africain ne figure parmi ses principaux partenaires commerciaux.

Égypte.
Tableau II.10 Commerce extérieur

MERCHANDISE TRADE

Million US$	Value 2021	Annual percentage change 2010-2021	2020	2021
Merchandise exports, f.o.b.	43 626	5	-8	64
Merchandise imports, c.i.f.	83 503	4	-16	40

	2021		2021
Share in world total exports (%)	0.20	Share in world total imports (%)	0.37

Breakdown in economy's total exports

By main commodity group, % (2020)

By main destination, % (2021)

Breakdown in economy's total imports

By main commodity group, % (2020)

By main origin, % (2021)

Agricultural Products

Top exported products (Million US$)		Value 2021	**Top imported products (Million US$)**		Value 2021
HS0805	Citrus fruit, fresh or dried	855	HS1001	Wheat and meslin	2 465
HS2106	Other food preparations	259	HS1005	Maize (corn)	2 411
HS0806	Grapes, fresh or dried	255	HS1201	Soya beans, whether or not broken	2 156
HS0811	Fruit and nuts, uncooked or cooked	247	HS1511	Palm oil and its fractions	958
HS1507	Soya-bean oil and its fractions	246	HS0202	Meat of bovine animals, frozen	919

Non-Agricultural Products

Top exported products (Million US$)		Value 2021	**Top imported products (Million US$)**		Value 2021
HS2710	Petroleum oils, other than crude	6 031	HS2710	Petroleum oils, other than crude	3 806
HS2711	Petroleum gases	4 037	HS2709	Petroleum oils, crude	3 729
HS2709	Petroleum oils, crude	2 916	HS8703	Motor cars for transport of persons	3 433
HS3102	Nitrogenous fertilisers	1 152	HS3004	Medicaments in measured doses	2 750
HS7108	Gold	1 103	HS2711	Petroleum gases	2 297

Source : OMC (2022a)

L'Égypte a une économie plus diversifiée dans son commerce extérieur du côté des exportations, mettant l'accent sur les produits agricoles et élevages, les produits manufacturés et les carburants. Dans l'agriculture sont en premier lieu les agrumes. La principale destination des exportations est l'Europe, et c'est aussi son principal fournisseur. Ses principaux produits importés sont agricoles, en général. Aucun pays africain ne figure parmi ses principaux partenaires commerciaux.

Afrique du Sud.
Tableau II.11 Commerce extérieur

MERCHANDISE TRADE

Million US$	Value 2021	Annual percentage change 2010-2021	2020	2021
Merchandise exports, f.o.b.	123 572	3	-5	44
Merchandise imports, c.i.f.	113 989	1	-22	36

	2021		2021
Share in world total exports (%)	0.55	Share in world total imports (%)	0.50

Breakdown in economy's total exports

By main commodity group, % (2020)

- Agricultural products: 13.8
- Fuels and mining products: 39.2
- Manufactures: 38.1
- Other: 8.9

By main destination, % (2020)

- European Union: 18.9
- China: 11.5
- United States of America: 8.4
- United Kingdom: 5
- Japan: 4.5
- Other: 51.9

Breakdown in economy's total imports

By main commodity group, % (2020)

- Agricultural products: 9.5
- Fuels and mining products: 16.7
- Manufactures: 65.7
- Other: 8.1

By main origin, % (2020)

- European Union: 26.2
- China: 20.8
- United States of America: 6.4
- India: 5.2
- Saudi Arabia, Kingdom of: 3.9
- Other: 37.6

Agricultural Products

Top exported products (Million US$)		Value 2020	**Top imported products (Million US$)**		Value 2020
HS0805	Citrus fruit, fresh or dried	1 712	HS1006	Rice	548
HS0806	Grapes, fresh or dried	647	HS1001	Wheat and meslin	494
HS2204	Wine of fresh grapes	623	HS1511	Palm oil and its fractions	326
HS0808	Apples, pears and quinces, fresh	601	HS0207	Meat and edible offal of poultry	313
HS1005	Maize (corn)	566	HS1701	Cane or beet sugar	283

Non-Agricultural Products

Top exported products (Million US$)		Value 2020	**Top imported products (Million US$)**		Value 2020
HS7110	Platinum	10 741	HS2709	Petroleum oils, crude	5 088
HS7108	Gold	6 717	HS2710	Petroleum oils, other than crude	3 566
HS2601	Iron ores and concentrates	6 118	HS8525	Radio-telephony transmission tools	2 282
HS8703	Motor cars for transport of persons	4 611	HS8703	Motor cars for transport of persons	2 109
HS2701	Coal; briquettes, ovoids	3 926	HS3004	Medicaments in measured doses	1 820

Source : OMC (2022a)

L'Afrique du Sud a également une économie relativement diversifiée dans ses exportations, avec les combustibles et les produits extractifs en tête, suivis par les produits manufacturés et les produits agricoles et élevage. Il y a une certaine prédominance des minéraux, en particulier le platine et l'or. La principale destination des exportations est l'Europe, et c'est aussi son principal fournisseur. Aucun pays africain ne figure parmi ses principaux partenaires commerciaux.

Algérie.
Tableau II.12 Commerce extérieur

MERCHANDISE TRADE

Million US$	Value 2021	Annual percentage change 2010-2021	2020	2021
Merchandise exports, f.o.b.	36 700	-4	-34	54
Merchandise imports, c.i.f.	36 000	-1	-18	5

	2021		2021
Share in world total exports (%)	0.16	Share in world total imports (%)	0.16

Breakdown in economy's total exports

By main commodity group, % (2020)

- Agricultural products: 1.7
- Fuels and mining products: 90.7
- Manufactures: 7.5
- Other: 0

By main destination, % (2017)

- European Union: 53.3
- United States of America: 9.9
- Brazil: 6
- Türkiye: 5.2
- United Kingdom: 4.6
- Other: 21

Breakdown in economy's total imports

By main commodity group, % (2020)

- Agricultural products: 25.2
- Fuels and mining products: 4.4
- Manufactures: 63.6
- Other: 6.8

By main origin, % (2017)

- European Union: 42.8
- China: 18.1
- Türkiye: 4.4
- United States of America: 4
- Korea, Republic of: 3.7
- Other: 27.1

Agricultural Products

Top exported products (Million US$)		Value 2017	Top imported products (Million US$)		Value 2017
HS1701	Cane or beet sugar	225	HS1001	Wheat and meslin	1 789
HS0804	Dates, figs, pineapples, avocados	52	HS0402	Milk and cream, concentrated	1 239
HS2202	Waters containing added sugar	13	HS1701	Cane or beet sugar	988
HS1804	Cocoa butter, fat and oil	9	HS1005	Maize (corn)	776
HS1507	Soya-bean oil and its fractions	8	HS1507	Soya-bean oil and its fractions	601

Non-Agricultural Products

Top exported products (Million US$)		Value 2017	Top imported products (Million US$)		Value 2017
HS2711	Petroleum gases	14 074	HS8703	Motor cars for transport of persons	1 674
HS2709	Petroleum oils, crude	12 719	HS2710	Petroleum oils, other than crude	1 604
HS2710	Petroleum oils, other than crude	6 451	HS3004	Medicaments in measured doses	1 169
HS2707	Coal tars	561	HS7304	Tubes, pipes, of iron or steel	999
HS2814	Ammonia	342	HS7308	Structures of iron and steel	934

Source : OMC (2022a)

L'Algérie nous montre une forte dépendance à l'égard des exportations de combustibles et de produits extractifs, en particulier le pétrole et ses dérivés ; et du côté des importations, celles de médicaments dosés se démarquent. Elle exporte également des produits agricoles et élevages, en particulier du sucre de canne ou des betteraves. Parmi les Produits exportés non agricoles et l'élevage se trouve en premier lieu le gaz de pétrole, la principale destination des exportations est l'Europe, et il est aussi son principal fournisseur. Aucun pays africain ne figure parmi ses principaux partenaires commerciaux.

Maroc.
Tableau II.13 Commerce extérieur

MERCHANDISE TRADE

Million US$	Value 2021	Annual percentage change 2010-2021	2020	2021
Merchandise exports, f.o.b.	35 843	7	-7	32
Merchandise imports, c.i.f.	58 034	5	-14	32

	2021		2021
Share in world total exports (%)	0.16	Share in world total imports (%)	0.26

Breakdown in economy's total exports

By main commodity group, % (2020)

- Agricultural products: 23.7
- Fuels and mining products: 6.1
- Manufactures: 70.1
- Other: 0.2

By main destination, % (2020)

- European Union: 63.9
- India: 4.3
- Brazil: 4.1
- United States of America: 3.6
- Türkiye: 2.2
- Other: 22

Breakdown in economy's total imports

By main commodity group, % (2020)

- Agricultural products: 16.2
- Fuels and mining products: 15.6
- Manufactures: 68.2
- Other: 0

By main origin, % (2020)

- European Union: 50.9
- China: 12.2
- United States of America: 6.3
- Türkiye: 5.5
- Russian Federation: 3.6
- Other: 21.5

Agricultural Products

Top exported products (Million US$)		Value 2020	Top imported products (Million US$)		Value 2020
HS0702	Tomatoes, fresh or chilled	787	HS1001	Wheat and meslin	1 422
HS0805	Citrus fruit, fresh or dried	525	HS1005	Maize (corn)	567
HS0810	Other fruit, fresh	518	HS1701	Cane or beet sugar	468
HS1701	Cane or beet sugar	286	HS1507	Soya-bean oil and its fractions	411
HS0708	Leguminous vegetables	243	HS1003	Barley	243

Non-Agricultural Products

Top exported products (Million US$)		Value 2020	Top imported products (Million US$)		Value 2020
HS3105	Mineral or chemical fertilisers	3 102	HS2710	Petroleum oils, other than crude	3 070
HS8544	Insulated electric conductors	3 039	HS8703	Motor cars for transport of persons	1 425
HS8703	Motor cars for transport of persons	2 971	HS2711	Petroleum gases	1 258
HS2809	Diphosphorus pentaoxide	1 199	HS8708	Parts for motor vehicles 8701-8075	1 070
HS6204	Women's or girls' suits	866	HS8544	Insulated electric conductors	978

Source : OMC (2022a)

Le Maroc est, parmi les cinq pays, celui qui a les exportations les plus diversifiées, 70% de ses exportations sont des produits manufacturés, mettant en évidence les engrais minéraux ou chimiques (le pays dispose de grandes réserves de phosphates), mais aussi les conducteurs isolés pour l'électricité et les voitures de tourisme pour le transport de personnes. Elle importe de nombreux produits agricoles et élevage, mettant en avant les tomates fraîches. La principale destination des exportations est l'Europe, et c'est aussi son principal fournisseur. Aucun pays africain ne figure parmi ses principaux partenaires commerciaux.

Regardons maintenant les cas des 5 plus petits pays africains par PIB[70].

70. Source : FMI https://www.imf.org/external/datamapper/NGDPD@WEO/OEMDC/ADVEC/WEOWORLD, consulté le 15 juin 2023

Gambie Tableau II.14
Commerce extérieur

MERCHANDISE TRADE

Million US$	Value 2021	Annual percentage change 2010-2021	2020	2021
Merchandise exports, f.o.b.	32	-7	-54	-48
Merchandise imports, c.i.f.	607	7	-6	4

	2021		2021
Share in world total exports (%)	0.00	Share in world total imports (%)	0.00

Breakdown in economy's total exports

By main commodity group, % (2020)

Agricultural products: 9.7 · Fuels and mining products: 0.7 · Manufactures: 32 · Other: 57.6

By main destination, % (2020)

Senegal: 50.5 · Mali: 25.4 · Guinea-Bissau: 9.1 · India: 4.5 · China: 3.9 · Other: 6.5

Breakdown in economy's total imports

By main commodity group, % (2020)

Agricultural products: 23.3 · Fuels and mining products: 12.5 · Manufactures: 43.6 · Other: 20.5

By main origin, % (2020)

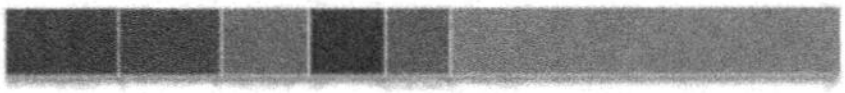

Norway: 13.6 · European Union: 12.3 · China: 10.4 · Côte d'Ivoire: 9.2 · Brazil: 7.7 · Other: 46.8

Agricultural Products

Top exported products (Million US$)		Value 2020	Top imported products (Million US$)		Value 2020
HS0801	Coconuts, Brazil nuts, cashew nuts	1	HS1006	Rice	44
HS1515	Other fixed vegetable fats and oils	0.9	HS1701	Cane or beet sugar	26
HS1207	Other oil seeds, oleaginous fruits	0.7	HS1515	Other fixed vegetable fats and oils	23
HS0904	Pepper of the genus Piper	0.4	HS1101	Wheat or meslin flour	21
HS1701	Cane or beet sugar	0.4	HS0207	Meat and edible offal of poultry	8

Non-Agricultural Products

Top exported products (Million US$)		Value 2020	Top imported products (Million US$)		Value 2020
HS8429	Self-propelled bulldozers	12	HS2710	Petroleum oils, other than crude	77
HS2523	Portland cement, aluminous cement	5	HS8901	Vessels for transport	75
HS5408	Woven fabrics of artificial filamen	0.6	HS8703	Motor cars for transport of persons	45
HS6401	Waterproof footwear with outer sole	0.4	HS2523	Portland cement, aluminous cement	30
HS0301	Live fish	0.4	HS7222	Other bars and rods of stainless st	8

Source : OMC (2022a)

La Gambie est le cinquième plus petit pays d'Afrique. Elle exporte des produits manufacturés et agricoles et élevages de manière importante. Parmi les premiers se démarquent les groupes de produits : HS8429 Bulldozers automoteurs[71], HS2523 ciment Portland, ciment alumineux, HS5408 Tissus de filaments artificiels, HS6401 Chaussures étanches avec semelle extérieure. Parmi les produits agricoles et élevages, il y a en premier lieu les noix de coco, les noix du Brésil, les noix de cajou. Son principal partenaire commercial est le Sénégal, son pays voisin, en tant que destination de ses exportations. Du côté des importations, les produits

71. Un bulldozer avant est un camion muni d'une lame en acier, ou lame poussée, fixée à l'avant du camion, et dont la fonction est de déplacer et de déplacer la terre, les matériaux ou les déchets de construction.

manufacturés sont le principal groupe, et la Norvège est le principal fournisseur de biens du pays.

Seychelles Tableau II.15
Commerce extérieur

MERCHANDISE TRADE

Million US$	Value 2021	Annual percentage change 2010-2021	2020	2021
Merchandise exports, f.o.b.	464	1	-17	7
Merchandise imports, c.i.f.	1 133	1	-14	13

	2021		2021
Share in world total exports (%)	0.00	Share in world total imports (%)	0.01

Breakdown in economy's total exports

By main commodity group, % (2020)

By main destination, % (2020)

Breakdown in economy's total imports

By main commodity group, % (2020)

By main origin, % (2020)

Agricultural Products

Top exported products (Million US$)		Value 2020	Top imported products (Million US$)		Value 2020
HS2402	Cigars, cheroots, cigarillos	6	HS1509	Olive oil and its fractions	28
HS0106	Other live animals	0.8	HS1006	Rice	7
HS2208	Alcohol of less than 80% volume	0.5	HS1512	Sunflower-seed,or cotton oil	5
HS0802	Other nuts, fresh or dried	0.5	HS0207	Meat and edible offal of poultry	5
HS0801	Coconuts, Brazil nuts, cashew nuts	0.2	HS0401	Milk and cream, not concentrated	4

Non-Agricultural Products

Top exported products (Million US$)		Value 2020	Top imported products (Million US$)		Value 2020
HS8903	Vessels for pleasure or sports	453	HS8903	Vessels for pleasure or sports	554
HS1604	Prepared or preserved fish	232	HS2710	Petroleum oils, other than crude	173
HS2710	Petroleum oils, other than crude	97	HS0303	Fish, frozen, excluding fish fillet	132
HS0303	Fish, frozen, excluding fish fillet	77	HS8802	Other aircraft	47
HS8901	Vessels for transport	24	HS8901	Vessels for transport	26

Source : OMC (2022a)

Les Seychelles sont le quatrième plus petit pays africain. La République des Seychelles est un groupe de 115 îles situées dans l'océan Indien, au nord-est de Madagascar, avec une superficie totale de 455 km² et une population estimée à 99 202 habitants (2021). Il dispose d'un seul aéroport et d'un seul port international dans le pays, qui reçoit des vols des aéroports internationaux les plus importants du monde, car la principale source de devises étrangères dans le pays est le tourisme[72].

72. Il faut rappeler que le tourisme comprend les entreprises d'hébergement (hôtels), les restaurants et les transports, ainsi que toute activité pouvant être liée au tourisme. Il est clair qu'il peut y avoir des surestimations ou des sous-estimations de cette activité, en plus des problèmes d'identification du tourisme par origine, dans son cas national ou étranger.

Ils sont exportateurs de produits agricoles et élevage, mettant en importance les cigares et l'alcool ayant un titre alcoométrique volumique inférieur à 80 degrés. Du côté des importations, les produits agricoles et élevages (en particulier l'huile d'olive et ses fractions) se distinguent. Il convient de noter que, parmi les exportations manufacturières du pays, qui ne sont que de 2,8% en volume, les bateaux et les bateaux de plaisance ou de transport, les mêmes produits qui occupent la première place que les importations, en raison de l'activité touristique susmentionnée si importante dans le pays.

Guinée-Bissau Tableau II.16
Commerce extérieur

MERCHANDISE TRADE

	Value	Annual percentage change		
Million US$	2021	2010-2021	2020	2021
Merchandise exports, f.o.b.	215	5	-14	0
Merchandise imports, f.o.b.	355	6	-11	19

	2021		2021
Share in world total exports (%)	0.00	Share in world total imports (%)	0.00

Breakdown in economy's total exports
By main commodity group

NO DATA AVAILABLE

By main destination, % (2005)

Breakdown in economy's total imports
By main commodity group

NO DATA AVAILABLE

By main origin, % (2005)

Source : Source : OMC (2022a)

La Guinée-Bissau est le troisième plus petit pays du continent. Il n'y a pas d'informations détaillées sur le commerce extérieur des marchandises de ce pays, disponibles dans cette publication ; mais il est à noter que sa principale destination d'exportation est l'Inde, et que la principale origine de ses importations est l'Union européenne[73].

73. Dans le cas de l'Inde, la Guinée-Bissau ne figure pas parmi ses principales origines de marchandises.

Comores Tableau II.17
Commerce extérieur

MERCHANDISE TRADE

Million US$	Value 2021	Annual percentage change 2010-2021	2020	2021
Merchandise exports, f.o.b.	34	5	-47	67
Merchandise imports, c.i.f.	328	3	6	17

	2021		2021
Share in world total exports (%)	0.00	Share in world total imports (%)	0.00

Breakdown in economy's total exports

By main commodity group, % (2020)

By main destination, % (2020)

Breakdown in economy's total imports

By main commodity group, % (2020)

By main origin, % (2020)

Agricultural Products

Top exported products (Million US$)		Value 2020	Top imported products (Million US$)		Value 2020
HS0907	Cloves	8	HS0207	Meat and edible offal of poultry	32
HS3301	Essential oils (terpeneless or not)	5	HS1006	Rice	29
HS0905	Vanilla	5	HS1101	Wheat or meslin flour	8
HS2208	Alcohol of less than 80% volume	0.1	HS0402	Milk and cream, concentrated	5
HS2402	Cigars, cheroots, cigarillos	0.03	HS1701	Cane or beet sugar	5

Non-Agricultural Products

Top exported products (Million US$)		Value 2020	Top imported products (Million US$)		Value 2020
HS9617	Vacuum flasks and other vacuum vessels	0.9	HS2523	Portland cement, aluminous cement	24
HS8429	Self-propelled bulldozers	0.3	HS2710	Petroleum oils, other than crude	23
HS7209	Cold-rolled products of iron +600	0.1	HS8703	Motor cars for transport of persons	23
HS7204	Ferrous waste and scrap	0.1	HS7214	Other iron bar not further worked	13
HS8704	Motor vehicles for goods transport	0.05	HS3004	Medicaments in measured doses	4

Source : OMC (2022a)

Les Comores sont un pays formé de trois îles dans le sud-est de l'Afrique, situé à l'extrémité nord du canal du Mozambique dans l'océan Indien, entre le nord de Madagascar et l'est du Mozambique. Ses exportations comprennent des produits agricoles et élevages (clous de girofle, huiles essentielles, vanille[74] [5]) et certains produits manufacturés tels que les thermos et les bulldozers. Elle est importatrice de produits agricoles et élevage (viande, abats de volaille comestibles et riz) ainsi que de ciment Portland et d'huiles de pétrole (à l'exception des huiles brutes). La principale destination et origine de son commerce extérieur est l'Union européenne.

74. Il est intéressant de rappeler qu'à l'origine, la vanille est un produit originaire du Mexique, tout comme le cacao. À son tour, le café est originaire d'Éthiopie et est maintenant un produit largement commercialisé par plusieurs pays d'Amérique latine.

Sao Tomé-et-Principe
Tableau II.18
Commerce extérieur

MERCHANDISE TRADE

Million US$	Value 2021	Annual percentage change 2010-2021	2020	2021
Merchandise exports, f.o.b.	21	6	6	49
Merchandise imports, c.i.f.	166	4	-7	20

	2021		2021
Share in world total exports (%)	0.00	Share in world total imports (%)	0.00

Breakdown in economy's total exports

By main commodity group, % (2020)

Agricultural products: 83.7 — Fuels and mining products: 0.3 — Manufactures: 8.7 — Other: 7.3

By main destination, % (2021)

European Union: 90.7 — Cameroon: 4.2 — Senegal: 2.5 — Gabon: 0.7 — Angola: 0.5 — Other: 1.4

Breakdown in economy's total imports

By main commodity group, % (2020)

Agricultural products: 38.2 — Fuels and mining products: 2 — Manufactures: 58.2 — Other: 1.6

By main origin, % (2021)

European Union: 55.8 — Angola: 12 — Togo: 9.4 — China: 7.2 — Japan: 3.1 — Other: 12.7

Agricultural Products

Top exported products (Million US$)		Value 2021	Top imported products (Million US$)		Value 2021
HS1801	Cocoa beans, whole or broken	11	HS1006	Rice	8
HS1511	Palm oil and its fractions	6	HS2204	Wine of fresh grapes	5
HS1513	Coconut (copra), or palm kernel oil	0.5	HS1101	Wheat or meslin flour	4
HS1806	Chocolate and other cocoa food	0.2	HS2202	Waters containing added sugar	4
HS0904	Pepper of the genus Piper	0.2	HS0207	Meat and edible offal of poultry	4

Non-Agricultural Products

Top exported products (Million US$)		Value 2021	Top imported products (Million US$)		Value 2021
HS8803	Parts of goods 8801, 8802	0.4	HS2710	Petroleum oils, other than crude	32
HS8409	Parts suitable for 8407 or 8408	0.1	HS8703	Motor cars for transport of persons	6
HS7323	Household articles, parts thereof	0.1	HS2523	Portland cement, aluminous cement	5
HS3004	Medicaments in measured doses	0.04	HS6309	Worn clothing and worn articles	3
HS8427	Trucks with lifting equipment	0.04	HS8503	Parts suitable for 8501/8502	2

Source : OMC (2022a)

Le plus petit pays d'Afrique est Sao Tomé-et-Principe. Il est formé de plusieurs îles situées dans le golfe de Guinée, plus précisément au nord- ouest de la côte du Gabon, très proche de la ligne équatoriale et qui est proche de la zone économique exclusive (ZEE) de Guinée équatoriale. Les îles les plus importantes sont São Tomé (São Tomé) et Principe. Elle exporte des produits agricoles et élevage et manufacturés, notamment du cacao et de l'huile de palme ; et les articles manufacturés comprennent les parties d'appareils des groupes 8801 et 8802[75]. Les

75. Le groupe 8801 fait référence aux ballons et dirigeables, aux ailes de planeur et autres aéronefs, non propulsés par un moteur. Autres aéronefs (p. ex. hélicoptères, avions) ; les véhicules spatiaux (y compris les satellites) et leurs lanceurs et véhicules suborbitaux.

importations les plus importantes sont le riz et les huiles de pétrole, à l'exception des pétroles bruts. La principale origine et destination de son commerce extérieur est l'Union européenne.

L'analyse que nous avons effectuée confirme les conclusions mentionnées par la CNUCED (2022), sur le faible niveau du commerce intrarégional en Afrique. Il convient de noter qu'en fait, le commerce intra-Union africaine ne représente qu'un faible pourcentage du commerce international de la région (tableau II.19).

Tableau II.19

Commerce intra-Union africaine, millions USD

	Intra-Union Afrique Commerce / Intra African Union Trade, million US dollars							
	2013	2014	2015	2016	2017	2018	2019	
Total Importations UA	**621,828.3**	**638,170.5**	**592,117.5**	**508,071.7**	**510,782.7**	**572,253.2**	**560,465.5**	**Total AU imports**
Importation Intra-UA	97,626.6	95,028.2	81,244.2	61,789.4	61,986.0	74,732.4	70,432.7	Intra AU imports
Part en % des importations Intra-UA	15.7	14.9	13.7	12.2	12.1	13.1	12.6	Share of Intra-AU imports
Total AU exportation	**575,188.5**	**554,621.5**	**401,821.0**	**348,671.3**	**429,551.1**	**491,107.2**	**465,920.8**	**Total AU exports**
Exportations Intra UA	104,503.3	106,491.1	95,302.0	82,191.8	84,083.2	98,565.5	91,819.7	Intra AU exports
Part en % des exportations Intra UA	18.2	19.2	23.7	23.6	19.6	20.1	19.7	Share of Intra AU exports %

Source : Union africaine (2020).

La forte dépendance des exportations africaines aux matières premières devrait nous faire réfléchir sur la demande internationale pour ces produits. Plus précisément, en raison de la croissance croissante de la Chine depuis les années 90 du siècle dernier, et après son entrée à l'OMC à la fin de 2001, la demande de la nation asiatique pour ce type de produit a entraîné une augmentation des prix des matières premières, graphique II.6 ci-dessous.

Figure II.6
Prix de certains produits de base, 1980-8 mai 2023

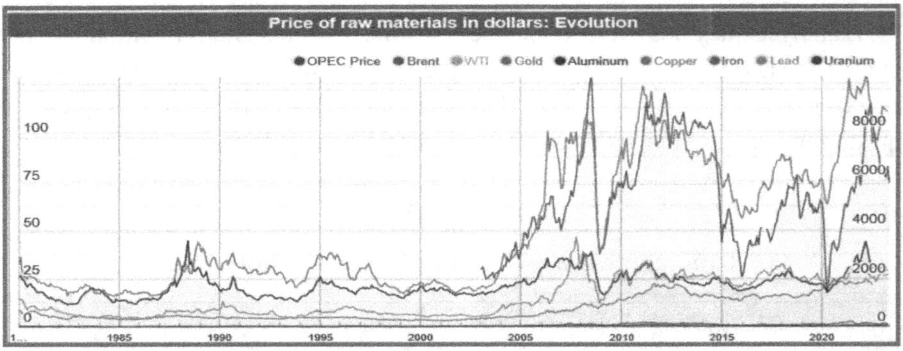

Source : https://countryeconomy.com/raw-materials, consulté le 18 mai 2023.

Cela a à son tour affecté la croissance de l'Afrique, puisque de nombreux produits de cette région sont allés au géant asiatique, ce qui a influencé positivement la croissance de ces pays ; en fait, l'indice de corrélation économétrique entre la croissance de la Chine et l'Afrique est passé de -0,8 au cours de la période 1991-2000 à 0,74 de 2001 à 2018, figure II.7 ci-dessous.

Figure II.7
Taux de croissance du PIB réel 1991-2022 Afrique, Chine, ALC, Amérique du Sud et G7

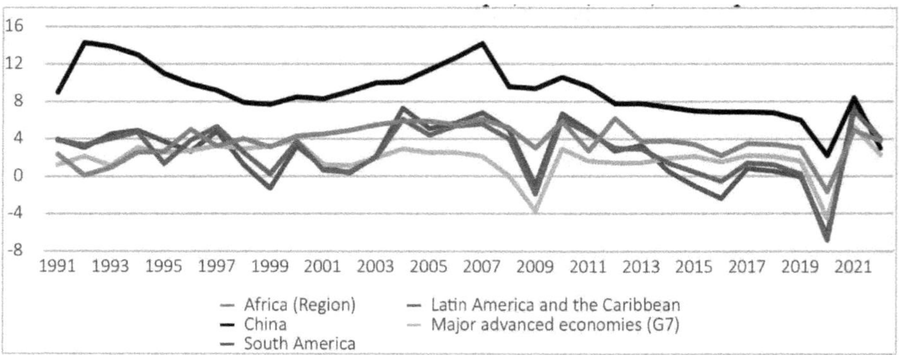

Source : préparé à partir de IMF DataMapper, consulté le 18 mai 2023.

Comme le montre la figure ci-dessus, les économies de l'Afrique et de la Chine se sont davantage coulées depuis 2001 et dans une moindre mesure, celles de l'Amérique latine et des Caraïbes et de la Chine (voir tableau II.20).

Tableau II.20
Coefficient de corrélation des taux de croissance

	1991-2000	2001-2018
Correlación África-China	-0.8	0.74
Correlación África-G7	0.65	0.64
Correlación SudAmérica-China	0.55	0.66

Source : d'après la même base de données des IMF, Ibid.

II.b Commerce extérieur des services de l'Afrique

Introduction

Le commerce international des services prend de plus en plus d'importance[76] : le commerce mondial total des biens et services s'élevait à 27,3 billions de dollars en 2021, soit une augmentation de 24 % par rapport à 2020. Parmi ceux-ci, en 2021, 21,6 billions étaient des échanges de biens et 5,8 étaient des échanges de services[77], voire le graphique II.8.

76. Pour un aperçu de ce commerce international de services et de son importance pour les pays d'Amérique latine, voir l'appendice de ce chapitre et les textes contenus dans Ibarra-Puig (2018a).

77. Note : Moyenne des exportations et des importations. Source : Estimations de l'OMC et de la CNUCED publiées dans OMC (2022a).

Figure II.8
Commerce des biens et des services

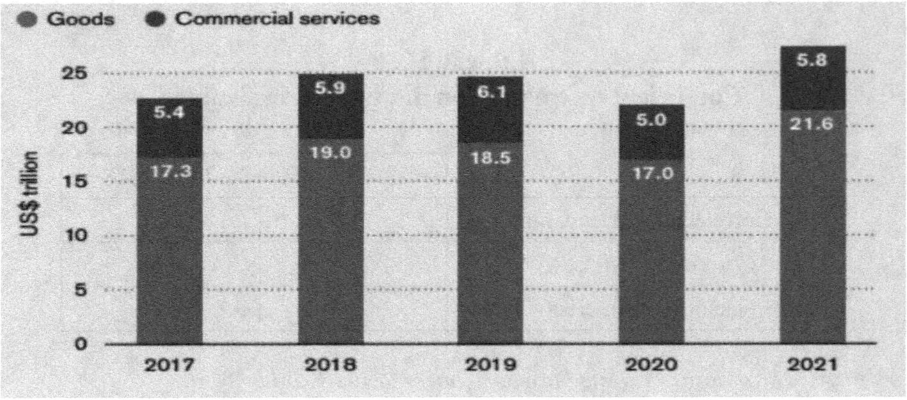

Source : OMC (2022b).

La liste complète de ces **Services Commerciaux** est la suivante :

Services aux entreprises et services professionnels

- Services de comptabilité
- Services de publicité
- Services d'architecture et d'ingénierie
- Services informatiques et services connexes
- Services juridiques

Services de Communications

- Services audiovisuels
- Services postaux et de messagerie, livraison express
- Télécommunication

Construction et services connexes

Distribution Services

Services d'enseignement

Services énergétiques

Services environnementaux

Services financiers

Santé et services sociaux

Services touristiques

Services de transport

- Services de transport aérien
- Services de transport maritime
- Services de transport routier
- Services auxiliaires de tous les moyens de transport

Mouvement des personnes physiques[78]***.***

Ces services sont réglementés par l'Accord général sur le commerce des services (AGCS) et sont offerts principalement par les pays développés et, dans une moindre mesure, par les pays en développement[79], en soulignant parmi ces services, dans le cas des pays en développement, par leur nature et leur stade de développement, ceux liés au tourisme[80]. Mais comme nous le savons, les services commerciaux sont nécessaires au commerce des marchandises : les transports, les assurances, les services de construction et autres sont en même temps une source d'entrées ou de sorties de devises, selon que l'entreprise offrant le service est nationale ou étrangère ; et chacun de ces services nécessite un personnel formé dans chacune des chaînes de valeur, du personnel spécialisé dans le service à la clientèle dans le cas du tourisme, à la manutention des emballages et une connaissance approfondie des Incoterms[81].

En 2021, seuls trois pays de l'Afrique et de l'ALC figuraient parmi les principaux distributeurs de services commerciaux internationaux : le Brésil, l'Égypte et le Mexique, comme le montre le tableau II.21.

---

78. Voir Malpica (2018) et l'annexe au présent chapitre; voir aussi https://www.wto.org/spanish/tratop_s/serv_s/serv_sectors_s.htm, consulté le 27 juin 2026.
79. Voir OMC (2022a) et (2022b).
80. Il semble y avoir une utilisation excessive des avantages absolus par les pays en développement dans l'exploitation de leurs ressources naturelles afin d'attirer les touristes, mais souvent même cette option n'est pas rentable pour eux, puisque ceux qui exploitent ces ressources naturelles sont des entreprises étrangères, qui agissent comme des économies enclavées. Ce phénomène apparaît également de façon récurrente dans les secteurs minier et même agricole ; voir CEPAL (2009), Hernández (2022), Jaime (2022) et Ibarra-Puig (2023). Pour connaître l'importance du secteur du tourisme en Amérique latine et dans les Caraïbes, voir McCoy (2022).
81. Voir Ibarra-Puig (2018b).

Tableau II.21
Principaux exportateurs et importateurs mondiaux de services commerciaux, 2021
(En milliards de dollars et en pourcentages)

Rank	Exporters	Value	Share	Annual percentage change	Rank	Importers	Value	Share	Annual percentage change
1	United States of America	772	12.9	10	1	United States of America	525	9.5	19
2	United Kingdom	415	6.9	9	2	China	438	7.9	16
3	China	391	6.5	40	3	Germany	379	6.8	23
4	Germany	371	6.2	22	4	Ireland	341	6.2	-2
5	Ireland	337	5.6	21	5	France	258	4.7	10
6	France	302	5.0	19	6	United Kingdom	239	4.3	15
7	Netherlands	245	4.1	10	7	Netherlands	236	4.3	11
8	India	240	4.0	18	8	Singapore	223	4.0	10
9	Singapore	230	3.8	10	9	Japan	205	3.7	5
10	Japan	164	2.7	4	10	India	195	3.5	28
11	Luxembourg	139	2.3	15	11	Switzerland	142	2.6	12
12	Belgium	134	2.2	13	12	Belgium	134	2.4	13
13	Switzerland	133	2.2	16	13	Korea, Republic of	126	2.3	20
14	Korea, Republic of	122	2.0	37	14	Italy	112	2.0	21
15	Spain	118	2.0	32	15	Luxembourg	110	2.0	15
16	Canada	103	1.7	11	16	Canada	104	1.9	7
17	United Arab Emirates	101	1.7	31	17	Denmark	82	1.5	14
18	Italy	100	1.7	19	18	Sweden	80	1.4	16
19	Denmark	93	1.6	23	19	United Arab Emirates	75	1.3	24
20	Poland	81	1.3	22	20	Russian Federation	75	1.3	17
21	Sweden	78	1.3	16	21	Spain	73	1.3	20
22	Hong Kong, China	77	1.3	15	22	Austria	67	1.2	20
23	Israel	72	1.2	34	23	Thailand	65	1.2	40
24	Austria	69	1.2	8	24	Saudi Arabia, Kingdom of	62	1.1	61
25	Türkiye	58	1.0	65	25	Hong Kong, China	62	1.1	12
26	Russian Federation	56	0.9	16	26	Poland	49	0.9	23
27	Chinese Taipei	52	0.9	26	27	Brazil	49	0.9	2
28	Australia	45	0.7	-9	28	Norway	41	0.7	11
29	Greece	41	0.7	60	29	Chinese Taipei	39	0.7	6
30	Norway	40	0.7	17	30	Mexico	38	0.7	38
31	Philippines	34	0.6	6	31	Australia	38	0.7	0
32	Romania	33	0.6	22	32	Finland	36	0.6	12
33	Finland	33	0.5	12	33	Malaysia	35	0.6	7
34	Brazil	32	0.5	16	34	Qatar	33	0.6	0
35	Portugal	32	0.5	26	35	Israel	32	0.6	34
36	Czech Republic	30	0.5	14	36	Türkiye	31	0.6	33
37	Mexico	27	0.5	60	37	Indonesia	29	0.5	16
38	Hungary	26	0.4	18	38	Greece	26	0.5	48
39	Thailand	24	0.4	-23	39	Czech Republic	25	0.4	14
40	Egypt	21	0.3	45	40	Romania	22	0.4	33
	Total of above	**5470**	**91.3**	-		**Total of above**	**4929**	**89.0**	-
	World	**5994**	**100.0**	17		**World**	**5539**	**100.0**	15

Note : Les chiffres pour certains pays et territoires ont été estimés par le Secrétariat de l'OMC. Les ruptures dans la continuité des séries pour un grand nombre d'économies et les limites de la comparabilité des données entre pays faussent les variations annuelles en pourcentage et le classement. Voir les métadonnées de l'OMC. Pour les données statistiques sur les valeurs annuelles, voir les tableaux A60 et A61 (2022b) de l'OMC.

Source : OMC (2022b), tableau II.A8.

Une approximation des exportations de services de l'Afrique est illustrée par la figure II.9.

Figure II.9
Exportations totales de services de l'Afrique subsaharienne 1990-2019, mdd

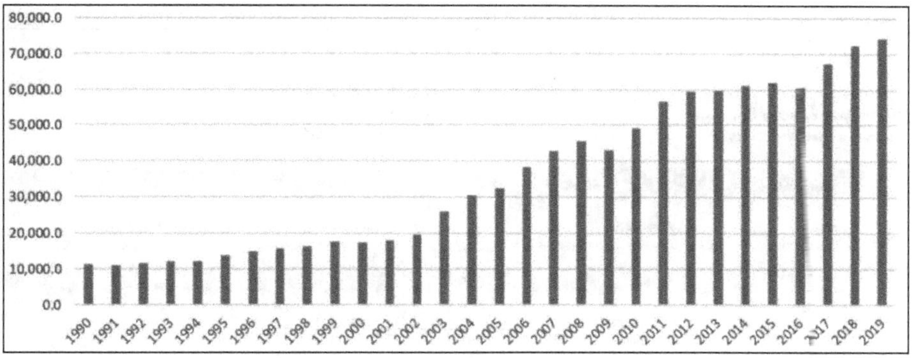

Source : préparé d'après https://wits.worldbank.org/CountryProfile/es/Country/SSF/StartYear/1990/EndYear/2020/Indicator/BX-GSR-NFSV-CD#, consulté le 21 août 2023.

Avec ces prévisions, passons à l'analyse, comme dans la section précédente, du commerce des services des 5 plus grands pays d'Afrique et des 5 plus petits, afin de détecter les zones d'opportunité, notamment avec LAC.

Comme dans la section précédente, nous analyserons les cinq pays les plus importants par taille en termes de PIB, ainsi que les cinq plus petits. Commençons par le Nigéria.

Nigéria
Tableau II.22

TRADE IN COMMERCIAL SERVICES

Million US$	Value 2021	Annual percentage change 2010-2021	2020	2021
Commercial services exports	3 617	3	-21	2
Commercial services imports	14 897	-3	-49	-24

	2021		2021
Share in world total exports (%)	0.06	Share in world total imports (%)	0.27

Breakdown in economy's total exports
By main services item, % (2021)

Breakdown in economy's total imports
By main services item, % (2021)

Transport

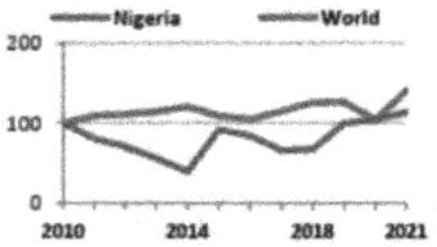

Transport exports (Index 2010=100)

Million US$	Value 2021	Annual percentage change 2010-2021	2020	2021
Exports	2 243	1	4	9
Imports	4 746	-5	-22	-11

Exports	Value	Share (%)	*Imports*	Value	Share (%)
By sea (2021)	2 194	97.8	By sea (2021)	3 777	79.6
By air (2021)	48	2.2	By air (2021)	963	20.3
By other (2021)	0	0.0	By other (2021)	3	0.1

Travel

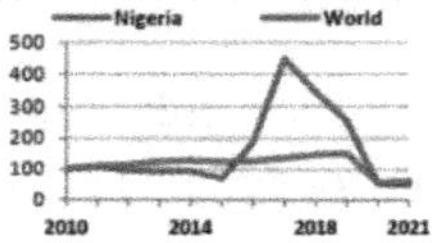

Travel exports (Index 2010=100)

Million US$	Value 2021	Annual percentage change 2010-2021	2020	2021
Exports	294	-6	-78	-6
Imports	5 258	-1	-59	-5

Other Commercial Services and Goods-related Services

Exports of OCS by main item (2021)

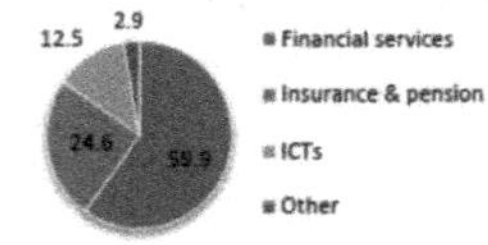

Million US$	Value 2021	Annual percentage change 2010-2021	2020	2021
Other commercial services				
Exports	1 081	27	9	-7
Imports	4 886	-2	-52	-44
	2020	2010-2020	2019	2020
Goods-related services				
Exports	0	na	na	na
Imports	8	na	8	-85

Source : OMC (2022a)

Le commerce des services commerciaux du Nigéria est globalement déficitaire (11,280 milliards de dollars en 2021). Ce déficit est à l'origine des trois grandes catégories : les transports, les voyages et les autres services commerciaux. Dans les voyages, les exportations ont été de l'ordre de 294 millions de dollars et les importations ont totalisé 5 258 millions de dollars, ce qui a montré un déficit de 4 964 millions de dollars ; ici, nous avons une grande zone d'opportunités pour le pays.

Dans la rubrique des autres services commerciaux et des services liés aux marchandises, il convient de noter que le Nigéria est un exportateur important de la même chose (1 081 millions de dollars), mais les importations étaient quatre fois plus importantes (4 886 millions de dollars), ce qui en fait un domaine d'opportunité pour le pays. Dans ce secteur, l'exportation de services financiers se démarque, représentant près de 60 % d'entre eux.

Égypte
Tableau II.23

TRADE IN COMMERCIAL SERVICES

Million US$	Value 2021	Annual percentage change 2010-2021	2020	2021
Commercial services exports	20 883	-1	-41	45
Commercial services imports	21 015	4	-16	23

	2021		2021
Share in world total exports (%)	0.35	Share in world total imports (%)	0.38

Breakdown in economy's total exports
By main services item, % (2021)

Transport: 40.9 — Travel: 42.6 — Other commercial services: 16.5 — Goods-related services: 0

Breakdown in economy's total imports
By main services item, % (2021)

Transport: 49.5 — Travel: 15.6 — Other commercial services: 34.9 — Goods-related services: 0

Transport

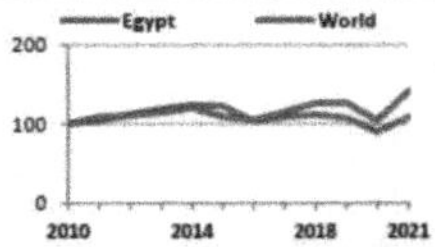

Transport exports (Index 2010=100)

Million US$	Value 2021	Annual percentage change 2010-2021	2020	2021
Exports	8 546	1	-16	20
Imports	10 406	4	-6	30

Exports	Value	Share (%)	*Imports*	Value	Share (%)
By sea (2021)	760	8.9	By sea (2021)	9 525	91.5
By air (2021)	862	10.1	By air (2021)	700	6.7
By other (2021)	6 924	81.0	By other (2021)	181	1.7

Travel

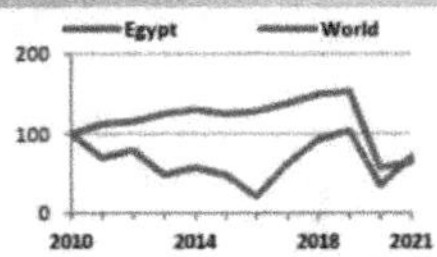

Travel exports (Index 2010=100)

Million US$	Value 2021	Annual percentage change 2010-2021	2020	2021
Exports	8 895	-3	-66	102
Imports	3 279	4	-29	31

Other Commercial Services and Goods-related Services

Exports of OCS by main item (2021)

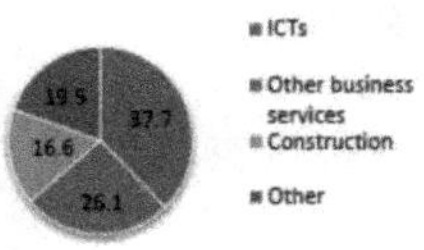

Million US$	Value 2021	Annual percentage change 2010-2021	2020	2021
Other commercial services				
Exports	3 442	1	5	21
Imports	7 329	5	-21	11

	2021	2010-2021	2020	2021
Goods-related services				
Exports	na	na	na	na
Imports	na	na	na	na

Source : OMC (2022)

Comme nous l'avons vu plus haut, l'Égypte est l'un des 3 pays étudiés qui figurent parmi les plus importants distributeurs internationaux de services. C'est un pays touristique par tradition. En 2019, avant la pandémie, il a reçu 13 026 millions de touristes, ce qui signifiait un déversement économique de l'ordre de 13 030 milliards de dollars ; En 2020, il a reçu 3 677 millions de visiteurs, qui ont dépensé 4 398 milliards de dollars dans le pays. En termes de pourcentage, en 2020, il n'a reçu que 28% des visites ; et en termes de revenus, en 2020, il a obtenu 33% par rapport à l'année précédente. On peut déjà imaginer l'impact sur l'emploi et les finances publiques du pays. Il est intéressant de noter qu'en ce qui concerne les exportations de services de transport, la balance commerciale est aussi défavorable: en 2021, ce pays a exporté 8 546 millions de dollars et payé des importations de ce poste 10 406 millions de dollars, qui ont enregistré un déficit de 1 860 millions de dollars. Un secteur dans lequel l'Égypte est excédentaire est en voyages, avec des exportations pour 8,895 millions de dollars et des importations de l'ordre de 3,279 millions de dollars, ce qui a laissé des bénéfices pour 5,616 millions de dollars. Il convient de mentionner que l'Égypte a un pourcentage important des exportations de technologies de l'information et de la communication (37,7 pour cent des exportations d'autres services commerciaux).

Afrique du Sud
Tableau II.24

TRADE IN COMMERCIAL SERVICES

Million US$	Value 2021	Annual percentage change 2010-2021	2020	2021
Commercial services exports	8 869	-5	-46	6
Commercial services imports	13 340	-3	-31	21

	2021		2021
Share in world total exports (%)	0.15	Share in world total imports (%)	0.24

Breakdown in economy's total exports
By main services item, % (2021)

Breakdown in economy's total imports
By main services item, % (2021)

Transport

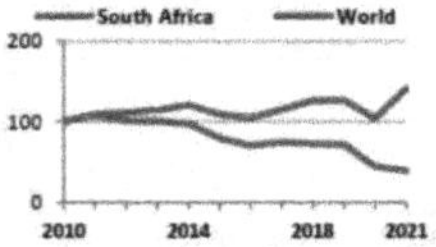

Transport exports (Index 2010=100)

Million US$	Value 2021	Annual percentage change 2010-2021	2020	2021
Exports	1 229	-8	-38	-12
Imports	5 184	-3	-37	33

Exports	Value	Share (%)	*Imports*	Value	Share (%)
By sea	na	na	By sea	na	na
By air	na	na	By air	na	na
By other	na	na	By other	na	na

Travel

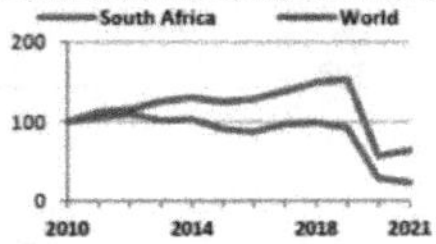

Travel exports (Index 2010=100)

Million US$	Value 2021	Annual percentage change 2010-2021	2020	2021
Exports	2 108	-12	-69	-19
Imports	991	-15	-70	7

Other Commercial Services and Goods-related Services

Exports of OCS by main item (2021)

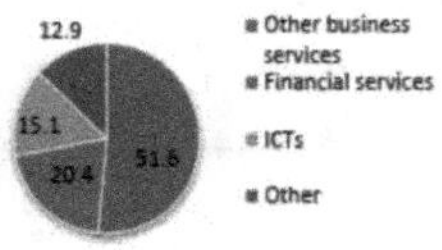

Million US$	Value 2021	Annual percentage change 2010-2021	2020	2021
Other commercial services				
Exports	5 493	4	-11	26
Imports	7 165	1	-8	15
	2021	2010-2021	2020	2021
Goods-related services				
Exports	40	6	10	-25
Imports	0	-27	-64	-83

Source : OMC (2022a)

L'Afrique du Sud est déficitaire dans ce type de commerce, avec 8 869 millions de dollars d'exportations et 13 340 millions de dollars d'importations en 2021. Dans le secteur des transports, elle a exporté 1,229 milliard de dollars et importé 5,184 milliards de dollars, ce qui lui a valu une sortie nette de 3,955 milliards de dollars. En voyage, il a exporté 2 108 millions de dollars et a fait des achats pour 991 millions de dollars, donc il a eu des bénéfices de 1 117 millions de dollars. L'Afrique du Sud, bien que le commerce des autres services commerciaux et des services liés aux marchandises soit déficitaire, exporte 51,6 pour cent des Autres services aux entreprises et 20,4 pour cent des Services financiers.

Algérie
Tableau II.25

TRADE IN COMMERCIAL SERVICES

Million US$	Value 2021	Annual percentage change 2010-2021	2020	2021
Commercial services exports	2 974	-1	-4	1
Commercial services imports	6 405	-5	-24	-11

	2021		2021
Share in world total exports (%)	0.05	Share in world total imports (%)	0.12

Breakdown in economy's total exports
By main services item, % (2020)

Breakdown in economy's total imports
By main services item, % (2020)

Transport

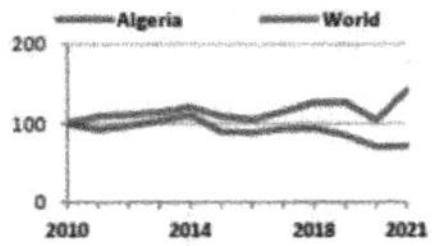

Transport exports (Index 2010=100)

Million US$	Value 2021	Annual percentage change 2010-2021	2020	2021
Exports	544	-3	-17	1
Imports	2 281	-2	-25	-12

Exports	Value	Share (%)	*Imports*	Value	Share (%)
By sea (2021)	218	40.0	By sea (2021)	2 000	87.7
By air (2021)	239	43.9	By air (2021)	144	6.3
By other (2021)	85	15.6	By other (2021)	128	5.6

Travel

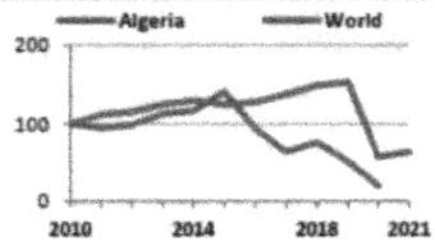

Travel exports (Index 2010=100)

Million US$	Value 2020	Annual percentage change 2010-2020	2019	2020
Exports	43	-15	-33	-62
Imports	234	-9	28	-63

Other Commercial Services and Goods-related Services

Exports of OCS by main item (2021)

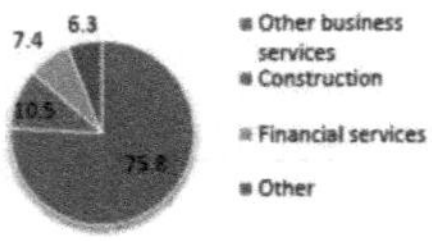

Million US$	Value 2021	Annual percentage change 2010-2021	2020	2021
Other commercial services				
Exports	2 384	0	2	1
Imports	3 760	-6	-16	-12
	2020	2010-2020	2019	2020
Goods-related services				
Exports	0	-11	na	-87
Imports	125	3	10	-59

Source : OMC (2022a)

L'Algérie est déficitaire dans le commerce des services commerciaux, exportant 2.974 millions de dollars, et important 6.405 millions de dollars, ce qui donne un solde négatif de 3.431 millions de dollars en 2021. Dans les transports, elle a exporté 544 millions de dollars, mais en a importé 2 281 millions de dollars, ce qui a signifié une sortie nette de 1 737 millions de dollars, ce qui témoigne d'une zone d'opportunité pour le pays, surtout compte tenu de sa position géographique (très proche de l'Europe). Le secteur de voyages a été très limité et déficitaire en 2021, avec des exportations pour 43 millions de dollars et des importations pour 234 millions de dollars, ce qui signifiait un déficit de 191 millions de dollars ; encore une fois, une zone d'opportunité dont le pays devrait profiter étant donné son histoire et sa situation géographique. Dans le commerce des autres services commerciaux, la très forte participation des autres services aux entreprises se distingue, qui a représenté 75,8% des ventes totales.

Maroc
Tableau II.26

TRADE IN COMMERCIAL SERVICES

Million US$	Value 2021	Annual percentage change 2010-2021	2020	2021
Commercial services exports	14 892	0	-29	12
Commercial services imports	7 585	3	-28	23

	2021		2021
Share in world total exports (%)	0.25	Share in world total imports (%)	0.14

Breakdown in economy's total exports
By main services item, % (2021)

Breakdown in economy's total imports
By main services item, % (2021)

Transport

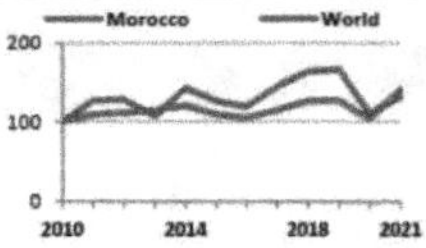

Transport exports (Index 2010=100)

Million US$	Value 2021	Annual percentage change 2010-2021	2020	2021
Exports	2 842	3	-34	19
Imports	3 688	3	-25	28

Exports	Value	Share (%)	*Imports*	Value	Share (%)
By sea (2021)	1 555	54.7	By sea (2021)	2 660	72.1
By air (2021)	819	28.8	By air (2021)	617	16.7
By other (2021)	454	16.0	By other (2021)	351	9.5

Travel

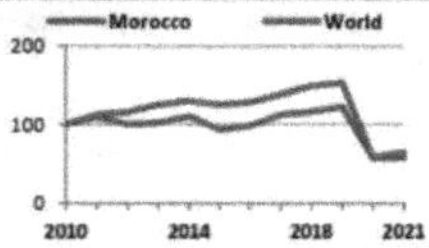

Travel exports (Index 2010=100)

Million US$	Value 2021	Annual percentage change 2010-2021	2020	2021
Exports	3 811	-5	-53	-1
Imports	1 184	0	-49	6

Other Commercial Services and Goods-related Services

Exports of OCS by main item (2021)

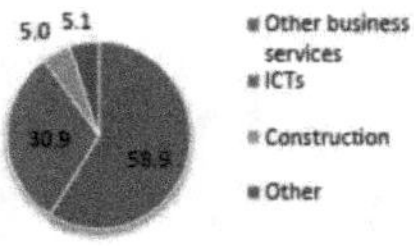

Million US$	Value 2021	Annual percentage change 2010-2021	2020	2021
Other commercial services				
Exports	6 335	6	11	15
Imports	2 577	3	-16	20
	2021	2010-2021	2020	2021
Goods-related services				
Exports	1 904	-1	-22	23
Imports	136	na	-31	131

Source : OMC (2022a)

Le Maroc fait exception dans le commerce des services dans les cas analysés : avec des exportations de l'ordre de 14,892 millions de dollars et des importations de 7.585 millions de dollars en 2021, le solde excédentaire était de 7.307 millions de dollars. Dans le Transport, il a réalisé des ventes internationales pour 2 842 millions de dollars, mais a fait des achats pour 3 688 millions de dollars, ce qui a montré un déficit de 846 millions de dollars. Dans les voyages, les exportations ont été de l'ordre de 3 811 millions de dollars et les importations de l'ordre de 1

184 millions de dollars, ce qui a donné un solde excédentaire de 2 627 millions de dollars, ce qui reflète, dans une certaine mesure, la vocation touristique du pays. Il est intéressant de noter que les exportations d'Autres services commerciaux ont représenté 42,5 pour cent des exportations de services commerciaux ; au sein des Autres services commerciaux, les Autres services aux entreprises se démarquent.

Analysons le comportement des 5 plus petites économies du continent africain dans ces activités[82].

Gambie

Tableau II.27

TRADE IN COMMERCIAL SERVICES

Million US$	Value 2021	Annual percentage change 2010-2021	2020	2021
Commercial services exports	104	-2	-49	-2
Commercial services imports	119	4	1	9

	2021		2021
Share in world total exports (%)	0.00	Share in world total imports (%)	0.00

Breakdown in economy's total exports
By main services item, % (2021)

Breakdown in economy's total imports
By main services item, % (2021)

Transport

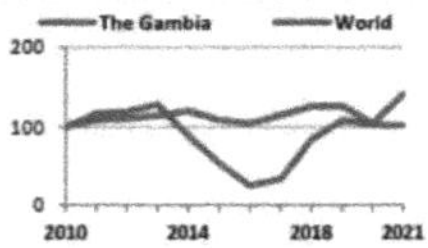

Transport exports (Index 2010=100)

Million US$	Value 2021	Annual percentage change 2010-2021	2020	2021
Exports	38	0	-5	-1
Imports	90	9	8	2

Exports	Value	Share (%)	*Imports*	Value	Share (%)
By sea (2021)	25	65.9	By sea (2021)	88	97.2
By air (2021)	12	30.5	By air (2021)	0	0.4
By other	na	na	By other	na	na

Travel

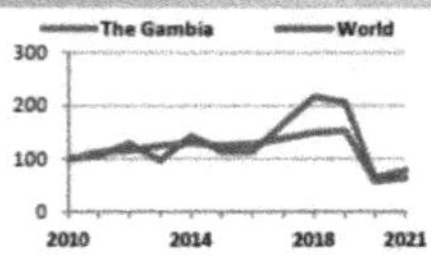

Travel exports (Index 2010=100)

Million US$	Value 2021	Annual percentage change 2010-2021	2020	2021
Exports	57	-2	-69	23
Imports	12	-1	-63	250

Other Commercial Services and Goods-related Services

Exports of OCS by main item (2021)

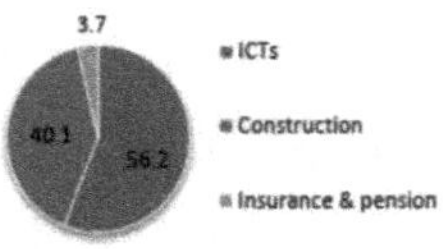

Million US$	Value 2021	Annual percentage change 2010-2021	2020	2021
Other commercial services				
Exports	8	-8	56	-61
Imports	16	-4	1	-7
	2021	2010-2021	2020	2021
Goods-related services				
Exports	na	na	na	na
Imports	na	na	na	na

Source : OMC (2022a)

82. Source : FMI https://www.imf.org/external/datamapper/NGDPD@WEO/OEMDC/ADVEC/WEOWORLD, consulté le 15 juin 2023.

La Gambie est un petit pays d'Afrique de l'Ouest, complètement entouré par le Sénégal, avec un littoral étroit sur l'Atlantique. Il se distingue par la diversité des écosystèmes autour du fleuve Gambie central. Sa faune comprend des singes, des léopards, des hippopotames, des hyènes et des oiseaux rares. Son économie est basée sur l'agriculture, le tourisme et les envois de fonds. Il se classe au 182e rang de l'IDH de la UNDP et on estime que 73,9 % de sa population vit en dessous du seuil de pauvreté[83]. Les exportations de services commerciaux du pays en 2021 ont totalisé 104 millions de dollars, mais les importations ont coûté 119 millions de dollars, ce qui rend le solde négatif de 15 millions de dollars. Dans les transports, il a fait des exportations pour 38 millions de dollars, mais a fait des importations pour 90 millions de dollars, donc il a eu un déficit de 52 millions de dollars. Dans les voyages, il a fait des exportations pour 57 millions de dollars et des importations pour 12 millions de dollars, donc le secteur a eu un excédent de 45 millions de dollars. Il faut souligner que dans les exportations d'Autres Services Commerciaux, les ventes à l'étranger de TIC ont représenté 56,2% d'entre elles.

83. https://www.ifad.org/es/web/operations/w/pais/gambia, consulté le 27 juin 2023.

Seychelles
Tableau II.28

TRADE IN COMMERCIAL SERVICES

Million US$	Value 2021	Annual percentage change 2010-2021	2020	2021
Commercial services exports	879	6	-40	32
Commercial services imports	449	5	-29	-6

	2021		2021
Share in world total exports (%)	0.01	Share in world total imports (%)	0.01

Breakdown in economy's total exports
By main services item, % (2021)

Breakdown in economy's total imports
By main services item, % (2021)

Transport

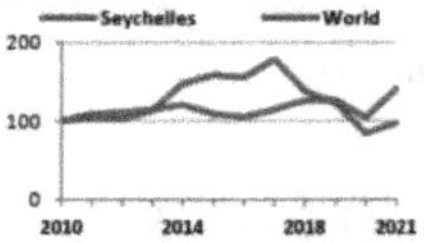

Transport exports (Index 2010=100)

Million US$	Value 2021	Annual percentage change 2010-2021	2020	2021
Exports	128	0	-32	16
Imports	224	5	-35	59

Exports	Value	Share (%)	*Imports*	Value	Share (%)
By sea (2021)	90	70.3	By sea (2021)	164	73.1
By air (2021)	38	29.7	By air (2021)	60	26.9
By other (2021)	0	0.0	By other (2021)	0	0.0

Travel

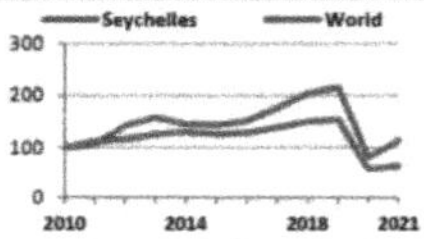

Travel exports (Index 2010=100)

Million US$	Value 2021	Annual percentage change 2010-2021	2020	2021
Exports	310	1	-62	40
Imports	32	-2	-62	25

Other Commercial Services and Goods-related Services

Exports of OCS by main item (2021)

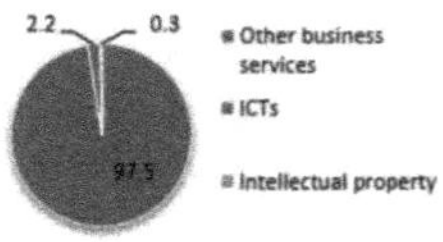

Million US$	Value 2021	Annual percentage change 2010-2021	2020	2021
Other commercial services				
Exports	442	26	-7	33
Imports	193	7	-20	-38
	2020	2010-2020	2019	2020
Goods-related services				
Exports	0	na	na	na
Imports	0	na	na	na

Source : OMC (2022a)

Les îles Seychelles sont un archipel de 115 îles dans l'océan Indien, au large de l'Afrique de l'Est. Il abrite plusieurs plages, récifs coralliens et réserves naturelles, ainsi que des animaux exotiques, tels que les tortues géantes d'Aldabra, qui sont menacées malgré les programmes visant à les préserver. C'est une économie à revenu élevé de l'océan Indien, avec un secteur du tourisme en croissance rapide, ainsi qu'un important exportateur de thon. C'est aussi un centre financier offshore. Écologiquement fragile et il doit investir dans l'atténuation de l'élévation du niveau de la mer ; récemment, son potentiel pétrolier a été découvert[84]. C'est le deuxième pays de l'Afrique le mieux placé selon l'IDH, se classant 72e, derrière

84. https://www.cia.gov/the-world-factbook/countries/seychelles/#economy, consulté le 27 juin 2023.

Maurice, qui se classe 63e, et mieux placé que le Mexique, qui est à la 86e place. Ce sont des excédents dans le commerce des services commerciaux avec des exportations pour 879 millions de dollars et des achats pour 449 millions de dollars en 2021, ce qui a donné un gain net de 430 millions de dollars. Dans le secteur de Transportation, elle a exporté 128 millions de dollars et importé 224 millions de dollars, de sorte que le déficit était de 96 millions de dollars. En ce qui concerne les exportations de Voyages, qui étaient de l'ordre de 310 milliards de dollars alors que les importations totalisaient 32 millions de dollars, le solde était donc positif à 278 millions de dollars. Enfin, il convient de noter que des exportations d'Autres Services Commerciaux. 97,5 pour cent du total ont été faits par les Services aux Entreprises.

Guinée-Bissau Tableau II.29

TRADE IN COMMERCIAL SERVICES

Million US$	Value 2021	Annual percentage change 2010-2021	2020	2021
Commercial services exports	20	-7	-56	10
Commercial services imports	147	4	na	na

	2021		2021
Share in world total exports (%)	0.00	Share in world total imports (%)	0.00

Breakdown in economy's total exports — By main services item, % (2021)

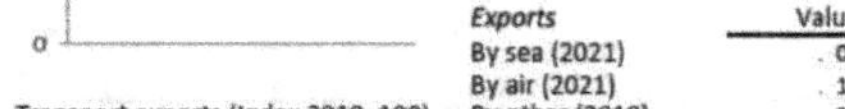

Breakdown in economy's total imports — By main services item, % (2019)

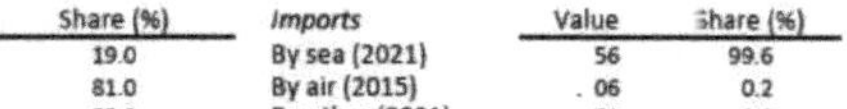

Transport

Transport exports (Index 2010=100)

Million US$	Value 2021	Annual percentage change 2010-2021	2020	2021
Exports	0	-7	172	-10
Imports	56	7	4	10

Exports	Value	Share (%)	*Imports*	Value	Share (%)
By sea (2021)	. 03	19.0	By sea (2021)	56	99.6
By air (2021)	. 11	81.0	By air (2015)	. 06	0.2
By other (2018)	. 22	92.2	By other (2021)	. 01	0.0

Travel

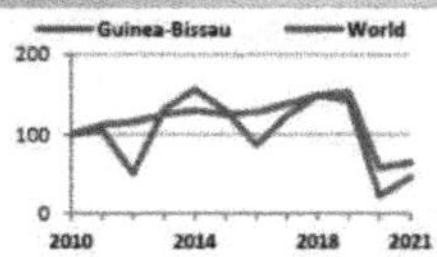

Travel exports (Index 2010=100)

Million US$	Value 2021	Annual percentage change 2010-2021	2020	2021
Exports	6	-7	-84	108
Imports (2020)	53	6	-39	na

Other Commercial Services and Goods-related Services

Exports of OCS by main item (2021)

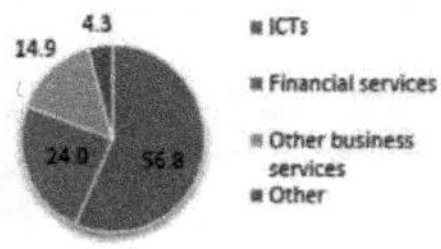

Million US$	Value 2021	Annual percentage change 2010-2021	2020	2021
Other commercial services				
Exports	14	-7	-32	-10
Imports	32	-3	-12	24
	2021	2010-2021	2020	2021
Goods-related services				
Exports	0	na	na	na
Imports (2020)	1	na	104	na

Source : OMC (2022a)

La Guinée-Bissau est l'un des pays les plus pauvres du monde ; sa position IDH est de 177[85]. Le pays dépend de l'agriculture de subsistance, des exportations de noix de cajou, de la pêche et de l'aide étrangère. En ce qui concerne l'exportation de Services Commerciaux, elle a exporté 20 millions de dollars en 2021, alors qu'elle en a importé 147 millions de dollars, elle a donc eu un solde déficitaire de 127 millions de dollars. Il exportait essentiellement d'Autres services commerciaux, parmi lesquels se distinguaient ceux liés aux TIC, avec 56,8 pour cent du total. Elle a exporté 6 millions de dollars pour les Voyages et importé 53 millions de dollars pour le même concept, de sorte qu'elle a eu une sortie nette de 47 millions de dollars. En principe, à notre avis, son emplacement permettrait d'obtenir plus de ressources pour ce concept.

Comores
Tableau II.30

TRADE IN COMMERCIAL SERVICES

Million US$	Value 2021	Annual percentage change 2010-2021	2020	2021
Commercial services exports	46	-2	-57	10
Commercial services imports	112	2	-8	9

	2021		2021
Share in world total exports (%)	0.00	Share in world total imports (%)	0.00

Breakdown in economy's total exports
By main services item, % (2020)

- Transport: 8.2
- Travel: 42.9
- Other commercial services: 48.9
- Goods-related services: 0

Breakdown in economy's total imports
By main services item, % (2020)

- Transport: 43.2
- Travel: 30.1
- Other commercial services: 26.7
- Goods-related services: 0

Transport

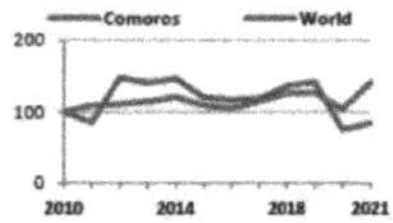

Transport exports (Index 2010=100)

Million US$	Value 2021	Annual percentage change 2010-2021	2020	2021
Exports	4	-2	-47	12
Imports	49	-2	-18	9

Exports	Value	Share (%)	*Imports*	Value	Share (%)
By sea (2018)	0	0.0	By sea (2021)	31	64.8
By air (2021)	4	100.0	By air (2021)	17	35.2
By other (2013)	0	0.0	By other (2013)	0	0.0

Travel

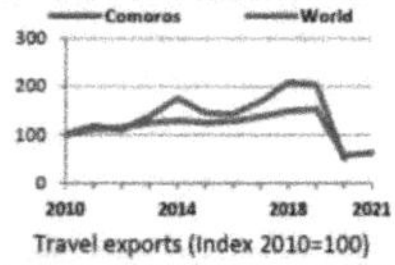

Travel exports (Index 2010=100)

Million US$	Value 2020	Annual percentage change 2010-2020	2019	2020
Exports	18	-7	-2	-75
Imports	31	5	13	-1

Other Commercial Services and Goods-related Services

Exports of OCS by main item (2021)

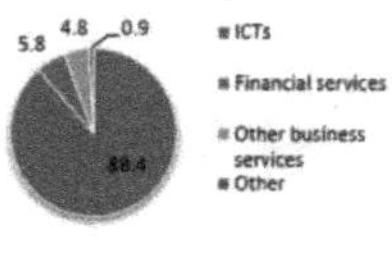

Million US$	Value 2021	Annual percentage change 2010-2021	2020	2021
Other commercial services				
Exports	23	3	7	12
Imports	30	6	4	9
	2021	2010-2021	2020	2021
Goods-related services				
Exports	0	na	na	na
Imports	0	na	na	na

Source : OMC (2022a)

85. *Depuis son indépendance du Portugal en 1974, il a subi plusieurs coups d'État.*

C'est aussi l'un des pays les plus pauvres du monde ; il a une économie basée sur l'agriculture de subsistance et la pêche. Il n'occupe qu'à la 156e place selon l'IDH du PNUD. Depuis l'indépendance en 1975, l'aide de l'Union européenne (UE), en particulier de la France, est le principal pilier de l'économie[86]. Ses exportations de Services commerciaux étaient de l'ordre de 46 millions de dollars en 2021, tandis que ses importations étaient de 112 millions de dollars, ce qui donnait un solde négatif de 66 millions de dollars. Dans le secteur des Transports, il a exporté 4 millions de dollars et importé 49 millions de dollars, de sorte que le solde net a été négatif de 45 millions de dollars. En Voyages, elle a exporté 18 millions de dollars et importé 31 millions de dollars, ce qui a entraîné un déficit de 13 millions de dollars. Il convient de noter que, parmi les exportations d'Autres services commerciaux, qui ont totalisé 23 millions de dollars, ceux liés aux TIC se démarquent.

86. CEIGB (2020)

Sao Tomé-et-Principe
Tableau II.31

TRADE IN COMMERCIAL SERVICES

Million US$	Value 2021	Annual percentage change 2010-2021	2020	2021
Commercial services exports	38	10	-51	60
Commercial services imports	47	7	-30	15

	2021		2021
Share in world total exports (%)	0.00	Share in world total imports (%)	0.00

Breakdown in economy's total exports
By main services item, % (2021)

- Transport: 2.2
- Travel: 82.5
- Other commercial services: 15.3
- Goods-related services: 0

Breakdown in economy's total imports
By main services item, % (2020)

- Transport: 45.8
- Travel: 23.3
- Other commercial services: 30.7
- Goods-related services: 0.1

Transport

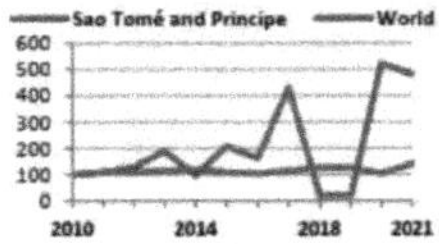

Transport exports (Index 2010=100)

Million US$	Value 2021	Annual percentage change 2010-2021	2020	2021
Exports	1	15	na	-8
Imports	22	1	-3	17

Exports	Value	Share (%)	*Imports*	Value	Share (%)
By sea (2021)	0	0.3	By sea (2021)	20	94.1
By air (2021)	0	7.9	By air (2021)	1	5.9
By other (2021)	1	91.8	By other (2021)	0	0.0

Travel

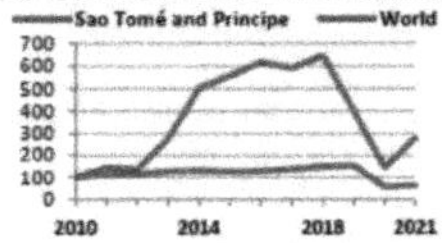

Travel exports (Index 2010=100)

Million US$	Value 2021	Annual percentage change 2010-2021	2020	2021
Exports	31	10	-63	90
Imports (2020)	9	68	-48	na

Other Commercial Services and Goods-related Services

Exports of OCS by main item (2021)

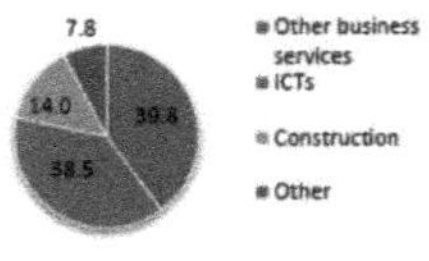

Million US$	Value 2021	Annual percentage change 2010-2021	2020	2021
Other commercial services				
Exports	6	12	65	-8
Imports	15	21	-39	17
	2020	2010-2020	2019	2020
Goods-related services				
Exports	0	na	na	-8
Imports	0	na	na	217

Source : OMC (2022a)

Située à la 138e place selon l'IDH du PNUD, cette région a misé sur le tourisme. Ses exportations de services commerciaux étaient de l'ordre de 38 millions de dollars en 2021, avec des importations dans ce poste de 47 millions de dollars, ce qui a donné un déficit de 9 millions de dollars. En ce qui concerne les transports, elle a exporté 1 million de dollars, mais a importé 22 millions de dollars, avec un solde contre 21 millions de dollars. Quant aux voyages, elle a exporté 31 millions de dollars, bien qu'elle en ait importé 9 millions, soit par conséquent un excédent de 22 millions de dollars. Dans ses exportations d'Autres services commerciaux, pour un total de 6 millions de dollars, les Autres services aux entreprises et les activités liées aux TIC se distinguent, avec 39.8 et 38.5 per cent des exportations de ce type.

Le Commerce extérieur des marchandises ALC

Selon les tableaux de la section II.a, nous constatons que le rôle de l'ALC dans le commerce international de marchandises, que ce soit du côté des exportations ou des importations, est franchement décevant, puisqu'à l'exception du Mexique, qui a vu ses exportations croître à la suite de la mise en œuvre en 1994 de l'Accord de libre-échange nord-américain, l'ALENA, signé entre les États-Unis, le Canada et le Mexique, le reste des pays de l'ALC a connu une baisse de leur participation mondiale au commerce international[87]. Les exportations de l'ALC représentaient 12,2 % des exportations mondiales en 1948, 7,0 % en 1963, 4,4 % en 1993, se sont redressées en 2003 pour atteindre 5,3 % et en 2021 représentaient 5,6 % du total mondial. Une baisse similaire est observée du côté des importations.

Comme nous l'avons noté dans le chapitre précédent, ainsi qu'à Ibarra- Puig (2022b), une grande partie des exportations de l'ALC sont encore des matières premières, comme le montre la figure II.10, où nous pouvons voir les 10 produits exportés les plus importants de la région pour les années 2010 et 2021. Les produits agricoles, miniers et pétroliers se démarquent, et nous savons que les exportations du secteur de l'automobile, dans diverses composantes, ont progressé dans leur participation. Il convient de noter que la part des 10 produits les plus importants de la région a diminué au fil du temps, ce qui pourrait être un indicateur d'une certaine diversification des produits exportés.

87. C'est l'une des raisons pour lesquelles nous avons dit que de 1980 à 2020, ce furent quatre décennies perdues pour l'ALC ; voir Ibarra-Puig (2022a). Cette augmentation des exportations de l'économie mexicaine n'a pas résolu d'autres problèmes de cette économie, outre le fait que beaucoup de ces exportations proviennent de sociétés 'maquiladoras', qui ne contribuent qu'à environ 3 % de la valeur ajoutée des marchandises exportées. Pour l'incidence de l'ALENA sur le commerce extérieur du Mexique et sur l'économie du pays dans son ensemble, voir Ibarra-Puig (2013a).

Figure II.10
Amérique latine et Caraïbes : part des exportations annuelles des 10 principaux produits selon la CTCI Rev.4, 2010 et 2021 (A) Pourcentages

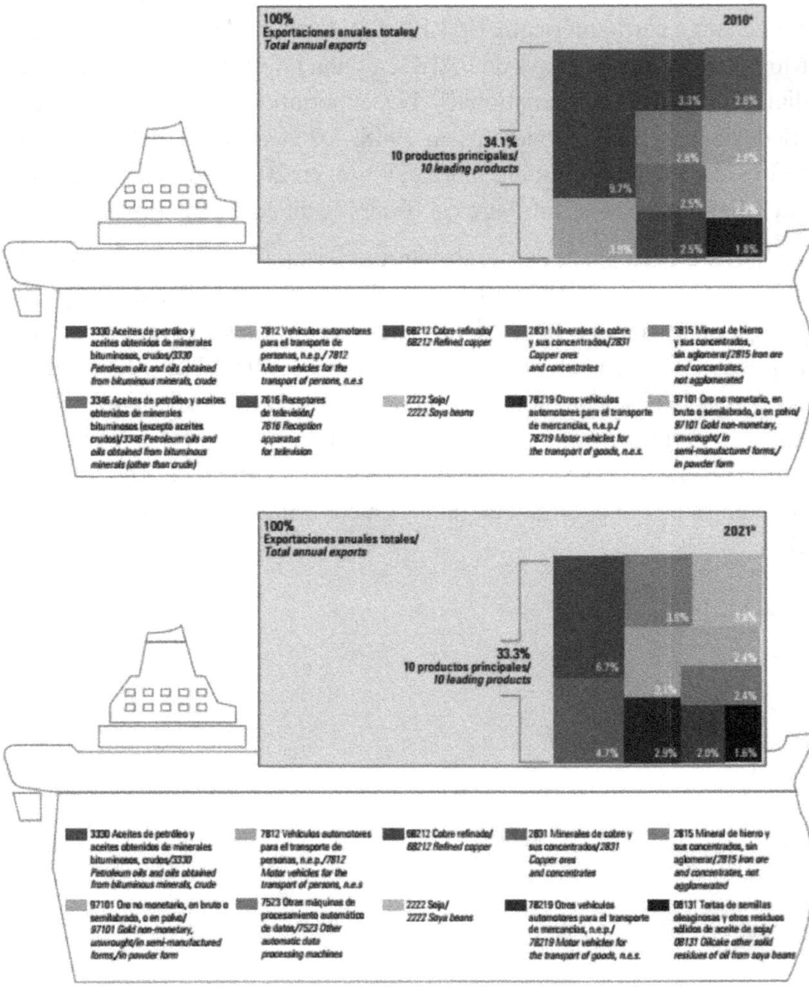

Source : (A) CEPAL (2022), d'après la Base de données statistiques des Nations Unies sur le commerce international (UN Comtrade) http://comtrade.un.org/ [en ligne], tableau 2.2.4.
a À l'exclusion de Cuba et d'Haïti.
b À l'exclusion d'Antigua-et-Barbuda, des Bahamas, de Cuba, de la Dominique, d'Haïti, de la Jamaïque et de Saint-Kitts et Nevis, Sainte-Lucie et le Venezuela (République bolivarienne du).

Cependant, une part importante des exportations de l'ALC continue d'être constituée de produits agricoles[88], même s'il faut reconnaître que les marchés et le type de produits sur ces marchés se sont diversifiés, mais ils sont toujours exposés aux fluctuations mondiales, par exemple, la chute de leurs prix jusqu'en 2016 ou la baisse de l'activité économique en Chine, ce qui a diminué leur demande et par conséquent leurs prix.

Analysons les exportations des cinq plus grands pays de l'ALC, sur la base de l'OMC 2022 (Brésil, Mexique, Argentine, Colombie et Chili).

Brésil

Tableau II.32. Commerce extérieur

MERCHANDISE TRADE

Million US$	Value 2021	Annual percentage change 2010-2021	2020	2021
Merchandise exports, f.o.b.	280 815	3	-5	34
Merchandise imports, c.i.f.	234 690	2	-14	41

	2021		2021
Share in world total exports (%)	1.26	Share in world total imports (%)	1.04

Breakdown in economy's total exports

By main commodity group, % (2020)

- Agricultural products: 44.4
- Fuels and mining products: 27.9
- Manufactures: 24.8
- Other: 2.8

By main destination, % (2021)

- China: 31.3
- European Union: 13
- United States of America: 11.2
- Argentina: 4.2
- Chile: 2.5
- Other: 37.8

Breakdown in economy's total imports

By main commodity group, % (2020)

- Agricultural products: 7.3
- Fuels and mining products: 13.4
- Manufactures: 79.2
- Other: 0.1

By main origin, % (2021)

- China: 22.8
- United States of America: 17.7
- European Union: 17.1
- Argentina: 5.3
- India: 3.1
- Other: 34

Agricultural Products

Top exported products (Million US$)		Value 2021	Top imported products (Million US$)		Value 2021
HS1201	Soya beans, whether or not broken	38 639	HS1001	Wheat and meslin	1 851
HS1701	Cane or beet sugar	9 186	HS1005	Maize (corn)	803
HS2304	Solid residues from soya-bean oil	7 343	HS1107	Malt, whether or not roasted	773
HS0202	Meat of bovine animals, frozen	6 971	HS2204	Wine of fresh grapes	498
HS0207	Meat and edible offal of poultry	6 954	HS1509	Olive oil and its fractions	452

Non-Agricultural Products

Top exported products (Million US$)		Value 2021	Top imported products (Million US$)		Value 2021
HS2601	Iron ores and concentrates	44 661	HS2710	Petroleum oils, other than crude	13 918
HS2709	Petroleum oils, crude	30 609	HS8708	Parts for motor vehicles 8701-8075	7 662
HS2710	Petroleum oils, other than crude	7 263	HS3002	Human and animal blood	6 964
HS4703	Chemical wood pulp, soda /sulphate	6 392	HS2711	Petroleum gases	6 220
HS7207	Iron's semi-finished products	5 557	HS3105	Mineral or chemical fertilisers	5 964

Source : OMC (2022a)

---

88. Voir OMC (2017). La CEPAL (2017) a souligné que « Au cours de ce siècle, le poids de l'agriculture dans la valeur totale exportée par la région a considérablement augmenté, passant de 17 % en 2000 à 26 % en 2016. La part de la région dans les exportations agricoles mondiales a également augmenté au cours du siècle en cours, passant de 10 % en 2000 à 13 % en 2015 », p. 136.

Le Brésil est un grand exportateur en valeur et en volume ; la diversification de son économie lui permet d'exporter, avec des données jusqu'en 2021, des produits agricoles, des carburants et des produits extractifs, ainsi que des produits manufacturés (y compris des produits de haute technologie tels que ceux liés au secteur de l'aviation, où il a sa propre marque d'aéronefs, Embraer)[89]. Parmi les produits agricoles exportés, le soja se distingue de loin (environ 40 pour cent des exportations du secteur) ; et du côté des produits non agricoles, les minerais de fer et leurs concentrés se distinguent, ainsi que les huiles de pétrole brutes. La principale destination de ses ventes est la Chine (31,3%), suivie de l'Union européenne (13%). Il convient de noter la présence de deux pays d'Amérique latine, l'Argentine et le Chili, parmi ses cinq principaux acheteurs.

Mexique
Tableau II.33

MERCHANDISE TRADE

Million US$	Value 2021	Annual percentage change 2010-2021	2020	2021
Merchandise exports, f.o.b.	494 765	5	-9	19
Merchandise imports, c.i.f.	522 455	5	-16	33

	2021		2021
Share in world total exports (%)	2.22	Share in world total imports (%)	2.31

Breakdown in economy's total exports

By main commodity group, % (2020)

- Agricultural products: 9.5
- Fuels and mining products: 6.7
- Manufactures: 79.1
- Other: 4.7

By main destination, % (2021)

- United States of America: 78.1
- European Union: 3.3
- Canada: 2.6
- China: 1.8
- Chinese Taipei: 1.5
- Other: 12.7

Breakdown in economy's total imports

By main commodity group, % (2020)

- Agricultural products: 7.4
- Fuels and mining products: 9.1
- Manufactures: 78.6
- Other: 4.8

By main origin, % (2021)

- United States of America: 43.7
- China: 19.9
- European Union: 9.8
- Korea, Republic of: 3.7
- Japan: 3.4
- Other: 19.4

Agricultural Products

Top exported products (Million US$)		Value 2021	Top imported products (Million US$)		Value 2021
HS2203	Beer made from malt	5 016	HS1005	Maize (corn)	5 124
HS0804	Dates, figs, pineapples, avocados	3 647	HS1201	Soya beans, whether or not broken	2 538
HS2208	Alcohol of less than 80% volume	3 282	HS0203	Swine meat, fresh, chilled, frozen	1 963
HS0709	Other vegetables, fresh or chilled	2 918	HS0207	Meat and edible offal of poultry	1 493
HS0702	Tomatoes, fresh or chilled	2 539	HS1001	Wheat and meslin	1 370

Non-Agricultural Products

Top exported products (Million US$)		Value 2021	Top imported products (Million US$)		Value 2021
HS8703	Motor cars for transport of persons	39 910	HS8708	Parts for motor vehicles 8701-8075	25 962
HS8471	Automatic data-processing machines	34 028	HS2710	Petroleum oils, other than crude	24 779
HS8704	Motor vehicles for goods transport	30 687	HS8542	Electronic integrated circuits	21 924
HS8708	Parts for motor vehicles 8701-8075	30 525	HS2711	Petroleum gases	15 769
HS2709	Petroleum oils, crude	23 984	HS8525	Radio-telephony transmission tools	12 316

Source : OMC (2022a)

89. Pour le développement du Brésil au cours des 40 dernières années, voir Braga (2022).

La part des exportations agricoles du Mexique dans les exportations totales du pays a considérablement diminué depuis la mise en œuvre de l'ALENA en 1994 jusqu'en 2021[90], et le pays est devenu un important exportateur de produits manufacturés, bien que certains d'entre eux, en particulier les produits de haute technologie, aient considérablement diminué. Ils sont effectués par des compagnies de maquiladora, comme nous l'avons mentionné ci-dessus. Parmi les exportations agricoles, la bière de malt se distingue ; dattes et figues, ananas et avocats ; Alcool ayant un titre alcoométrique volumique inférieur à 80 pour cent (composé principalement de Tequila[91]). Il existe également de nombreux autres produits variés tels que le thon, qui ne figurent pas dans cette liste[92]. Parmi les produits non agricoles, ceux du secteur automobile (classification HS8703, 704 et 708) se distinguent, ainsi que les machines automatiques de traitement de l'information, c'est-à-dire les ordinateurs (assemblés dans leur phase finale par le secteur des maquiladoras) et, en cinquième place, les huiles de pétrole brutes[93]. La principale destination de ses exportations est les États – Unis (78.1 pour cent), suivis de l'Union européenne (3.3 pour cent) ; aucun pays d'Amérique latine et des Caraïbes ne figure parmi ses cinq principales destinations de marchandises.

90. Voir Ibarra-Puig (2013a) op.cit.

91. En 2021, les États-Unis étaient la première destination des exportations de tequila mexicaine dans le monde. Cette année-là, le pays voisin a reçu plus de 288 millions de litres de cette boisson alcoolisée, soit 45 fois plus que l'Allemagne, deuxième destination d'exportation du produit. Source : Statista (2023).

92. Dans le cas de l'avocat, son succès a généré un très fort problème lié à l'environnement et au crime organisé ; voir « Dommages environnementaux et crime organisé : le côté délicat de l'avocat qui triomphe au Super Bowl », https ://elpais.com/mexico/2023-02-09/dano-ambiental-y-crimen – organizado-el-lado-delicado-del-aguacate-que-triunfa-en-el-super-bowl.html, consulté le 1er juillet 2023.

93. En 1985, le pétrole représentait 57,2 % des exportations totales ; cité par Ibarra-Puig (2013), p. 98.

Argentine Tableau II.34
Commerce extérieur

MERCHANDISE TRADE

Million US$	Value 2021	Annual percentage change 2010-2021	2020	2021
Merchandise exports, f.o.b.	77 935	1	-16	42
Merchandise imports, c.i.f.	63 185	1	-14	49

	2021		2021
Share in world total exports (%)	0.35	Share in world total imports (%)	0.28

Breakdown in economy's total exports

By main commodity group, % (2020)

- Agricultural products: 65.8
- Fuels and mining products: 2.9
- Manufactures: 14.4
- Other: 16.9

Breakdown in economy's total imports

By main commodity group, % (2020)

- Agricultural products: 9.8
- Fuels and mining products: 9
- Manufactures: 80.1
- Other: 1.1

By main destination, % (2021)

- Brazil: 15.1
- European Union: 12.7
- China: 7.9
- United States of America: 6.4
- India: 5.5
- Other: 52.4

By main origin, % (2021)

- China: 21.4
- Brazil: 19.6
- European Union: 14.7
- United States of America: 9.4
- Paraguay: 4.6
- Other: 30.3

Agricultural Products

Top exported products (Million US$)		Value 2021	Top imported products (Million US$)		Value 2021
HS1005	Maize (corn)	8 380	HS1201	Soya beans, whether or not broken	2 624
HS2304	Solid residues from soya-bean oil	7 334	HS0803	Bananas, including plantains	271
HS1507	Soya-bean oil and its fractions	5 401	HS2106	Other food preparations	149
HS1001	Wheat and meslin	2 454	HS0203	Swine meat, fresh, chilled, frozen	108
HS1201	Soya beans, whether or not broken	2 232	HS0901	Coffee	92

Non-Agricultural Products

Top exported products (Million US$)		Value 2021	Top imported products (Million US$)		Value 2021
HS8704	Motor vehicles for goods transport	3 204	HS8708	Parts for motor vehicles 8701-8075	2 933
HS3824	Prepared binders for foundry moulds	1 476	HS2710	Petroleum oils, other than crude	2 864
HS0306	Crustaceans whether in shell or not	1 162	HS2711	Petroleum gases	2 153
HS2709	Petroleum oils, crude	1 162	HS3002	Human and animal blood	1 956
HS8703	Motor cars for transport of persons	1 009	HS8703	Motor cars for transport of persons	1 694

Source : OMC (2022a)

Les exportations agricoles dominent les ventes à l'étranger dans le cas de l'Argentine en 2021, avec 65,8% du total. Les cinq produits les plus exportés étaient le maïs, les résidus solides d'huile de soja, l'huile de soja, le blé et méteil, et le soja[94]. Les accords du Mercosur ont permis le développement du secteur automobile, qui, dans le cas de l'Argentine, en 2021, était l'un des plus importants (articles HS8704 et 8703), en plus des préparations de liant pour moules de coulée. Son principal marché est le Brésil (15,1 %), suivi de l'Union européenne (12,7%) ; aucun autre pays de l'ALC ne figure parmi ses principaux acheteurs.

94. Pour une analyse détaillée de l'évolution de l'Argentine au cours des 40 dernières années, voir Salama (2022) ; de même Hernández (2022) dans le même volume, pour apprécier l'importance du soja non seulement dans le cas argentin, mais dans tout le Mercosur (Argentine, Brésil, Paraguay et Uruguay).

Colombie Tableau II.35
Commerce extérieur

MERCHANDISE TRADE

Million US$	Value 2021	Annual percentage change 2010-2021	2020	2021
Merchandise exports, f.o.b.	40 287	0	-21	30
Merchandise imports, c.i.f.	61 101	4	-17	40

	2021		2021
Share in world total exports (%)	0.18	Share in world total imports (%)	0.27

Breakdown in economy's total exports

By main commodity group, % (2020)

- Agricultural products: 25.4
- Fuels and mining products: 42.9
- Manufactures: 22.4
- Other: 9.3

By main destination, % (2021)

- United States of America: 28.1
- European Union: 10.8
- China: 8.8
- Panama: 5.8
- India: 5.4
- Other: 41.1

Breakdown in economy's total imports

By main commodity group, % (2020)

- Agricultural products: 16.1
- Fuels and mining products: 6.8
- Manufactures: 76.1
- Other: 1.1

By main origin, % (2021)

- China: 24.2
- United States of America: 23.2
- European Union: 13.5
- Mexico: 6.2
- Brazil: 5.7
- Other: 27.1

Agricultural Products

Top exported products (Million US$)		Value 2021	**Top imported products (Million US$)**		Value 2021
HS0901	Coffee	3 189	HS1005	Maize (corn)	1 776
HS0603	Cut flowers and flower buds	1 727	HS2304	Solid residues from soya-bean oil	759
HS0803	Bananas, including plantains	1 017	HS1001	Wheat and meslin	655
HS1511	Palm oil and its fractions	469	HS1507	Soya-bean oil and its fractions	395
HS1701	Cane or beet sugar	318	HS0203	Swine meat, fresh, chilled, frozen	302

Non-Agricultural Products

Top exported products (Million US$)		Value 2021	**Top imported products (Million US$)**		Value 2021
HS2709	Petroleum oils, crude	11 201	HS2710	Petroleum oils, other than crude	3 515
HS2701	Coal; briquettes, ovoids	4 380	HS8525	Radio-telephony transmission tools	2 721
HS7108	Gold	3 132	HS8703	Motor cars for transport of persons	2 344
HS2710	Petroleum oils, other than crude	2 144	HS3004	Medicaments in measured doses	1 832
HS2704	Coke and semi-coke of coal	1 272	HS3002	Human and animal blood	1 810

Source : OMC (2022a)

Avec l'arrivée de la stabilité politique dans ce pays, la Colombie a vu son économie croître et diversifier ses exportations. En 2021, les combustibles et les produits extractifs ont été les principaux produits exportés par le pays[95], suivis des produits agricoles (25,4%) et des produits manufacturés (22,4%). En analysant les produits agricoles, le plus important est le café, suivi des fleurs et des bourgeons (coupés), des bananes, de l'huile de palme et de ses fractions et du sucre de canne. Du côté des produits non agricoles, nous avons les huiles de pétrole brutes, le charbon, l'or, les huiles de pétrole et le coke et le semi-coke de charbon ; c'est-à-dire tout ce qui concerne l'industrie extractive du pétrole. Son principal acheteur est les États-Unis (28,1 %), suivis de l'Union européenne (10,8 %) ; Le Panama se classe au quatrième rang parmi ses acheteurs (5,8%).

95. Pour une analyse du secteur pétrolier colombien, voir Romo (2022).

Chili
Tableau II.36
Commerce extérieur

MERCHANDISE TRADE

Million US$	Value 2021	Annual percentage change 2010-2021	2020	2021
Merchandise exports, f.o.b.	94 677	3	8	28
Merchandise imports, c.i.f.	92 197	4	-15	56

	2021		2021
Share in world total exports (%)	0.42	Share in world total imports (%)	0.41

Breakdown in economy's total exports

By main commodity group, % (2020)

By main destination, % (2021)

Breakdown in economy's total imports

By main commodity group, % (2020)

By main origin, % (2021)

Agricultural Products

Top exported products (Million US$)		Value 2021	Top imported products (Million US$)		Value 2021
HS0809	Apricots, cherries, peaches	2 150	HS0201	Bovine meat, fresh, chilled	1 471
HS2204	Wine of fresh grapes	1 968	HS1005	Maize (corn)	705
HS0806	Grapes, fresh or dried	1 044	HS2304	Solid residues from soya-bean oil	475
HS0810	Other fruit, fresh	830	HS2106	Other food preparations	447
HS0808	Apples, pears and quinces, fresh	738	HS2309	Preparations of a kind used in animal feeding	437

Non-Agricultural Products

Top exported products (Million US$)		Value 2021	Top imported products (Million US$)		Value 2021
HS2603	Copper ores and concentrates	29 939	HS2710	Petroleum oils, other than crude	5 244
HS7403	Refined copper and copper alloys	20 991	HS8703	Motor cars for transport of persons	4 301
HS0304	Fish fillets and other fish meat	3 089	HS2709	Petroleum oils, crude	4 256
HS7402	Unrefined copper	2 485	HS8525	Radio-telephony transmission tools	3 355
HS2601	Iron ores and concentrates	2 445	HS8704	Motor vehicles for goods transport	3 277

Source : OMC (2022a)

Le coup d'État au Chili en 1973 a réorienté la politique économique du Chili vers la croissance vers l'extérieur, et le modèle a abouti à une première étape relativement réussie, bien qu'à un coût social élevé[96]. Par la suite, la politique économique du pays a maintenu la même orientation, mais avec des inégalités persistantes, et les actions gouvernementales n'ont pas réussi, en 2021, à réduire la dépendance aux exportations des industries extractives (en particulier le cuivre), qui représentent 57,8 % de ses ventes à l'étranger, suivies des exportations agricoles (29,3%). Les trois principaux groupes de produits agricoles exportés par le Chili sont les suivants : abricots, cerises et pêches ; Vin de raisins frais ; et Raisins (frais ou séchés, y compris les raisins secs). Parmi les produits non agricoles, nous avons les minéraux de cuivre et leurs concentrés se distinguent ;

96. Voir Gunder Frank (1976).

Cuivre raffiné et alliages de cuivre; cuivre non raffiné ; et Filets et autres viandes de poisson[97]. Il convient de noter que la Chine est la principale destination des exportations chiliennes, avec 38,8 pour cent du total, suivie des États-Unis avec 15,8 pour cent comme destination ; aucun pays d'Amérique latine ne figure parmi les cinq premiers acheteurs de produits chiliens.

Examinons ci-dessous les cas des cinq plus petits pays d'Amérique latine et des Caraïbes (Antigua et Barbade, Grenade, Saint-Kits-et-Neves, Saint-Vincent-et-les Grenadines et Dominique).

Antigua-et-Barbuda
Tableau II.37
Commerce extérieur

MERCHANDISE TRADE

Million US$	Value 2021	Annual percentage change 2010-2021	2020	2021
Merchandise exports, f.o.b. a	19	na	-41	-14
Merchandise imports, c.i.f. a	596	na	-29	20

	2021		2021
Share in world total exports (%)	0.00	Share in world total imports (%)	0.00

Breakdown in economy's total exports

By main commodity group, % (2020)

Agricultural products: 9 | Fuels and mining products: 16.6 | Manufactures: 28.6 | Other: 45.8

By main destination, % (2019)

United Arab Emirates: 52.7 | European Union: 10.6 | United States of America: 9.8 | Saint Martin: 6 | Saint Lucia: 3.2 | Other: 17.7

Breakdown in economy's total imports

By main commodity group, % (2020)

Agricultural products: 26.8 | Fuels and mining products: 1.1 | Manufactures: 61.3 | Other: 10.8

By main origin, % (2019)

United States of America: 48.2 | European Union: 4.1 | China: 7.4 | Japan: 4.4 | Trinidad and Tobago: 4 | Other: 27.8

Agricultural Products

Top exported products (Million US$)		Value 2019	Top imported products (Million US$)		Value 2019
HS2208	Alcohol of less than 80% volume	3	HS0207	Meat and edible offal of poultry	13
HS2402	Cigars, cheroots, cigarillos	0.2	HS2202	Waters containing added sugar	12
HS2204	Wine of fresh grapes	0.1	HS2106	Other food preparations	8
HS2201	Waters, natural or artificial	0.1	HS2208	Alcohol of less than 80% volume	7
HS0901	Coffee	0.05	HS2203	Beer made from malt	5

Non-Agricultural Products

Top exported products (Million US$)		Value 2019	Top imported products (Million US$)		Value 2019
HS7112	Waste and scrap of precious metal	20	HS8703	Motor cars for transport of persons	32
HS2710	Petroleum oils, other than crude	4	HS7112	Waste and scrap of precious metal	18
HS0306	Crustaceans whether in shell or not	1	HS9403	Other furniture and parts thereof	12
HS7113	Articles and parts of jewellery	1	HS7326	Other articles of iron or steel	11
HS9102	Other wristwatches	0.6	HS3004	Medicaments in measured doses	10

Source : OMC (2022a)

97. La force de l'industrie piscicole chilienne a été perturbée par de graves problèmes ; voir « Study rates salmon production in Chile with red note and recommend avoid its consumption mostly », disponible dans https://www.elmostrador.cl/cultura/2022/01/10/estudio-califica-con-nota-roja-produccion-de-salmones-en-chile-y-recomienda-evitar-mayormente-su-consumo/, consulté le 3 juillet 2023.

Ce pays est un groupe d'îles, Antigua-et-Barbuda étant la plus grande, située au sud-est de Porto Rico. Son attraction principale est ses plages avec des récifs et sa forêt tropicale. Ses exportations ont totalisé 19 millions de dollars en 2021, alors que ses importations étaient de l'ordre de 596 millions de dollars, ce qui a entraîné un déficit de 577 millions de dollars pour ce pays dont le PIB est de 1,459 milliard de dollars. En 2019, il a exporté principalement de l'alcool ayant un titre alcoométrique volumique inférieur à 80 degrés ; Cigares (cigares) ; vins d'Aguas Frescas ; Eau (y compris l'eau minérale naturelle ou artificielle) et café. Parmi les produits non agricoles, elle a vendu à l'étranger des déchets et débris de métaux précieux ; Huiles de pétrole (autres que les pétroles bruts) ; Crustacés; Articles de bijouterie et leurs parties ; et autres montres-bracelets (no SH9102). Son principal marché était les Émirats arabes unis (52,7%), suivis de l'Union européenne (10,6%). Elle vend également à ses voisins Sainte-Lucie (ALC) et Saint- Martin (île franco-néerlandaise).

Grenade
Tableau II.38
Commerce extérieur

MERCHANDISE TRADE

Million US$	Value 2021	Annual percentage change 2010-2021	2020	2021
Merchandise exports, f.o.b.	29	2	-29	32
Merchandise imports, c.i.f.	450	3	-17	14

	2021		2021
Share in world total exports (%)	0.00	Share in world total imports (%)	0.00

Breakdown in economy's total exports

By main commodity group, % (2020)

Agricultural products: 75.1 · Fuels and mining products: 0.7 · Manufactures: 23.5 · Other: 0.6

By main destination, % (2021)

United States of America: 16.8 · St. Vincent & the Grenadines: 4.9 · Trinidad and Tobago: 3.8 · Saint Lucia: 2.3 · Panama: 2.1 · Other: 70.1

Breakdown in economy's total imports

By main commodity group, % (2020)

Agricultural products: 26.5 · Fuels and mining products: 14.5 · Manufactures: 59 · Other: 0

By main origin, % (2021)

United States of America: 39.1 · Trinidad and Tobago: 17.2 · Cayman Islands: 9.3 · European Union: 5.6 · United Kingdom: 4.1 · Other: 24.8

Agricultural Products

Top exported products (Million US$)		Value 2021	Top imported products (Million US$)		Value 2021
HS0908	Nutmeg, mace and cardamoms	6	HS0207	Meat and edible offal of poultry	12
HS1101	Wheat or meslin flour	4	HS2106	Other food preparations	8
HS2309	Preparations of a kind used in animal feeding	3	HS1905	Bread, pastry, other bakers' wares	5
HS1801	Cocoa beans, whole or broken	3	HS2202	Waters containing added sugar	5
HS0810	Other fruit, fresh	2	HS0406	Cheese and curd	5

Non-Agricultural Products

Top exported products (Million US$)		Value 2021	Top imported products (Million US$)		Value 2021
HS8479	Machines with individual functions	3	HS2710	Petroleum oils, other than crude	61
HS0302	Fish, fresh, chilled	2	HS8703	Motor cars for transport of persons	9
HS4818	Toilet paper and similar paper	2	HS2523	Portland cement, aluminous cement	9
HS3209	Paints and varnishes, aqueous	1	HS8471	Automatic data-processing machines	9
HS8502	Electric generating sets	0.4	HS3004	Medicaments in measured doses	7

Source : OMC (2022a)

La Grenade est un groupe d'îles situées dans la direction nord-est du Venezuela. En 2021, elle a exporté 29 millions de dollars et importé 450 millions de dollars, ce qui a donné un solde négatif de sa balance commerciale de 421 millions de dollars. Elle exporte principalement des produits agricoles (75,1 pour cent) et des produits manufacturés (23,5 pour cent). Les produits agricoles comprennent la noix de muscade, le macis, les amomos et les cardamomes ; farine de blé ou de morcajo ; Préparations utilisées pour l'alimentation animale : Fèves de cacao ; et Autres fruits (frais ; bouquet HS0810). Parmi les produits non agricoles, les machines mécaniques ayant leur propre fonction (branche SH8479) ; Poissons frais ou réfrigérés ; et papier hygiénique et similaire. Ses principaux marchés sont les États-Unis (16,8 % de ses ventes) et les pays voisins, Saint-Vincent-et- les Grenadines, Trinité-et-Tobago ; Sainte-Lucie; et Panama.

Saint-Kitts-et-Nevis
Tableau II.39
Commerce extérieur

MERCHANDISE TRADE

Million US$	Value 2021	Annual percentage change 2010-2021	2020	2021
Merchandise exports, f.o.b.	50	4	-10	-5
Merchandise imports, c.i.f.	260	0	-20	-4

	2021		2021
Share in world total exports (%)	0.00	Share in world total imports (%)	0.00

Breakdown in economy's total exports

By main commodity group, % (2020)

- Agricultural products: 24.3
- Fuels and mining products: 0.3
- Manufactures: 65.4
- Other: 10

By main destination, % (2017)

- United States of America: 68.7
- Saint Lucia: 6.8
- Trinidad and Tobago: 6.5
- Antigua and Barbuda: 2.8
- Dominica: 2.1
- Other: 13.1

Breakdown in economy's total imports

By main commodity group, % (2020)

- Agricultural products: 29.5
- Fuels and mining products: 1.4
- Manufactures: 69.1
- Other: 0

By main origin, % (2017)

- United States of America: 67
- Trinidad and Tobago: 4.4
- European Union: 3.5
- Canada: 2.7
- Japan: 2.7
- Other: 19.7

Agricultural Products

Top exported products (Million US$)		Value 2017	Top imported products (Million US$)		Value 2017
HS2203	Beer made from malt	1	HS0207	Meat and edible offal of poultry	6
HS2009	Fruit juices and vegetable juices	0.7	HS2106	Other food preparations	5
HS2208	Alcohol of less than 80% volume	0.6	HS2202	Waters containing added sugar	5
HS2202	Waters containing added sugar	0.3	HS2309	Preparations of a kind used in animal feeding	3
HS2402	Cigars, cheroots, cigarillos	0.2	HS0406	Cheese and curd	3

Non-Agricultural Products

Top exported products (Million US$)		Value 2017	Top imported products (Million US$)		Value 2017
HS8536	Electrical circuits protector	8	HS8703	Motor cars for transport of persons	15
HS8525	Radio-telephony transmission tools	6	HS7113	Articles and parts of jewellery	10
HS4907	Other documents of title	4	HS9403	Other furniture and parts thereof	9
HS8529	Parts for 8525-8528	3	HS2523	Portland cement, aluminous cement	4
HS7113	Articles and parts of jewellery	2	HS7117	Imitation jewellery	4

Source : OMC (2022a)

Dans le cas de Saint-Kitts-et-Nevis (San Cristóbal y Nieves en espagnol), îles situées à l'ouest d'Antigua et les Bermudes, les exportations sont principalement des produits manufacturés (65,4 pour cent des ventes totales à l'étranger), suivies des produits agricoles (24,3 pour cent). En 2021, elle a exporté 50 millions de dollars et importé 260 millions de dollars, ce qui a entraîné un déficit commercial de 210 millions de dollars. Les exportations agricoles les plus importantes étaient la bière de malt (1 million de dollars), les jus de fruits ou de légumes (0,7 million de dollars) et l'alcool ayant un titre alcoométrique volumique de moins de 80 pour cent (0,6 million de dollars). Les exportations de produits non agricoles ont été dominées par les appareils de protection des circuits électriques (8 millions de dollars), les émetteurs de radiotéléphonie (6 millions de dollars), les autres titres relevant de la position HS4907 (4 millions de dollars), les pièces destinées aux positions 8525 à 8528 (3 millions de dollars) et les bijoux et leurs parties (2 millions de dollars). Les principales destinations de ses ventes étaient les États-Unis d'Amérique (68,7%) et ses îles voisines.

Saint-Vincent-et-les Grenadines
Tableau II.40
Commerce extérieur

MERCHANDISE TRADE

Million US$	Value 2021	Annual percentage change 2010-2021	2020	2021
Merchandise exports, f.o.b.	34	-2	40	-38
Merchandise imports, c.i.f.	373	1	-4	16

	2021		2021
Share in world total exports (%)	0.00	Share in world total imports (%)	0.00

Breakdown in economy's total exports
By main commodity group, % (2020)

- Agricultural products: 54.3
- Fuels and mining products: 0.3
- Manufactures: 19.2
- Other: 26.1

Breakdown in economy's total imports
By main commodity group, % (2020)

- Agricultural products: 34.6
- Fuels and mining products: 5.9
- Manufactures: 39.4
- Other: 20.1

By main destination, % (2021)

- Barbados: 16.5
- Saint Lucia: 16.3
- United States of America: 14.6
- Dominica: 10.4
- Antigua and Barbuda: 9.9
- Other: 32.3

By main origin, % (2021)

- United States of America: 46.8
- Trinidad and Tobago: 9.4
- European Union: 9.2
- China: 6.6
- United Kingdom: 6.5
- Other: 21.6

Agricultural Products

Top exported products (Million US$)		Value 2021
HS1101	Wheat or meslin flour	9
HS2309	Preparations of a kind used in animal feeding	5
HS0714	Manioc, arrowroot, salep	2
HS2203	Beer made from malt	1
HS2202	Waters containing added sugar	0.8

Top imported products (Million US$)		Value 2021
HS0207	Meat and edible offal of poultry	13
HS2106	Other food preparations	11
HS1001	Wheat and meslin	9
HS2202	Waters containing added sugar	4
HS1905	Bread, pastry, other bakers' wares	4

Non-Agricultural Products

Top exported products (Million US$)		Value 2021
HS0306	Crustaceans whether in shell or not	3
HS7610	Aluminium structures	2
HS0302	Fish, fresh, chilled	1
HS7210	Flat-rolled products of iron +600	1
HS4819	Cartons, boxes, cases, bags	0.7

Top imported products (Million US$)		Value 2021
HS2710	Petroleum oils, other than crude	41
HS8703	Motor cars for transport of persons	7
HS3004	Medicaments in measured doses	6
HS2523	Portland cement, aluminous cement	6
HS8471	Automatic data-processing machines	5

Source : OMC (2022a)

Saint-Vincent and The Grenadines sont situées au nord de la Grenade. Ses exportations en 2021 étaient les produits agricoles (54,3%) et les produits manufacturés (19,2%). La valeur de ses ventes à l'étranger était de 34 millions de dollars, tandis que ses achats étaient de 373 millions de dollars, ce qui donne un solde négatif de 339 millions de dollars. Les principaux produits agricoles exportés étaient la farine de blé ou la farine de méteil (9 millions de dollars) ;

Préparation utilisée pour l'alimentation animale (5 millions de dollars) et les racines de Mandoca (manioc), l'arrow-root et le salep (2 millions de dollars). Parmi les produits non agricoles, les crustacés (même pelés, pour 3 millions de dollars) se sont distingués ; Constructions en aluminium (2 millions de dollars) et poisson frais ou réfrigéré (1 million de dollars). Les principales destinations de ses exportations étaient ses îles voisines : à la première place, la Barbade (16,5 % de ses ventes), Sainte- Lucie (16,3 %). Les États-Unis ont été le troisième acheteur avec 14,6%.

Dominique
Tableau II.41

MERCHANDISE TRADE

Million US$	Value 2021	Annual percentage change 2010-2021	2020	2021
Merchandise exports, f.o.b.	17	-7	-23	21
Merchandise imports, c.i.f.	231	0	-33	8

	2021		2021
Share in world total exports (%)	0.00	Share in world total imports (%)	0.00

Breakdown in economy's total exports — By main commodity group, % (2015) / **Breakdown in economy's total imports** — By main commodity group, % (2015)

- Exports: Agricultural products: 10.4; Fuels and mining products: 13.6; Manufactures: 51.2; Other: 24.9
- Imports: Agricultural products: 22.7; Fuels and mining products: 14.1; Manufactures: 45.8; Other: 17.4

By main destination, % (2012) / **By main origin, % (2012)**

- Destination: Trinidad and Tobago: 18.8; Jamaica: 16.2; Saint Kitts and Nevis: 14.3; European Union: 10; Guyana: 9.5; Other: 31.1
- Origin: United States of America: 36.8; Trinidad and Tobago: 17; European Union: 5; United Kingdom: 4; China: 2.4; Other: 34.8

Agricultural Products

Top exported products (Million US$)		Value 2012	Top imported products (Million US$)		Value 2012
HS0714	Manioc, arrowroot, salep	1	HS0207	Meat and edible offal of poultry	5
HS0803	Bananas, including plantains	1	HS2202	Waters containing added sugar	4
HS3301	Essential oils (terpeneless or not)	0.4	HS1502	Fats of bovine animals, sheep or goat	3
HS0804	Dates, figs, pineapples, avocados	0.3	HS1101	Wheat or meslin flour	3
HS0805	Citrus fruit, fresh or dried	0.3	HS0402	Milk and cream, concentrated	3

Non-Agricultural Products

Top exported products (Million US$)		Value 2012	Top imported products (Million US$)		Value 2012
HS3401	Soap	16	HS2710	Petroleum oils, other than crude	43
HS4907	Other documents of title	4	HS2523	Portland cement, aluminous cement	4
HS2517	Pebbles, gravel	2	HS8703	Motor cars for transport of persons	4
HS8518	Microphones and stands therefor	2	HS8525	Radio-telephony transmission tools	3
HS3210	Other paints and varnishes	1	HS2711	Petroleum gases	3

Source : OMC (2022a)

L'île de la Dominique est une île volcanique des Caraïbes, au nord du Venezuela, qui a réalisé des ventes à l'étranger pour 17 millions de dollars et des achats pour 231 millions de dollars, de sorte que sa balance commerciale était déficitaire de

214 millions de dollars. Il exporte principalement des produits manufacturés (51,2 pour cent), suivis des combustibles et des produits extractifs (13,6 pour cent) et enfin des produits agricoles (10,4 pour cent). Parmi les produits agricoles, les plus importants sont les racines de manioc, l'arrow-root et le salep (1 million de dollars) et les bananes (1 million de dollars). Parmi les produits non agricoles, le savon occupe la première place (16 millions de dollars), suivi des autres titres de la rubrique HS4907 (4 millions de dollars), Bords et gravier (2 millions de dollars) et Microphones et leurs supports (2 millions de dollars). Les principales destinations de ses ventes à l'étranger sont ses îles voisines : (Trinité-et – Tobago, 18,8 %), la Jamaïque (16,2 %), Saint-Kitts-et-Nevis (14,3 %) et seulement après l'Union européenne (10 %), suivie de la Guyane (9,5 %).

II.c Commerce international des services d'Amérique latine et des Caraïbes

Cet aspect du commerce international a été abordé sous divers angles par des institutions internationales telles que la CNUCED, ainsi que par des chercheurs universitaires et des professionnels de l´économie. Son importance pour l'ALC a été abordée dans les textes contenus dans Ibarra – Puig (2018a), où il est souligné que « l'évolution, en valeur et en volume, de ces services au cours des 20 dernières années nous oblige à redéfinir, entre autres, les accords commerciaux signés entre les pays à cette époque, car, par exemple, certains éléments qui sont très importants maintenant, comme le commerce électronique, ils ne représentaient pas une part importante du commerce mondial au moment de la signature de ces accords. Les données (...) devraient également attirer notre attention sur le fait que le commerce mondial des marchandises ne serait pas possible sans le commerce des services, pour lequel il suffit de citer un exemple : en matière de commerce maritime, les services logistiques du commerce sont sans doute les premiers à accompagner ce commerce, et les pays en développement ont beaucoup de travail à faire pour réussir dans le commerce mondial... », p. 4.

Dans ce domaine du commerce des services commerciaux, le rôle de l'Amérique latine et de l'Afrique a été discret et, dans le cas de l'Afrique, sa dépendance s'est accrue dans certains domaines, comme le montre le tableau II. suivant.

Tableau II.42
Commerce des services commerciaux par certains groupes d'économies, 2011-2021

	2011	2012	2013	2014	2015	2016	2017	2018	2019	2020	2021
Exports											
World	**4399.1**	**4526.5**	**4816.7**	**5173.1**	**4938.1**	**5020.5**	**5466.7**	**6027.7**	**6212.0**	**5106.3**	**5994.3**
North America and Europe											
EFTA	156.7	166.8	171.2	181.3	167.5	170.7	172.2	185.4	179.4	151.8	176.6
European Union	1629.3	1609.5	1739.8	1891.6	1746.0	1801.1	2005.2	2253.4	2316.7	1996.9	2370.5
NAFTA	724.9	769.4	807.8	849.8	855.8	874.9	938.3	976.3	1011.6	814.1	901.6
South and Central America											
Andean Community	13.0	14.7	16.6	17.2	17.4	18.0	19.6	21.3	21.6	10.3	11.8
CACM	21.0	23.7	25.9	27.5	29.0	30.5	31.9	33.8	35.7	23.8	28.9
CARICOM	10.1	10.6	10.8	12.8	13.0	13.5	13.9	15.0	16.2	7.0	10.5
MERCOSUR	55.4	58.7	57.4	59.7	53.4	52.7	56.4	56.9	55.2	41.8	46.7
Africa											
CEMAC	3.3	2.6	3.1	3.2	2.5	2.4	3.5	3.9	3.9	3.0	3.7
COMESA	38.3	43.7	40.5	43.8	39.7	34.0	41.0	49.0	50.9	31.4	41.8
ECCAS	4.7	4.0	5.1	5.6	4.5	3.9	5.3	5.4	5.3	3.5	4.4
ECOWAS	8.8	9.9	9.3	8.5	13.0	14.0	15.9	17.7	20.3	14.9	17.0
SADC	28.4	30.2	29.5	31.1	28.4	27.1	30.2	31.3	30.6	16.2	17.6
WAEMU	3.6	3.6	3.9	4.0	3.5	3.7	4.0	4.7	4.9	3.3	3.8
Middle East and Asia											
ASEAN	252.1	274.2	301.7	314.4	316.2	325.9	360.2	416.8	439.7	321.8	328.3
GCC	43.9	54.0	59.1	99.6	105.8	115.3	124.6	132.9	155.3	124.3	155.5
SAFTA	151.4	158.2	162.7	172.9	172.1	178.6	204.0	225.8	235.0	216.1	257.8
Memorandum:											
ACP	78.4	85.1	86.4	90.0	90.3	90.4	99.0	107.2	108.5	64.7	80.0
LDCs	25.5	28.1	31.9	34.8	33.0	31.9	34.3	39.8	43.2	27.0	29.4
WTO Members (164)	4327.9	4455.0	4739.1	5093.5	4857.4	4941.1	5382.9	5937.2	6119.0	5048.2	5920.6
Imports											
World	**4223.4**	**4378.3**	**4625.1**	**5036.5**	**4800.6**	**4842.7**	**5243.4**	**5717.5**	**5934.6**	**4817.5**	**5538.7**
North America and Europe											
EFTA	154.7	163.1	172.2	183.1	167.5	172.4	182.3	189.3	188.1	165.8	186.3
European Union	1447.1	1428.6	1545.1	1693.2	1620.8	1670.0	1832.4	2035.0	2193.0	1903.2	2127.9
NAFTA	566.1	585.6	586.8	614.3	613.0	628.0	674.4	703.6	734.5	566.7	666.9
South and Central America											
Andean Community	23.1	26.1	27.9	30.3	27.9	27.5	29.2	31.2	32.2	21.6	29.6
CACM	12.2	13.1	14.5	14.4	15.0	15.6	16.5	17.6	18.6	13.6	18.4
CARICOM	8.7	9.5	10.1	11.2	10.7	10.6	11.6	11.5	11.6	8.8	12.2
MERCOSUR	107.4	116.9	124.4	126.1	106.3	97.1	108.2	105.7	98.4	67.6	70.4
Africa											
CEMAC	14.2	13.2	14.8	15.6	12.5	7.8	9.7	12.4	12.0	9.3	11.4
COMESA	41.1	45.5	48.4	51.8	47.5	44.0	46.0	52.0	55.5	46.2	55.3
ECCAS	40.0	37.0	39.3	43.4	32.1	23.0	25.3	26.1	23.3	18.0	22.8
ECOWAS	35.4	36.7	36.1	39.3	35.0	28.7	37.8	51.8	61.9	43.8	39.4
SADC	58.8	57.4	57.6	59.9	48.2	42.5	44.6	44.6	39.9	29.3	35.3
WAEMU	8.1	8.2	9.2	9.3	8.3	8.6	9.6	10.4	10.6	10.7	12.2
Middle East and Asia											
ASEAN	260.8	285.7	313.1	332.0	320.5	319.3	352.5	390.6	401.1	350.5	395.8
GCC	153.3	169.2	174.5	215.4	203.6	192.1	200.4	212.0	224.6	166.7	209.9
SAFTA	145.7	149.9	147.8	152.0	147.6	159.5	184.1	206.7	208.3	174.7	221.8
Memorandum:											
ACP	139.7	140.8	143.7	150.9	131.1	113.2	128.4	148.1	154.4	116.6	127.6
LDCs	66.2	69.2	75.2	81.8	68.9	62.4	65.4	70.3	67.8	59.3	66.8
WTO Members (164)	4124.1	4275.0	4511.6	4917.6	4691.4	4739.7	5131.5	5599.7	5813.9	4733.6	5441.8

Source : OMC (2022b), tableau II.A57

Dans le cas de l'Afrique, les zones COMESA et CEDEAO[98] ont vu leurs exportations de ce type d'activités augmenter, mais les autres sont restées stables, ou ont diminué leurs ventes extérieures, comme c'est le cas de la SADC En ce qui concerne l'Amérique latine et les Caraïbes (rappelant que le Mexique est inclus dans l'Amérique du Nord dans ces statistiques), elle participe plus activement au commerce international avec ce type d'activité, en soulignant le MCCA et le MERCOSUR, bien que ce dernier ait vu ses ventes à l'étranger diminuer, même avant la pandémie ; et du côté des importations, l'ensemble de la région, y compris le MERCOSUR, a vu sa dépendance à l'égard de l'acquisition de ces services s'accroître.

Dans la section II.b, nous avons analysé le commerce de ces services pour 10 pays africains ; dans cette section, nous passerons en revue le commerce international des services pour les 5 plus grands pays d'Amérique latine par la taille de leur économie, ainsi que pour les 5 plus petits.

98. CEDEAO : Communauté économique des États de l'Afrique de l'Ouest, composée du Bénin, du Cap-Vert, de la Côte d'Ivoire, de la Gambie, du Ghana, de la Guinée, de la Guinée-Bissau, du Libéria, du Mali, du Niger, du Nigéria, du Sénégal, de la Sierra Leone et du Togo. Source : https://archive.crin.org/es/guias/onu-sistema-internacional/mecanismos-regionales/comunidad-economica-de-estados-de-africa.html, consulté le 17 août 2023. CEEAC, Communauté économique des États de l'Afrique centrale, composée de : Burundi, Cameroun, République centrafricaine, Tchad, Guinée équatoriale, République démocratique du Congo (RDC), Gabon, République du Congo, Rwanda et Sao Tomé-et-Principe. Source : https://www.ohchr.org/es/countries/africa-region, consulté le 17 août 2023.

II.d Commerce extérieur des Services d'Amérique latine et des Caraïbes

Brésil

Tableau II.43

TRADE IN COMMERCIAL SERVICES

Million US$	Value 2021	Annual percentage change 2010-2021	2020	2021
Commercial services exports	32 494	1	-17	16
Commercial services imports	48 689	-2	-29	2

	2021		2021
Share in world total exports (%)	0.54	Share in world total imports (%)	0.88

Breakdown in economy's total exports	**Breakdown in economy's total imports**
By main services item, % (2021)	**By main services item, % (2021)**

Transport: 19.9 · Travel: 9.1 · Other commercial services: 67.7 · Goods-related services: 3.3

Transport: 22.4 · Travel: 10.8 · Other commercial services: 66.3 · Goods-related services: 0.5

Transport

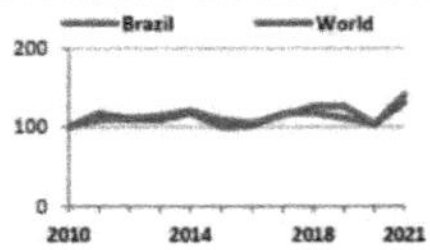

Transport exports (Index 2010=100)

Million US$	Value 2021	Annual percentage change 2010-2021	2020	2021
Exports	6 461	2	-8	28
Imports	10 909	0	-30	31

Exports	Value	Share (%)	*Imports*	Value	Share (%)
By sea (2021)	4 963	76.8	By sea (2021)	8 780	80.5
By air (2021)	860	13.3	By air (2021)	1 850	17.0
By other (2021)	255	3.9	By other (2021)	277	2.5

Travel

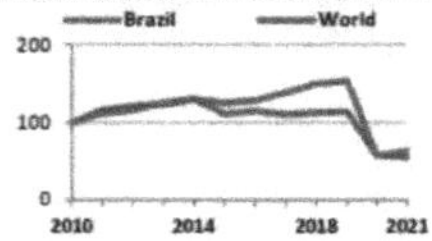

Travel exports (Index 2010=100)

Million US$	Value 2021	Annual percentage change 2010-2021	2020	2021
Exports	2 947	-5	-49	-3
Imports	5 250	-10	-69	-3

Other Commercial Services and Goods-related Services

Exports of OCS by main item (2021)

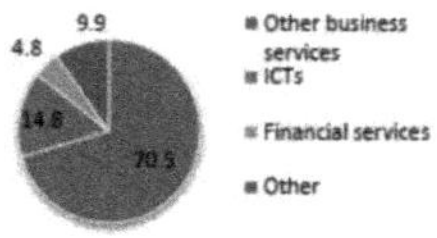

Million US$	Value 2021	Annual percentage change 2010-2021	2020	2021
Other commercial services				
Exports	22 003	1	-13	17
Imports	32 296	0	-11	-5
	2021	2010-2021	2020	2021
Goods-related services				
Exports	1 083	41	116	1
Imports	235	26	-42	19

Source : OMC (2022a)

Comme nous l'avons mentionné ci-dessus, le Brésil est l'un des 3 pays étudiés qui figurent parmi les plus importants distributeurs internationaux de services. Avec un potentiel de tourisme international, en 2021, elle a exporté 32 494 millions de dollars et importé 48 689 millions de dollars de services commerciaux, soit un déficit de 16 195 millions de dollars. Le poste le plus important de ses exportations était les autres services commerciaux (voir la définition de ceux-ci que nous avons notés au début de la section II.b). Le Brésil a un déficit dans les transports (4 448 millions de dollars), mais dans les autres services liés aux biens, il est excédentaire (848 millions de dollars). Dans les voyages, il est déficitaire de 2 753 millions de dollars. Il convient de noter le pourcentage élevé que représentent les exportations d'autres services aux entreprises dans les ventes d'autres services commerciaux et de services liés aux biens (70,5 pour cent).

Mexique
Tableau II.44

TRADE IN COMMERCIAL SERVICES

Million US$	Value 2021	Annual percentage change 2010-2021	2020	2021
Commercial services exports	27 039	5	-47	60
Commercial services imports	38 320	3	-30	38

	2021		2021
Share in world total exports (%)	0.45	Share in world total imports (%)	0.69

Breakdown in economy's total exports
By main services item, % (2021)

Breakdown in economy's total imports
By main services item, % (2021)

Transport

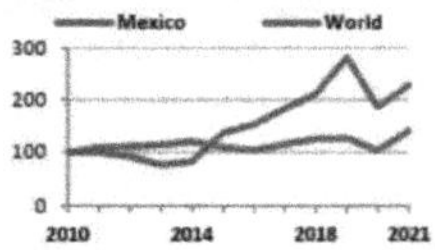

Transport exports (Index 2010=100)

Million US$	Value 2021	Annual percentage change 2010-2021	2020	2021
Exports	2 384	8	-34	23
Imports	18 428	5	-25	66

Exports	Value	Share (%)	Imports	Value	Share (%)
By sea (2021)	70	2.9	By sea (2021)	12 472	67.7
By air (2021)	815	34.2	By air (2021)	5 836	31.7
By other (2021)	1 499	62.9	By other (2021)	120	0.7

Travel

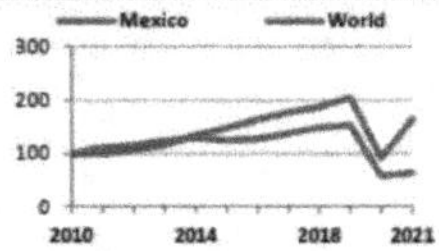

Travel exports (Index 2010=100)

Million US$	Value 2021	Annual percentage change 2010-2021	2020	2021
Exports	19 796	5	-55	80
Imports	5 182	-3	-65	49

Other Commercial Services and Goods-related Services

Exports of OCS by main item (2021)

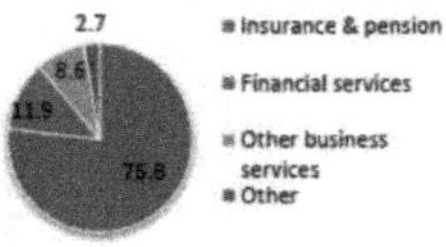

Million US$	Value 2021	Annual percentage change 2010-2021	2020	2021
Other commercial services				
Exports	4 841	7	-2	24
Imports	14 362	5	-11	10
	2020	2010-2020	2019	2020
Goods-related services				
Exports	12	na	-30	-7
Imports	256	5	20	-41

Source : OMC (2022a)

Le Mexique, bien qu'occupant le numéro 12 dans les listes des exportateurs et importateurs de marchandises, a fait face en 2021 à un fort déficit du commerce des services commerciaux (11 281 millions de dollars). Dans ce type d'activités, le pays exporte une quantité importante de voyages (73,2%) et d'autres services commerciaux (17,9%). Dans ce contexte, comme nous l'avons déjà mentionné, il existe un revenu important provenant du tourisme et des activités connexes, et nous ne devons pas oublier que la vaste frontière du Mexique avec les États-Unis a donné lieu à ce que l'on appelle le tourisme médical, qui se produit lorsque des visiteurs américains traversent la frontière pour se rendre dans des villes frontalières afin d'effectuer certaines opérations qui, dans leur pays d'origine, leur coûteraient jusqu'à trois fois leur coût au Mexique (telles que c'est le cas des services dentaires). Dans les Services de transport, le pays a une zone d'opportunité, puisque le déficit est de l'ordre de 12 444 millions de dollars ; pour les Voyages, le pays a reçu 19 796 millions de dollars et payé 5 182 millions de dollars, ce qui a donné des entrées positives nettes pour 14 614 millions de dollars. Le pays exporte un pourcentage important des Assurances et des pensions (76,8%) au titre des Autres services commerciaux et des services liés aux biens[99].

99. L'importance de ce commerce de services commerciaux pour le Mexique a augmenté, lentement, au fil des ans, mais il a encore un grand potentiel, comme en témoigne le fait qu'en 2022, le Mexique était excédentaire dans ce concept dans ses échanges commerciaux avec les États-Unis ; voir Morales (2023).

Argentine
Tableau II.45

TRADE IN COMMERCIAL SERVICES

Million US$	Value 2021	Annual percentage change 2010-2021	2020	2021
Commercial services exports	9 175	-3	-37	-1
Commercial services imports	12 649	-1	-41	10

	2021		2021
Share in world total exports (%)	0.15	Share in world total imports (%)	0.23

Breakdown in economy's total exports
By main services item, % (2021)

Transport: 18.7
Travel: 4.4
Other commercial services: 76.2
Goods-related services: 0.7

Breakdown in economy's total imports
By main services item, % (2021)

Transport: 29.6
Travel: 10.6
Other commercial services: 57.6
Goods-related services: 2.2

COMERCIO DE SERVICIOS COMERCIALES

Millones de $EE.UU.	Valor 2021	Variación porcentual anual 2010-2021	2020	2021
Exportaciones de servicios comerciales	9 175	-3	-37	-1
Importaciones de servicios comerciales	12 649	-1	-41	10

	2021		2021
Participación en las exportaciones mundiales totales (%)	0.15	Participación en las importaciones mundiales totales (%)	0.23

Desglose de las export. totales de la economía
Por categoría principal de servicios, % (2021)

Transporte : 18.7
Viajes : 4.4
Otros servicios comerciales : 76.2
Servicios relacionados con mercancías: 0.7

Desglose de las import. totales de la economía
Por categoría principal de servicios, % (2021)

Transporte : 29.6
Viajes : 10.6
Otros servicios comerciales : 57.6
Servicios relacionados con mercancías: 2.2

Por principales destinos

DATOS NO DISPONIBLES

Por principales orígenes

DATOS NO DISPONIBLES

Transport

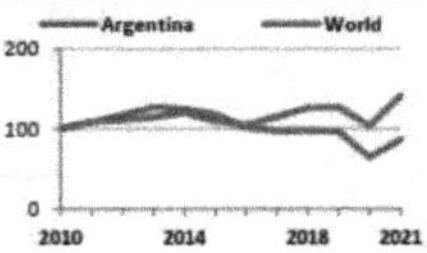

Transport exports (Index 2010=100)

Million US$	Value 2021	Annual percentage change 2010-2021	2020	2021
Exports	1 712	-1	-33	33
Imports	3 740	0	-46	79

Exports	Value	Share (%)	*Imports*	Value	Share (%)
By sea (2021)	937	54.7	By sea (2021)	2 345	62.7
By air (2021)	275	16.1	By air (2021)	981	26.2
By other (2021)	455	26.6	By other (2021)	362	9.7

Travel

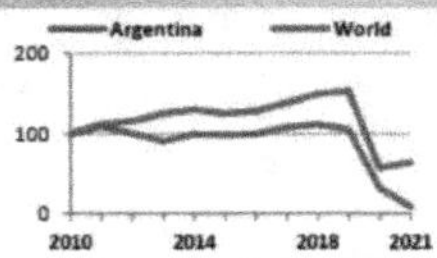

Travel exports (Index 2010=100)

Million US$	Value 2021	Annual percentage change 2010-2021	2020	2021
Exports	406	-20	-69	-75
Imports	1 341	-11	-70	-43

Other Commercial Services and Goods-related Services

Exports of OCS by main item (2021)

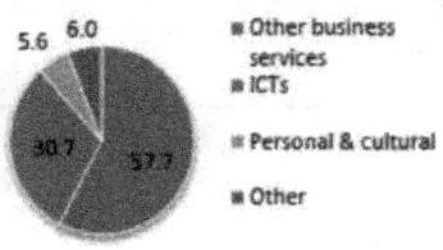

Million US$	Value 2021	Annual percentage change 2010-2021	2020	2021
Other commercial services				
Exports	6 989	2	-14	12
Imports	7 288	3	-8	8
	2021	2010-2021	2020	2021
Goods-related services				
Exports	68	-5	-39	-2
Imports	281	6	-22	-5

Source : OMC (2022a)

Le pays sud-américain a fait des exportations pour 9 175 millions de dollars de services commerciaux en 2021 et des importations pour 12 649 millions de dollars, soit un déficit de 3 474 millions de dollars. En pourcentage, la part la plus importante de ses ventes a été constituée d'autres services commerciaux (76,2 %), suivis des services de transport (18,7 %). Les ventes à l'étranger par Transport étaient de l'ordre de 1 712 millions de dollars, mais des importations pour 3 740 millions de dollars ; et en Voyages a exporté 406 millions de dollars, mais a fait des importations de l'ordre de 1 341 millions de dollars. Les Autres services commerciaux et les Services liés aux marchandises ont représenté les principales exportations d'autres services aux entreprises (57,7 pour cent).

Colombie
Tableau II.46

TRADE IN COMMERCIAL SERVICES

Million US$	Value 2021	Annual percentage change 2010-2021	2020	2021
Commercial services exports	6 610	1	-46	17
Commercial services imports	13 052	2	-32	30

	2021		2021
Share in world total exports (%)	0.11	Share in world total imports (%)	0.24

Breakdown in economy's total exports
By main services item, % (2021)

Breakdown in economy's total imports
By main services item, % (2021)

Transport

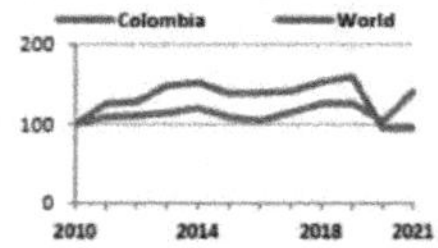

Transport exports (Index 2010=100)

Million US$	Value 2021	Annual percentage change 2010-2021	2020	2021
Exports	1 224	0	-40	0
Imports	4 024	3	-26	77

Exports	Value	Share (%)	*Imports*	Value	Share (%)
By sea (2021)	302	24.7	By sea (2021)	2 890	71.8
By air (2021)	847	69.2	By air (2021)	832	20.7
By other (2021)	45	3.7	By other (2021)	202	5.0

Travel

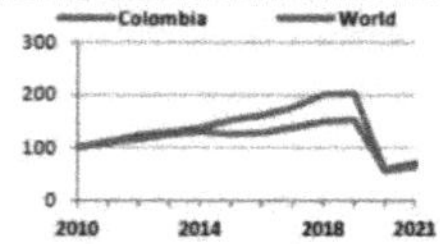

Travel exports (Index 2010=100)

Million US$	Value 2021	Annual percentage change 2010-2021	2020	2021
Exports	1 973	-3	-72	25
Imports	2 330	-1	-72	72

Other Commercial Services and Goods-related Services

Exports of OCS by main item (2021)

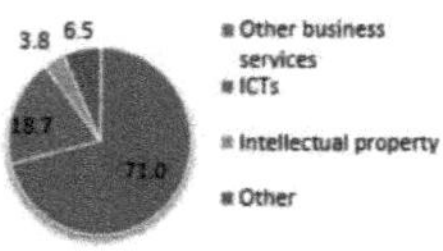

Million US$	Value 2021	Annual percentage change 2010-2021	2020	2021
Other commercial services				
Exports	3 315	6	5	20
Imports	6 581	3	-6	5

	2021	2010-2021	2020	2021
Goods-related services				
Exports	98	9	-52	61
Imports	118	-6	-30	4

Source : OMC (2022a)

La Colombie a vendu 6 610 millions de dollars à l'étranger en 2021 et a effectué des achats pour 13 052 millions de dollars en Services commerciaux ; son résultat a donc été négatif de 6 442 millions de dollars. Parmi ses ventes, les plus importantes ont été celles des Autres services commerciaux (50,1 %), suivis des Voyages (29,9 %) et des Transports (18,5 %)[100]. En ce qui concerne les Transports, elle a réalisé des ventes pour 1 224 millions de dollars et des achats à l'étranger pour 4 024 millions de dollars, son déficit était donc de 2 800 millions de dollars. En Voyages, il a réalisé des ventes à l'étranger pour 1 973 millions de dollars et des achats pour 2 330 millions de dollars, ce qui lui a valu un déficit de 357 millions de dollars. Parmi les exportations d'Autres services commerciaux et de Services liés aux marchandises, les ventes d'Autres services aux entreprises se démarquent (71 %).

100. Comme nous l'avons commenté tout au long de cet article, la stabilité politique est fondamentale pour un développement économique sain, et le cas colombien en est un exemple : en 1996, 751 000 touristes internationaux ont visité la Colombie ; en 2019, déjà avec un régime de paix, pratiquement sans violence interne, 4 169 000 étrangers ont visité le pays ; sources : Banque mondiale et OMT (2023) respectivement.

Chili
Tableau II.47

TRADE IN COMMERCIAL SERVICES

Million US$	Value 2021	Annual percentage change 2010-2021	2020	2021
Commercial services exports	6 618	-4	-32	5
Commercial services imports	15 765	2	-21	39

	2021		2021
Share in world total exports (%)	0.11	Share in world total imports (%)	0.28

Breakdown in economy's total exports | **Breakdown in economy's total imports**

By main services item, % (2021) | **By main services item, % (2021)**

Transport

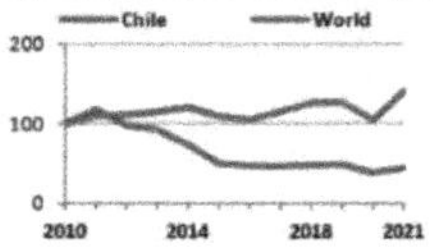

Transport exports (Index 2010=100)

Million US$	Value 2021	Annual percentage change 2010-2021	2020	2021
Exports	2 833	-7	-21	16
Imports	8 271	2	-11	89

Exports	Value	Share (%)	*Imports*	Value	Share (%)
By sea (2021)	933	32.9	By sea (2021)	6 133	74.1
By air	na	na	By air	na	na
By other (2021)	1 900	67.1	By other (2021)	2 138	25.9

Travel

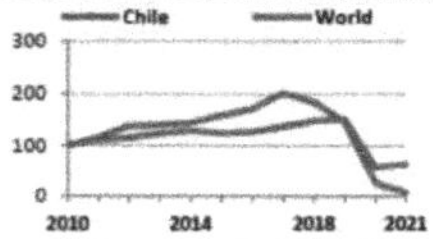

Travel exports (Index 2010=100)

Million US$	Value 2021	Annual percentage change 2010-2021	2020	2021
Exports	111	-21	-82	-73
Imports	295	-13	-78	-44

Other Commercial Services and Goods-related Services

Exports of OCS by main item (2021)

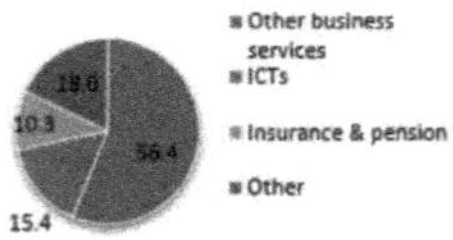

Million US$	Value 2021	Annual percentage change 2010-2021	2020	2021
Other commercial services				
Exports	3 674	2	-11	6
Imports	7 199	4	-9	12
	2021	2010-2021	2020	2021
Goods-related services				
Exports	na	na	na	na
Imports	na	na	na	na

Source : OMC (2022a)

En 2021, le Chili a exporté 6 619 millions de dollars de Services commerciaux et a fait des importations pour 15 765 millions de dollars, soit un déficit de 9 146 millions de dollars. Les Autres services commerciaux (55,5%) et les Transports (42,8 %) se démarquent de ses ventes. Du commerce international des Transports, il a réalisé des ventes à l'étranger pour 2 833 millions de dollars et des achats pour 8 271 millions de dollars, de sorte que le résultat a été négatif de 5 438 millions de dollars. En Voyages, malgré son potentiel touristique, elle a exporté 111 millions de dollars et importé 295 millions de dollars, elle a donc eu un déficit de 184 millions de dollars. Parmi les exportations susmentionnées d'Autres services commerciaux et de Services liés aux biens, les plus importantes ont été celles des Autres services aux entreprises (56,4 pour cent), suivies des Ventes à l'étranger de TIC (15,4 pour cent).

Avant de passer à la situation des 5 plus petits pays par PIB de l'ALC, nous pensons qu'il est nécessaire de mentionner que certains pays des Caraïbes ont été désignés comme paradis fiscaux, et la liste comprend également certains pays africains[101]. Cela peut donner un biais dans la comptabilité de certains services.

Antigua-et-Barbuda
Tableau II.48

TRADE IN COMMERCIAL SERVICES

Million US$	Value 2021	Annual percentage change 2010-2021	2020	2021
Commercial services exports	711	4	-51	28
Commercial services imports	337	4	-46	12

	2021		2021
Share in world total exports (%)	0.01	Share in world total imports (%)	0.01

Breakdown in economy's total exports
By main services item, % (2021)

Breakdown in economy's total imports
By main services item, % (2021)

Transport

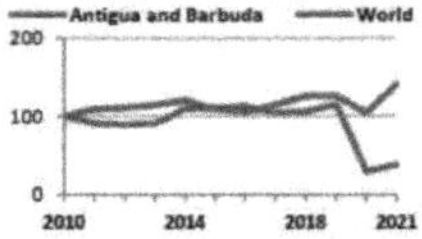

Transport exports (Index 2010=100)

Million US$	Value 2021	Annual percentage change 2010-2021	2020	2021
Exports	45	-8	-75	29
Imports	74	0	-45	22

Exports	Value	Share (%)	*Imports*	Value	Share (%)
By sea (2021)	9	19.2	By sea (2021)	61	82.4
By air (2021)	35	76.5	By air (2021)	13	17.6
By other (2021)	0	0.0	By other (2021)	0	0.0

Travel

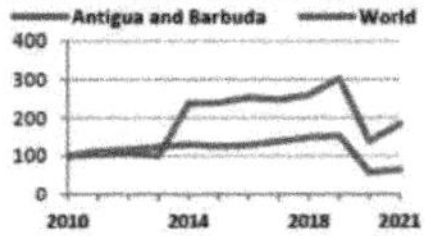

Travel exports (Index 2010=100)

Million US$	Value 2021	Annual percentage change 2010-2021	2020	2021
Exports	546	6	-54	33
Imports	43	-1	-60	7

Other Commercial Services and Goods-related Services

Exports of OCS by main item (2021)

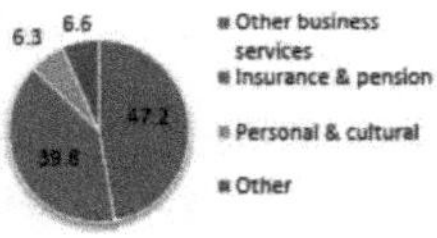

Million US$	Value 2021	Annual percentage change 2010-2021	2020	2021
Other commercial services				
Exports	120	8	6	11
Imports	217	8	-40	10
	2021	**2010-2021**	**2020**	**2021**
Goods-related services				
Exports	0	na	-58	6
Imports	3	na	-80	7

Source : OMC (2022a)

101. « La nouvelle liste (2023) comprend : Anguilla, Bahreïn, Barbade, Bermudes, Dominique, Fidji, Gibraltar, Guam, Guernesey, Île de Man, Îles Caïmans, Îles Malouines, Îles Mariannes, Îles Vierges britanniques, Îles Turques et Caïques, Jersey, Palaos, Samoa, Îles Salomon, Îles Vierges américaines ; en ce qui concerne les activités offshore, Samoa américaines, Seychelles, Trinité – et-Tobago et Vanuatu. Certains travaux, comme celui du National Bureau of Economic Research des États-Unis, estiment qu'entre 8 % et 10 % de la richesse financière mondiale est cachée aux administrations fiscales respectives des États ; en euros... ». Le chiffre, qui est remanié en dehors de l'économie réelle et échappe aux contrôles fiscaux, est d'environ 7 000 milliards d'euros. Source : García (2023), traduction libre.

Les exportations pour ce type d'activités en 2021 étaient de l'ordre de 711 millions de dollars et les importations étaient de 337 millions de dollars, il y avait donc un solde positif de 374 millions de dollars (le PIB du pays était de 1 459 millions de dollars). C'est un pays éminemment touristique et les recettes des Voyages ont été prépondérantes dans l'origine de ses ventes (76,8%), suivi par les Autres services commerciaux (16,8%). En fait, les exportations par Voyages étaient pour 546 millions de dollars et les importations 43 millions de dollars. Dans les activités de Transport, les ventes à l'étranger étaient de 45 millions de dollars et les achats par 74 millions de dollars, donc le solde était négatif de 29 millions de dollars. Dans la catégorie des Autres services commerciaux, les exportations d'Autres services se distinguent (47,2 pour cent)[102].

102. « ... Suivant l'exemple de plusieurs pays de la région, Antigua-et-Barbuda a lancé un programme de citoyenneté par investissement pour attirer l'investissement étranger direct. Les options d'échange de nationalité contre investissement sont la contribution d'un minimum de 200 000 dollars des États-Unis au Fonds national de développement, l'investissement d'un minimum de 400 000 dollars des États-Unis dans le secteur immobilier ou la réalisation d'une activité commerciale d'investissement pour un minimum de 1 500 000 dollars des États-Unis. À la suite de l'ouragan Irma en septembre 2017, la contribution minimale au Fonds national de développement pour l'accès à la citoyenneté a été réduite à 100 000 USD » ; source : « Dossier pays d'Antigua-et-Barbuda », Bureau d'information diplomatique du ministère des Affaires étrangères et de la Coopération, Espagne, janvier 2023. Traduction libre.

Grenade
Tableau II.49

TRADE IN COMMERCIAL SERVICES

Million US$	Value 2021	Annual percentage change 2010-2021	2020	2021
Commercial services exports	343	8	-36	-12
Commercial services imports	241	9	-22	1

	2021		2021
Share in world total exports (%)	0.01	Share in world total imports (%)	0.00

Breakdown in economy's total exports
By main services item, % (2021)

Breakdown in economy's total imports
By main services item, % (2021)

Transport

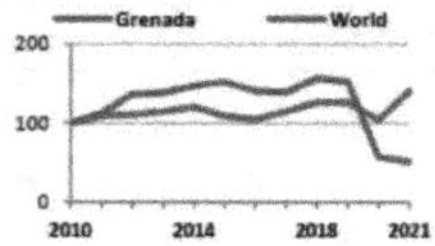

Transport exports (Index 2010=100)

Million US$	Value 2021	Annual percentage change 2010-2021	2020	2021
Exports	5	-6	-62	-10
Imports	54	1	-39	16

Exports	Value	Share (%)	*Imports*	Value	Share (%)
By sea (2021)	1	20.8	By sea (2021)	46	85.2
By air (2021)	4	71.9	By air (2021)	8	14.8
By other (2021)	0	0.0	By other (2021)	0	0.0

Travel

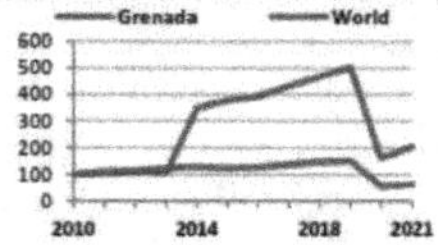

Travel exports (Index 2010=100)

Million US$	Value 2021	Annual percentage change 2010-2021	2020	2021
Exports	231	7	-68	27
Imports	8	-3	-70	7

Other Commercial Services and Goods-related Services

Exports of OCS by main item (2021)

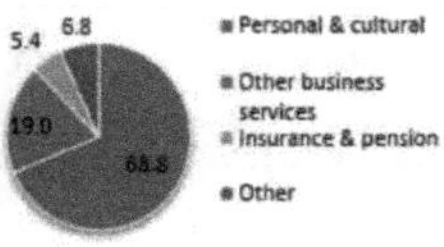

Million US$	Value 2021	Annual percentage change 2010-2021	2020	2021
Other commercial services				
Exports	107	13	na	-47
Imports	179	17	-10	-3
	2021	2010-2021	2020	2021
Goods-related services				
Exports	0	na	na	na
Imports	0	na	0	0

Source : OMC (2022a)

La Grenade est un autre pays qui a enregistré un excédent dans ces activités internationales en 2021. Elle a exporté pour 343 millions de dollars et importé pour 241 millions de dollars. Parmi les exportations, les Voyages se distinguent (67,2 %), suivis par ceux des Autres services commerciaux. Un pays qui dépend beaucoup des activités touristiques, les exportations par voyages étaient de l'ordre de 231 millions de dollars et les importations de 8 millions de dollars. Il est déficient en Transport, puisqu'il a exporté 5 millions de dollars, mais importé 54 millions de dollars. Et parmi les Autres services commerciaux, ceux qu'elle exporte principalement sont les Services personnels et culturels (68.8 %).

Saint-Kitts-et-Nevis
Tableau II.50

TRADE IN COMMERCIAL SERVICES

Million US$	Value 2021	Annual percentage change 2010-2021	2020	2021
Commercial services exports	176	3	-38	-31
Commercial services imports	162	4	-44	15

	2021		2021
Share in world total exports (%)	0.00	Share in world total imports (%)	0.00

Breakdown in economy's total exports
By main services item, % (2021)

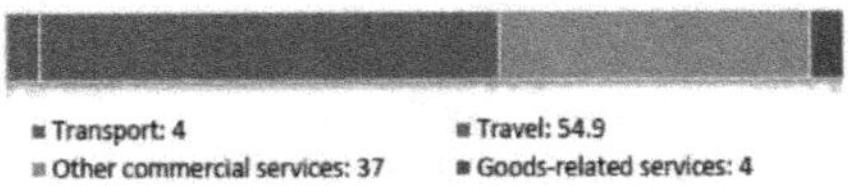

Breakdown in economy's total imports
By main services item, % (2021)

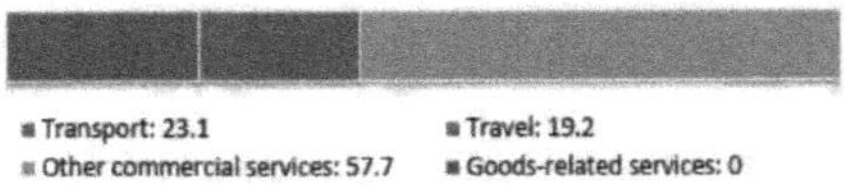

Transport

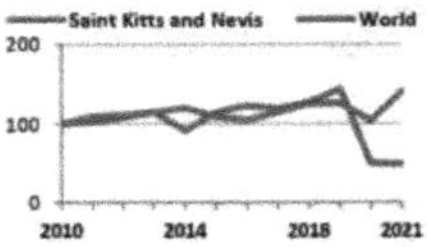

Transport exports (Index 2010=100)

Million US$	Value 2021	Annual percentage change 2010-2021	2020	2021
Exports	7	-6	-65	-2
Imports	38	-2	-30	-4

Exports	Value	Share (%)	Imports	Value	Share (%)
By sea (2021)	3	48.1	By sea (2021)	32	84.3
By air (2021)	2	34.2	By air (2021)	6	15.4
By other (2021)	0	3.6	By other (2021)	0	0.0

Travel

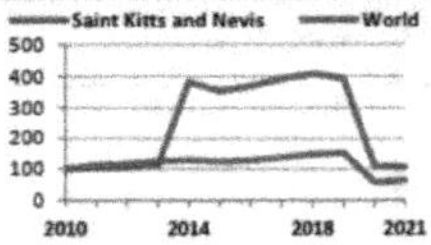

Travel exports (Index 2010=100)

Million US$	Value 2021	Annual percentage change 2010-2021	2020	2021
Exports	96	1	-72	-2
Imports	31	8	-87	368

Other Commercial Services and Goods-related Services

Exports of OCS by main item (2021)

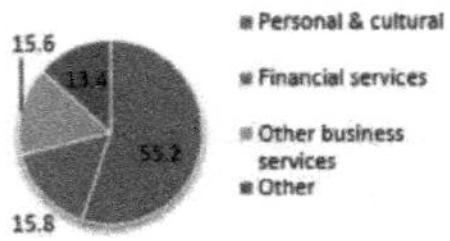

Million US$	Value 2021	Annual percentage change 2010-2021	2020	2021
Other commercial services				
Exports	65	9	431	-54
Imports	94	6	-34	-2
	2021	2010-2021	2020	2021
Goods-related services				
Exports	7	38	-12	-1
Imports	0	na	-45	-4

Source : OMC (2022a)

Comme d'autres îles des Caraïbes, elle est fondamentalement dépendante du tourisme[103]. En 2021, les exportations de Services commerciaux ont totalisé 176 millions de dollars et les importations de 162 millions de dollars. Les exportations comprennent les Voyages (54,9 pour cent) et les Autres services commerciaux (37 pour cent). Dans le secteur des Transports, il a exporté 7 millions de dollars

103. Il dispose également du programme gouvernemental « Citoyenneté par investissement » (CBI), qui a entraîné un afflux important d'IDE dans le secteur immobilier ; source « Saint-Kitts-et-Nevis (Fédération de Saint-Kitts-et-Nevis) », Bureau de l'information diplomatique du ministère des Affaires étrangères, de l'Union européenne et de la Coopération, Espagne, février 2023.

et importé 38 millions de dollars, ce qui lui a valu un déficit de 31 millions de dollars. À Voyages, il a vendu 96 millions de dollars à l'étranger et acheté 31 millions de dollars. Parmi les Autres services commerciaux, les ventes à l'étranger de Services personnels et culturels se démarquent (55,2 %), suivies des Services financiers.

Saint-Vincent-et-les Grenadines
Tableau II.51

TRADE IN COMMERCIAL SERVICES

Million US$	Value 2021	Annual percentage change 2010-2021	2020	2021
Commercial services exports	86	-4	-54	-33
Commercial services imports	85	0	-31	-3

	2021		2021
Share in world total exports (%)	0.00	Share in world total imports (%)	0.00

Breakdown in economy's total exports
By main services item, % (2021)

Breakdown in economy's total imports
By main services item, % (2021)

Transport

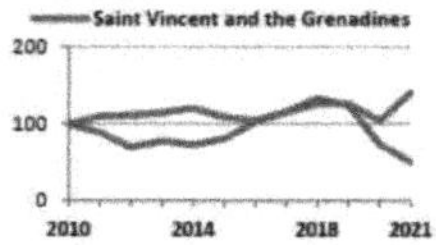

Transport exports (Index 2010=100)

Million US$	Value 2021	Annual percentage change 2010-2021	2020	2021
Exports	5	-6	-41	-32
Imports	35	-2	-30	1

Exports	Value	Share (%)	*Imports*	Value	Share (%)
By sea (2021)	3	50.7	By sea (2021)	33	94.3
By air (2021)	2	44.3	By air (2021)	2	5.6
By other (2021)	0	0.0	By other (2021)	0	0.0

Travel

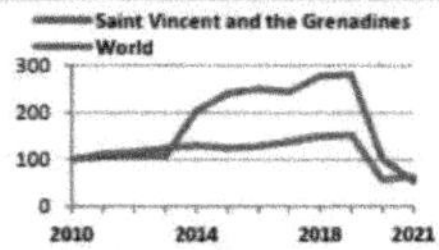

Travel exports (Index 2010=100)

Million US$	Value 2021	Annual percentage change 2010-2021	2020	2021
Exports	46	-6	-63	-48
Imports	6	-7	-58	-34

Other Commercial Services and Goods-related Services

Exports of OCS by main item (2021)

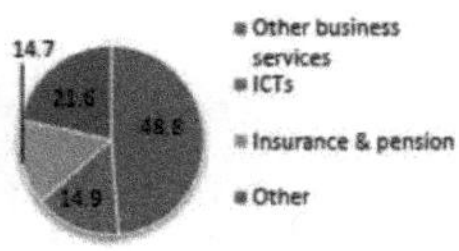

Million US$	Value 2021	Annual percentage change 2010-2021	2020	2021
Other commercial services				
Exports	35	-1	24	4
Imports	44	5	-21	0

	2021	2010-2021	2020	2021
Goods-related services				
Exports	0	-100	na	na
Imports	0	na	-5	2

Source : OMC (2022a)

Comme d'autres îles des Caraïbes, l'économie de Saint-Vincent-et-les Grenadines est fortement dépendante du tourisme, bien que le nombre de touristes soit très modéré par rapport à celui reçu par les autres économies des Caraïbes[104]. Les exportations de Services commerciaux étaient de l'ordre de 86 millions de dollars et les importations de 85 millions de dollars. Les principales exportations ont été les Voyages (53,7 %), suivis des Autres services commerciaux (40,4 %). Les exportations de la catégorie Transport étaient de l'ordre de 5 millions de dollars et les importations étaient de l'ordre de 35 millions de dollars. Dans les Voyages, les ventes à l'étranger ont atteint 46 millions de dollars et les importations ont atteint 6 millions de dollars. Parmi les Autres services commerciaux, les ventes d'Autres services aux entreprises ont été les plus importantes (48,8 %), suivies des ventes de TICs (14,9 %).

104. Bureau d'information diplomatique du ministère des Affaires étrangères, de l'Union européenne et de la Coopération (2022). La note dit que « bien que les années 2018 et 2019 aient indiqué une certaine reprise, la pandémie a limité les améliorations, le PIB ayant chuté de 3,3 % en 2020. Malheureusement, 2021 a apporté avec elle l'éruption en avril du volcan La Soufrière, avec plus de 15 000 personnes déplacées ... Comme le reste de ses voisins des Caraïbes, Saint-Vincent-et-les Grenadines est très exposée aux risques de catastrophes naturelles, dispose d'un espace terrestre très réduit, d'une capacité de production et d'exportation très limitée et de ressources humaines et physiques très limitées, autant de facteurs qui conditionnent la croissance potentielle ».

Dominique
Tableau II.52

TRADE IN COMMERCIAL SERVICES

Million US$	Value 2021	Annual percentage change 2010-2021	2020	2021
Commercial services exports	83	-4	-59	9
Commercial services imports	99	4	-32	8

	2021		2021
Share in world total exports (%)	0.00	Share in world total imports (%)	0.00

Breakdown in economy's total exports
By main services item, % (2021)

Breakdown in economy's total imports
By main services item, % (2021)

Transport

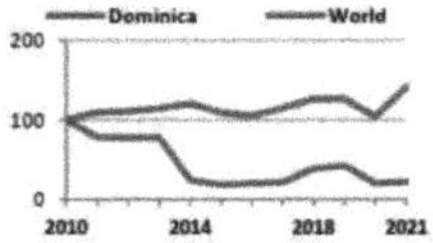

Transport exports (Index 2010=100)

Million US$	Value 2021	Annual percentage change 2010-2021	2020	2021
Exports	1	-13	-53	9
Imports	25	-2	-45	4

Exports	Value	Share (%)	*Imports*	Value	Share (%)
By sea (2021)	0	28.1	By sea (2021)	24	94.6
By air (2021)	0	36.6	By air (2021)	1	5.4
By other (2021)	0	0.0	By other (2021)	0	0.0

Travel

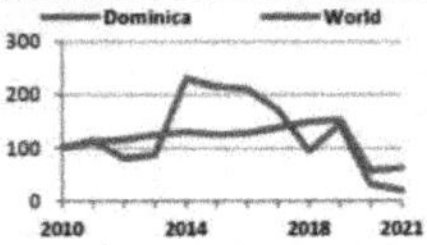

Travel exports (Index 2010=100)

Million US$	Value 2021	Annual percentage change 2010-2021	2020	2021
Exports	19	-13	-78	-37
Imports	7	-5	-69	8

Other Commercial Services and Goods-related Services

Exports of OCS by main item (2021)

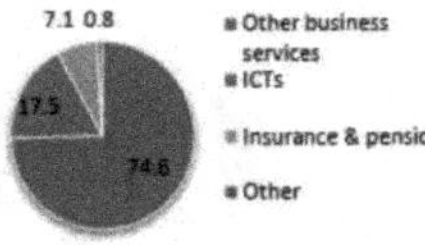

Million US$	Value 2021	Annual percentage change 2010-2021	2020	2021
Other commercial services				
Exports	63	6	-11	39
Imports	67	11	-13	10
	2021	2010-2021	2020	2021
Goods-related services				
Exports	0	na	na	na
Imports	0	na	-100	na

Source : OMC (2022a)

L'économie de la Dominique est fortement influencée par son appartenance à l'union monétaire avec les pays de l'Organisation des États des Caraïbes orientales (OECO). Le tourisme est de plus en plus important, le gouvernement accorde une grande importance à la promotion du pays en tant que destination de croisière et à l'écotourisme, bien qu'il faille mentionner que le pays est très vulnérable aux catastrophes naturelles[105]. En 2021, les exportations de Services commerciaux ont totalisé 83 millions de dollars et les importations des mêmes 99 millions de

105. Bureau d'information diplomatique du ministère des Affaires étrangères, de l'Union européenne et de la Coopération (2022).

dollars, soit un déficit de 16 millions de dollars. En ce qui concerne le secteur des Transports, les ventes à l'étranger ont totalisé 1 million de dollars et les achats ont totalisé 25 millions de dollars. Viajes a exporté 19 millions de dollars et importé 7 millions de dollars. Parmi les Autres services commerciaux, les Autres services aux entreprises ont été les plus exportés (74,6 %), suivis des ventes à l'étranger de TIC (17.5 %).

ANNEXE II.1
L'IMPORTANCE DES SERVICES DANS LE COMMERCE INTERNATIONAL

Ambassadeur Guillermo Valles G.[106]

Introduction

Traditionnellement, lorsque nous parlons de commerce international, nous savons ou pensons savoir de quoi nous parlons. Il s'agit de l'échange transfrontalier de biens matériels qui peuvent être mesurés, soit par leur valeur en douane, soit par le montant des transactions, c'est-à-dire leur volume physique, généralement déterminé en tonnes métriques.

Ainsi, nous disons que le commerce international, mesuré en exportations, en 1948, peu après la Seconde Guerre mondiale, était de 58 000 millions de dollars courants, alors qu'en 2015 il avait dépassé les 16 000 milliards de dollars courants. Mais aujourd'hui, nous échangeons plus que ces objets, mesurables par leur volume. Aujourd'hui, nous vendons et achetons à l'international et de plus en plus : des services, c'est-à-dire des activités. Historiquement, l'activité que l'on appelait clairement un service commercialisable était le transport international (fret et passagers) et celui-ci était calculé en dehors de la balance commerciale, dans le compte « invisible » de la balance des paiements. De nombreux services étaient, par définition, non échangeables et l'activité exercée et vendue nécessitait la présence proche ou immédiate du fournisseur et du destinataire de l'activité. Le développement technologique (en particulier les télécommunications) a rapidement modifié cet état de fait. Elle a également modifié la connaissance, la conceptualisation et l'évaluation du secteur des services dans l'économie et son importance en termes de croissance et d'emploi. Nous examinerons rapidement ces développements et l'importance du secteur des services et du commerce international des services.

106. Ancien directeur du commerce international à la CNUCED.

Évolution conceptuelle des services

Les économistes classiques considéraient le secteur des services comme improductif, car pour des raisons à la fois technologiques et institutionnelles, la production et la consommation de services ralentissaient le processus d'accumulation, de croissance et, en fin de compte, de développement. Les services, disaient ces classiques, n'ajoutent pas d'un point de vue technologique à la valeur des produits, puisqu'ils ne peuvent pas être physiquement accumulés. De même, d'un point de vue social, étant une « consommation improductive », les services étaient des objets extravagants, consommés par les propriétaires terriens, les riches marchands ou l'État. De toute évidence, un tel point de vue s'est concentré sur les services « finaux » (tels que le service domestique) et a exclu la prise en compte de la valeur des transports et d'autres services « intermédiaires ».

Cette vision a conduit à une nouvelle perception de l'importance et du rôle du secteur des services. La théorie de la croissance économique par étapes successives a reconnu une plus grande pertinence pour le secteur des services. Selon cela, l'économie d'un pays passerait d'un stade agropastoral à un stade agro-industriel, puis atteindrait un stade agricole industriel commercial. Différentes théories, de plus en plus rigoureuses dans la recherche et l'analyse du secteur, ont progressivement reconnu le rôle des services dans l'économie, même dans les premiers stades du développement économique d'un pays. Parallèlement au développement technologique du siècle dernier, une meilleure conceptualisation et une plus grande hiérarchie des services, dans l'économie nationale et internationale, se manifestent clairement dans les études économiques des années 1960 et 1970. Tout cela conduit à une plus grande prise de conscience de l'importance et de l'impact que les politiques publiques en matière de services peuvent avoir sur la performance économique d'un pays. D'où la prise de conscience et la nécessité de mieux réguler la concurrence et la compétitivité sur le marché des services. La réforme de la réglementation et la libéralisation du commerce international des services, fondées sur les négociations commerciales multilatérales de l'Uruguay Round du GATT (1986), sont une manifestation de cette préoccupation.

De nos jours, personne ne doute que les services et le commerce international des services sont une partie essentielle de la production de toutes les industries et jouent un rôle important dans le développement économique. Les activités de nature et de caractéristiques aussi différentes que le transport de marchandises, le transport de passagers, le tourisme, l'intermédiation financière, les assurances, la logistique ou les services professionnels comptables et juridiques, la construction, l'éducation et les soins médicaux, sont toutes inclus dans le secteur des services. Tous sont de plus en plus négociables à l'échelle internationale. Le processus de mondialisation et de fragmentation de la production dans de nombreux pays implique de plus en plus la nécessité d'un accès compétitif à des services de qualité.

Caractéristiques des services

Qu'est-ce qu'un service ? Comment les définir ? Il y a quelques années, l'hebdomadaire The Economist définissait les services comme quelque chose « que vous ne pouvez pas tomber sur vos pieds ». Les services sont des activités, mais ils sont souvent imbriqués dans des biens, dans des objets. Cependant, le fait que de nombreux produits, et même des matières premières, soient des supports et aient une large intégration de services n'empêche pas ces derniers, en tant qu'activités, d'être différenciés des biens. Les caractéristiques communes des services sont les suivantes : leur intangibilité ; leur impossibilité d'être déposés ; son hétérogénéité et l'interaction entre le producteur et le consommateur.

L'intangibilité rend le commerce international des services difficile à identifier, à surveiller et à faire respecter sur le plan fiscal. L'un des problèmes rencontrés par les pays en développement comme par les pays développés est précisément l'absence de statistiques commerciales désagrégées, précises et fiables.

La nature « non déposable » ou non cumulative des services, en tant qu'activités, signifie qu'ils sont généralement produits et consommés en même temps. Imaginez une opération chirurgicale, par exemple. Le commerce de services à travers l'espace n'est souvent pas possible, tout comme il n'est pas possible d'échanger des services à travers le temps. Nous verrons cela plus clairement lorsque nous examinerons la façon dont les services sont fournis.

L'hétérogénéité des services rend également difficile la généralisation de leur analyse. La détermination de l'élasticité de la demande, de la productivité et de la croissance nécessite nécessairement une analyse désagrégée par type d'activité. En ce sens, on peut s'attendre à ce qu'il existe différentes taxonomies et classifications de services. L'Organisation mondiale du commerce, par exemple, sur la base de la Classification centrale des produits des Nations Unies, identifie douze secteurs, qui sont répartis en plus de 150 activités. Il s'agit des services fournis aux entreprises, des communications, de la construction, de la distribution, de l'éducation, de l'environnement, des finances, de la santé et des services sociaux, du tourisme, des loisirs et de la culture, du transport et d'autres services non identifiés. L'hétérogénéité des services rend difficile leur standardisation, car ils dépendent beaucoup des besoins du consommateur et de l'interaction avec le consommateur. Cette dernière caractéristique est extrêmement pertinente, car les services sont généralement produits avec un certain degré d'apport des consommateurs. Le client participe généralement au processus de production, en fournissant des informations pertinentes et en déterminant, par conséquent, par sa propre intervention, la productivité et l'efficacité du producteur ou du prestataire de services.

Ces caractéristiques spécifiques des services ont exigé que, lors de la négociation des premières disciplines multilatérales sur le commerce des services (Uruguay Round du GATT 1986-1994), il ait fallu prendre en compte les modes de fourniture des services, en fonction de la présence territoriale du fournisseur et du consommateur au moment de cette fourniture. Ainsi, quatre modes ont été créés : lorsque le service est transfrontalier (par exemple, un projet architectural qui est physiquement envoyé par courrier ou par voie électronique) ; lorsque la fourniture du service est réalisée par le biais d'une consommation à l'étranger, dans ce cas, le consommateur se déplace, comme par exemple lorsqu'un touriste, un patient ou un étudiant se rend dans le pays où le service est fourni. Le troisième mode de prestation d'un service est la présence commerciale. Dans ce cas, celui qui se déplace pour s'installer dans le pays du consommateur est le prestataire de services. C'est le cas d'une banque ou d'un supermarché qui s'installe dans un autre pays. Enfin, la circulation des personnes physiques constitue la quatrième forme de prestation de services et prend la forme du transfert individuel du prestataire, soit en tant que professionnel indépendant (un athlète, par exemple), soit en tant que salarié d'une entreprise (travailleur de l'entreprise, consultant, etc.).

Importance du secteur des services

La pertinence du secteur des services dans l'économie peut être mesurée de différentes manières : par sa part dans le PIB, par sa création d'emplois et son type d'emploi, par sa part dans la productivité du travail, etc.

Services dans la génération du produit

Commençons par examiner l'importance croissante du produit intérieur brut, mesuré en valeur ajoutée, où il y a 20 ans, les services représentaient 58,4 % du PIB et en 2014, ce pourcentage atteignait 68,3 %. Le secteur tertiaire, en moyenne mondiale, est donc celui qui pèse le plus lourd dans le produit.

Graphique 1

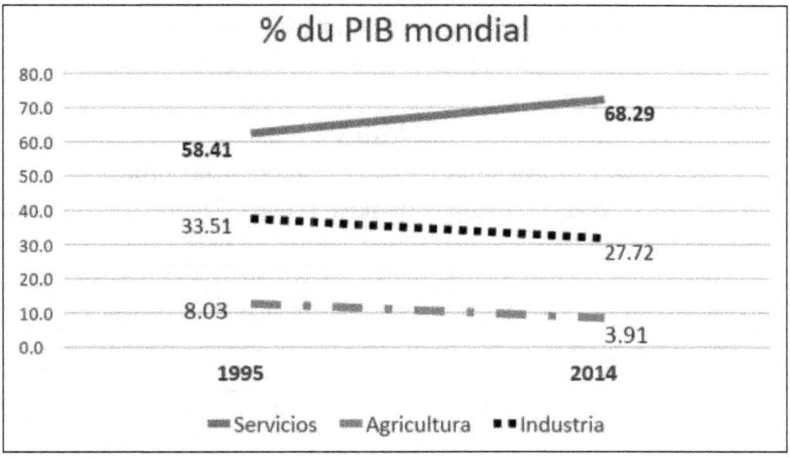

Source : Banque mondiale

Ces chiffres sont toutefois différents si on les désagrège par catégories de pays, les pays à revenu élevé représentant 74,2 % de la production (2015), tandis que dans les pays à faible revenu, ils représentent moins de la moitié (48 %). Il convient de noter que dans le cas du Mexique (63,6 %), il est supérieur à la moyenne des pays à revenu intermédiaire (57,1 %).

Graphique 2

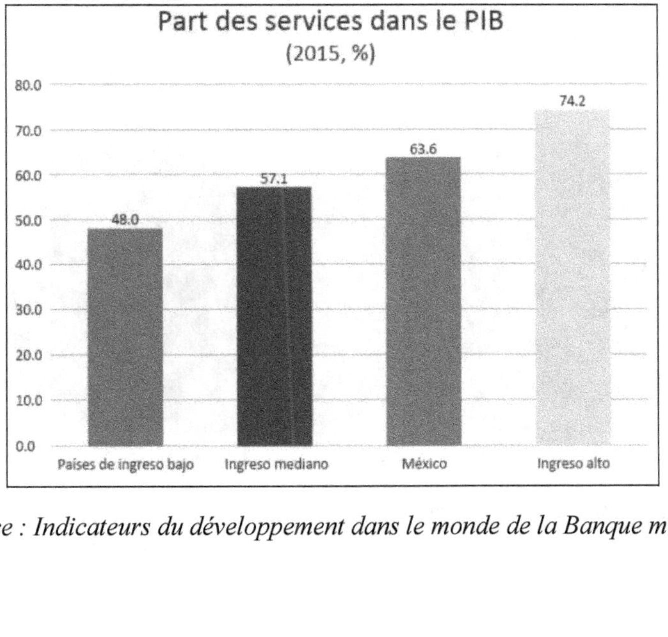

Source : Indicateurs du développement dans le monde de la Banque mondiale

Quoi qu'il en soit, il convient de noter le dynamisme du secteur des services, car dans toutes les économies, quels que soient leurs revenus ou leur niveau de développement, le secteur des services a connu une croissance plus rapide que les deux autres secteurs, comme on peut le voir dans le tableau ci-joint.

Tableau 1
Croissance annuelle moyenne par secteur économique et par catégorie de pays (2002-2014)

	Revenu milieu	Revenu élevé	Faible revenu
Services	6.40	1.67	6.86
Agriculture	3.52	1.03	3.30
Industrie	6.17	1.17	5.90

Source : Données des comptes nationaux de la Banque mondiale et Comptes nationaux de l'OCDE.

Services et emploi

En ce qui concerne l'importance du secteur des services dans l'emploi, il convient de noter qu'au niveau mondial, l'OIT prévoit qu'il sera le plus grand générateur d'emplois, atteignant 51% des emplois.

Graphique 3

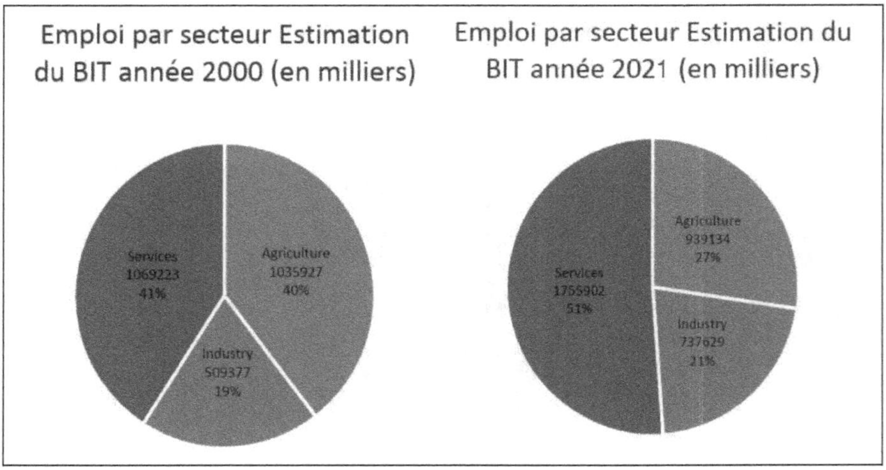

Source : Base de données du BIT

Ces pourcentages pourraient également avoir une signification en termes d'inclusivité, car on s'attend à ce que le secteur des services soit encore plus important pour le travail des femmes, puisque, en moyenne mondiale, il pourrait représenter 57.42 % des emplois féminins. Ces chiffres sont toutefois très différents entre les pays à revenu élevé et les pays à faible revenu. Dans le premier cas, d'ici 2021, le secteur des services devrait représenter 88,2 % de l'emploi féminin, tandis que dans les pays à faible revenu, il ne représentera que 24,16 % (70 % de l'emploi féminin se poursuivra dans l'agriculture), avec une augmentation de seulement 1 % par rapport aux valeurs de 2000. Au Mexique, cependant, comme dans de nombreux pays en développement à revenu intermédiaire de la tranche supérieure, le secteur des services est et continuera d'être important en termes d'emploi, tant en termes généraux qu'en termes d'emploi des femmes. Selon l'OIT, en 2000, le secteur des services représentait 55.32 % de l'ensemble des emplois et 71.24 % des emplois féminins. Ces valeurs, pour l'année 2021, sont projetées respectivement à 61,74 % et 79.98 %. Il y aura également une plus grande « féminisation » du secteur des services, puisque les femmes au Mexique passeront de 42 % de l'emploi dans le secteur des services à environ 48 %. En résumé, selon l'OIT, le secteur des services sera le secteur qui connaîtra la plus forte augmentation de l'emploi dans le monde, comme le montre le tableau suivant.

Tableau 2

Emploi par activité économique (estimations et projections du BIT, en milliers)					
Région	**Activité économique**	**2009**	**2017**	**2021**	**Croissance 2021/2009**
Monde	Agriculture	986'795	946'122	939'134	-4.83
	Industrie	629'742	708'627	737'629	17.13
	Services	**1'361'617**	**1'635'147**	**1'755'902**	**28.96**

Source : Base de données du BIT

Services et développement durable

L'importance croissante du secteur des services dans la production et l'emploi, y compris l'emploi des femmes, met en évidence son rôle dans la réalisation des objectifs de développement durable (ODD), convenus lors du sommet des Nations Unies de 2015 et inscrits dans l'Agenda 2030.

En résumé, nous pouvons dire que les troisième et quatrième révolutions industrielles renforcent le rôle du secteur des services dans le développement économique pour au moins cinq raisons. Premièrement, la technologie rend les services de plus en plus échangeables sur de longues distances et au-delà des frontières, en surmontant les contraintes imposées par la nécessité pour le producteur et le consommateur de services d'être face à face. Par conséquent, la demande de services n'est plus uniquement nationale. Deuxièmement, la croissance de ce commerce international est très rapide (comme nous le verrons ci-dessous) et bien qu'il doive faire face à des restrictions, celles-ci sont moindres en termes de logistique et de procédures douanières que dans le cas des marchandises. C'est particulièrement vrai pour les services qui peuvent être « numérisables ». Traditionnellement, comme nous l'avons vu, les services étaient associés à des secteurs d'emploi informel et à faible productivité. La libéralisation du commerce international, la technologie et les innovations dans les transports et les communications ont rendu possible la création de chaînes de valeur mondiales, dans lesquelles les services jouent un rôle de plus en plus important. Quatrièmement, des emplois de qualité sont de plus en plus associés au secteur des services et, enfin, la croissance économique axée sur les services est susceptible d'être plus respectueuse de l'environnement, socialement durable et inclusive, en offrant davantage d'opportunités aux jeunes et aux femmes.

C'est pourquoi le rôle prépondérant des services ne se réfère pas seulement à la lutte contre la pauvreté, par la croissance économique. Les services et le commerce des services jouent également un rôle important dans la réalisation des objectifs en matière de santé et d'éducation. Il convient également de garder à l'esprit que, contrairement aux services traditionnels (par exemple, les services personnels, l'hôtellerie et la restauration), les services d'infrastructure, tels que les services financiers, les télécommunications et les services de transport, ont tendance à connaître eux-mêmes des niveaux élevés de croissance de la productivité et, en tant que services intermédiaires, contribuent également à la compétitivité et à la productivité des secteurs manufacturier et agricole.

Commerce international des services

L'importance croissante

Parallèlement au rôle croissant des services dans les économies nationales, le commerce international des services a également connu une croissance rapide. À l'échelle mondiale, les exportations de services commerciaux ont considérablement augmenté, passant de 367 milliards de dollars en 1980 à plus de 4,8 billions de dollars en 2015. En termes relatifs, ils représentent un peu plus de 23 % des exportations mondiales de biens et services, contre 16,5 %

des exportations totales en 1980. Cette croissance de la part des services dans le commerce mondial est due à un taux de croissance annuel moyen (entre 1982 et 2015) de 7,6 %, donc supérieur à celui du commerce de marchandises, qui a été, en moyenne, de 6,6 %.

L'OMC, l'OCDE, la Banque mondiale et la CNUCED s'accordent à dire que, puisque le commerce mondial est principalement un échange de biens intermédiaires et que la production manufacturière mondiale est fragmentée en chaînes de valeur mondiales, les exportations doivent être mesurées en termes de valeur ajoutée par différents pays à chaque étape de la production. Cela éviterait de compter deux fois les exportations, puisqu'un produit final est en fait composé de centaines de pièces (pensez à un téléphone portable ou à une voiture, par exemple). Si les exportations étaient mesurées en termes de valeur ajoutée, à chaque étape, nous verrions les exportations de services (incorporés dans les biens) atteindre un niveau beaucoup plus élevé que les 23 % mentionnés ci-dessus.

Principaux secteurs d'activité

Si nous examinons maintenant les catégories de services exportés, nous verrons que, pour les raisons exposées ci-dessus, ainsi qu'en raison de carences institutionnelles et de faiblesses techniques, les statistiques sur les exportations de services sont imparfaites. Toutefois, la CNUCED identifie et surveille les principales catégories d'exportations de services, qui sont globalement réparties dans les secteurs suivants.

Graphique 4

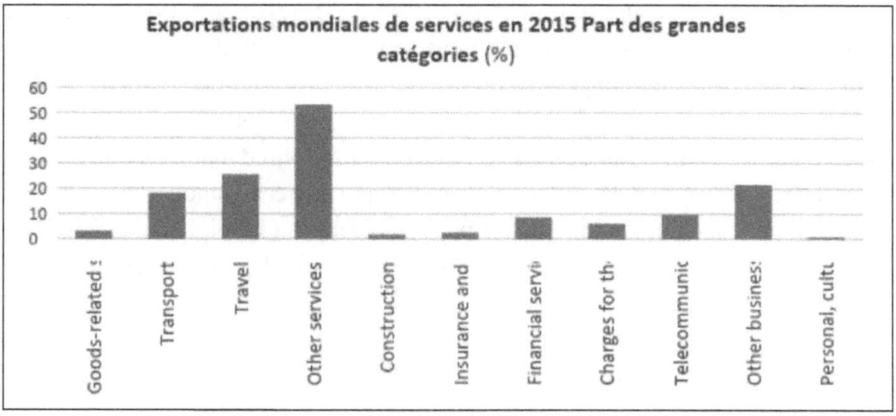

Source : Statistiques de CNUCED . Reproduit avec l'autorisation des Nations unies.

Pays exportateurs

Contrairement au commerce des biens, où les exportations des pays en développement ont rattrapé celles des pays développés, le commerce international des services reste prédominant pour les pays développés.

Graphique 5

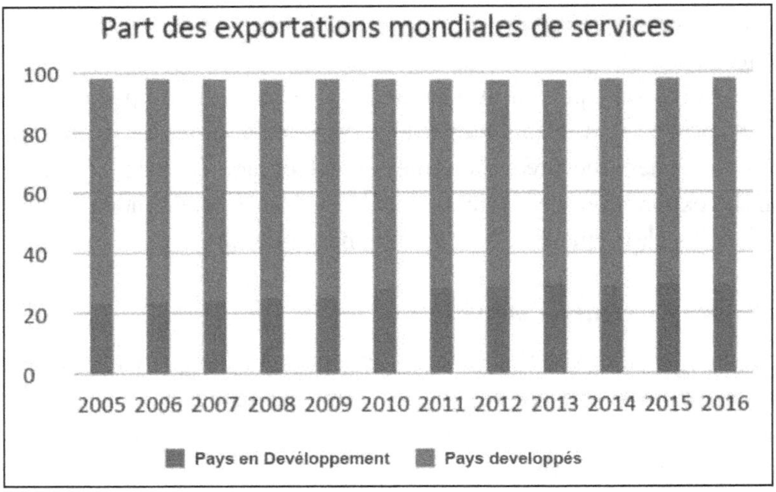

Source : Statistiques de CNUCED . Reproduit avec l'autorisation des Nations unies.

La croissance annuelle moyenne des exportations de services par pays a été très différenciée. Au cours de la décennie 2005-2015, les exportations de services des pays en développement ont augmenté à un taux annuel moyen de 9,65 %, tandis que les pays développés ont progressé à un taux annuel moyen de 5,33 %. En termes de secteurs, pour les deux catégories de pays, les télécommunications, l'informatique et l'informatique ont été les services les plus dynamiques au cours de la décennie. Les pays en développement ont connu une croissance – en moyenne– presque deux fois plus rapide que les pays développés (14,31 % contre 7,37 %), mais le volume de leurs exportations n'atteint que 26,7 % du secteur total.

Tableau 3

Services (MBP6) : Exportations	Télécommunications, informatique et servicesinformatiques							Pourcentage annuel			
Pays	2006	2007	2008	2009	2010	2011	2012	2013	2014	2015	PROMEDIO
En voie de développement	33.37	26.35	28.87	-3.12	13.63	16.67	7.15	6.95	7.17	5.54	14.31
Développés	13.67	18.42	10.12	-4.4	0.53	15.64	5.77	8.16	10.62	-4.78	7.37

Source : UNCTAD STATS

Graphique 6

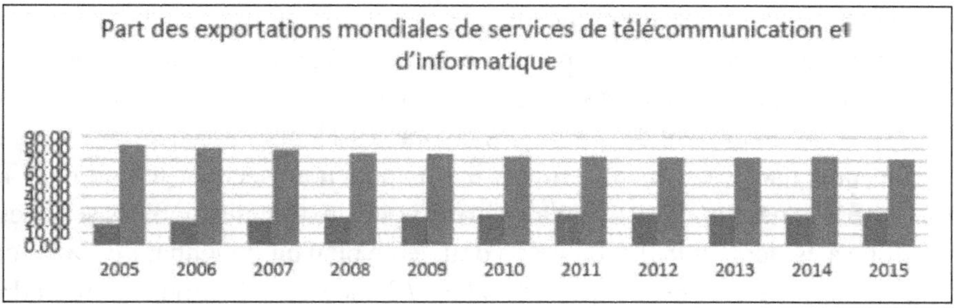

Source : Statistiques de CNUCED . Reproduit avec l'autorisation des Nations unies.

Quant au classement des principaux pays exportateurs de services, on constate qu'il est principalement composé de pays développés. Il convient toutefois de noter la performance croissante de la Chine et de l'Inde, qui se sont classées respectivement 3e et 8e l'année 2015. Il convient de noter que dans le cas de la Chine, ses importations de services au second semestre de 2016 ont atteint une valeur similaire à celle des États-Unis (125 milliards de dollars), ce qui en fait le deuxième importateur mondial[107].

Conclusions

La relative résilience du commerce des services, mise à l'épreuve lors de la crise financière de 2008 ; sa croissance annuelle importante (supérieure à la croissance du commerce de marchandises) ; son rôle important dans les chaînes

107. Source: OMC, Statistiques du commerce des services commerciaux.

de valeur mondiales ; son potentiel croissant d'attirer les investissements et la création d'emplois ; a conduit de nombreux gouvernements à mettre en œuvre un développement économique axé sur les services.

Les services commerciaux présentent de fortes économies d'échelle et des externalités ; elles nécessitent une main-d'œuvre relativement hautement qualifiée et offrent une possibilité réaliste de transformation structurelle ; en particulier pour les pays qui n'ont pas d'avantages comparatifs dans le secteur agricole ou manufacturier.

Les efforts d'atténuation et d'adaptation au changement climatique offrent également une opportunité pour le développement du secteur et du commerce international des services, car la plupart des services sont moins polluants, produisent moins d'émissions et utilisent moins de ressources épuisables que d'autres activités économiques. Les pays développés tels que les États-Unis, le Royaume-Uni et l'Union européenne ont fait de la promotion des exportations de services l'une de leurs priorités en matière de politique commerciale. Mais c'est aussi le cas des pays les moins avancés comme le Bangladesh qui, au cours des cinq dernières années, a axé sa stratégie sur le développement des technologies de l'information, en menant des politiques favorables à leur croissance, en adoptant des mesures fiscales, des subventions et un soutien au secteur, le tout dans le but d'offrir le pays comme une plate-forme pour l'externalisation des services. La Chine a également inclus dans son douzième plan quinquennal l'objectif de faire passer le secteur des services de 43 à 47 % de sa production et d'atteindre 600 milliards de dollars d'importations et d'exportations de services. Ce sont là autant d'exemples concrets de la prise de conscience croissante que le secteur des services et le commerce international des services constituent la nouvelle frontière de la croissance inclusive et du développement durable.

CHAPITRE III

Introduction

Comme on peut le voir dans les cas des différents pays analysés au chapitre II, les exportations de plusieurs pays d'Afrique et d'Amérique latine sont telles que plusieurs d'entre eux sont des matières premières ou des denrées alimentaires[108], ce qui suggère une concurrence entre ces pays. Mais bien que cette similitude apparaisse au niveau des groupes de produits, lorsque nous décomposons par produit, nous constatons qu'il existe des différences: tous les produits agricoles exportés par l'Afrique ne sont pas exportés par l'ALC et vice versa, et il en va de même pour les produits non agricoles. Pour rendre cela plus évident, nous nous appuyons sur la publication de l'OMC (2022a)[109] et élaborons les matrices suivantes, basées sur les 10 pays africains et les 10 pays d'Amérique latine sélectionnés.

Matrice III.1 Exportations agricoles de certains pays africains Matrice III.2 Exportations non agricoles de certains pays africains Matrice III.3 Exportations agricoles de certains pays d'Amérique latine et des Caraïbes

Matrice III.4 Exportations non agricoles de certains pays de l'ALC Matrice III.5 Importations agricoles de certains pays de l'ALC Matrice III.6 Importations de produits non agricoles de certains pays

d'ALC

Matrice III.7 Importations agricoles de certains pays africains

Matrice III.8 Importations de produits non agricoles de certains pays africains

Les matrices sont présentées ci-dessous.

108. Situation que nous avions déjà analysée à Ibarra-Puig (2022).

109. Au moment de l'achèvement de ce livre, en octobre 2023, l'édition 2023 de cette publication a été publiée, ce qui ne modifie pas substantiellement les informations aux fins de la présente étude.

Matrice III.1
Exportations agricoles de pays africains sélectionnés

Nigeria
HS1801 Cocoa beans, whole or broken
HS1207 Other oil seeds, oleaginous fruits
HS0801 Coconuts, Brazil nuts, cashew nuts
HS2402 Cigars, cheroots, cigarillos
HS2304 Solid residues from soya-bean oil
Egypt
HS0805 Citrus fruit, fresh or dried
HS2106 Other food preparations
HS0806 Grapes, fresh or dried
HS0811 Fruit and nuts, uncooked or cooked
HS1507 Soya-bean oil and its fractions
Southafrica
HS0805 Citrus fruit, fresh or dried
HS0806 Grapes, fresh or dried
HS2204 Wine of fresh grapes
HS0808 Apples, pears and quinces, fresh
HS1005 Maize (corn)
Algeria
HS1701 Cane or beet sugar
HS0804 Dates, figs, pineapples, avocados
HS2202 Waters containing added sugar
HS1804 Cocoa butter, fat and oil
HS1507 Soya-bean oil and its fractions
Morocco
HS0702 Tomatoes, fresh or chilled
HS0805 Citrus fruit, fresh or dried
HS0810 Other fruit, fresh

HS1701 Cane or beet sugar
HS0708 Leguminous vegetables
Gambia
HS0801 Coconuts, Brazil nuts, cashew nuts
HS1515 Other fixed vegetable fats and oils
HS1207 Other oil seeds, oleaginous fruits
HS0904 Pepper of the genus Piper
HS1701 Cane or beet sugar
Seychelles
HS2402 Cigars, cheroots, cigarillos
HS0106 Other live animals
HS2208 Alcohol of less than 80% volume
HS0802 Other nuts, fresh or dried
HS0801 Coconuts, Brazil nuts, cashew nuts
Comoros
HS0907 Cloves
HS3301 Essential oils (terpeneless or not)
HS0905 Vanilla
HS2208 Alcohol of less than 80% volume
HS2402 Cigars, cheroots, cigarillos
Saint Tomé and Principe
HS1801 Cocoa beans, whole or broken
HS1511 Palm oil and its fractions
HS1513 Coconut (copra), or palm kernel oil
HS1806 Chocolate and other cocoa food
HS0904 Pepper of the genus Piper

Source : Données OMC (2022a)

Matrice III.2
Exportations non agricoles de pays africains sélectionnés

Nigeria
HS2709 Petroleum oils, crude
HS2711 Petroleum gases
HS8905 Vessels not mainly for navigability
HS3102 Nitrogenous fertilisers
HS2716 Electrical energy
Egypt
HS2710 Petroleum oils, other than crude
HS2711 Petroleum gases
HS2709 Petroleum oils, crude
HS3102 Nitrogenous fertilisers
HS7108 Gold
Southafrica
HS7110 Platinum
HS7108 Gold
HS2601 Iron ores and concentrates
HS8703 Motor cars for transport of persons
HS2701 Coal; briquettes, ovoids
Algeria
HS2711 Petroleum gases
HS2709 Petroleum oils, crude
HS2710 Petroleum oils, other than crude
HS2707 Coal tras
HS2814 Ammonia
Morocco
HS3105 Mineral or chemical fertilisers
HS8544 Insulated electric conductors
HS8703 Motor cars for transport of persons

HS2809 Diphosphorus pentaoxide
HS6204 Women's or girls' suits
Gambia
HS8429 Self-propelled bulldozers
HS2523 Portland cement, aluminous cement
HS5408 Woven fabrics of artificial filamen
HS6401 Waterproof footwear with outer sole
HS0301 Live fish
Seychelles
HS8903 Vessels for pleasure or sports
HS1604 Prepared or preserved fish
HS2710 Petroleum oils, other than crude
HS0303 Fish, frozen, excluding fish fillet
HS8901 Vessels for transport
Comoros
HS9617 Vacuum flasks and other vacuum vessels
HS8429 Self-propelled bulldozers
HS7209 Cold-rolled products of iron +600
HS7204 Ferrous waste and scrap
HS8704 Motor vehicles for goods transport
Saint Tomé and Principe
HS8803 Parts of goods 8801, 8802
HS8409 Parts suitable for 8407 or 8408
HS7323 Household articles, parts thereof
HS3004 Medicaments in measured doses
HS8427 Trucks with lifting equipment

Source : Données OMC (2022a)

Matrice III.3
Exportations agricoles de pays de l'Amérique latine et des Caraïbes sélectionnés

Brazil
HS1201 Soya beans, whether or not broken
HS1701 Cane or beet sugar
HS2304 Solid residues from soya-bean oil
HS0202 Meat of bovine animals, frozen
HS0207 Meat and edible offal of poultry
Mexico
HS2203 Beer made from malt
HS0804 Dates, figs, pineapples, avocados
HS2208 Alcohol of less than 80% volume
HS0709 Other vegetables, fresh or chilled
HS0702 Tomatoes, fresh or chilled
Argentina
HS1005 Maize (corn)
HS2304 Solid residues from soya-bean oil
HS1507 Soya-bean oil and its fractions
HS1001 Wheat and meslin
HS1201 Soya beans, whether or not broken
Colombia
HS0901 Coffee
HS0603 Cut flowers and flower buds
HS0803 Bananas, including plantains
HS1511 Palm oil and its fractions
HS1701 Cane or beet sugar
Chile
HS0809 Apricots, cherries, peaches
HS2204 Wine of fresh grapes
HS0806 Grapes, fresh or dried
HS0810 Other fruit, fresh
HS0808 Apples, pears and quinces, fresh

Antigua y Barbados
HS2208 Alcohol of less than 80% volume
HS2402 Cigars, cheroots, cigarillos
HS2204 Wine of fresh grapes
HS2201 Waters, natural or artificial
HS0901 Coffee
Granada
HS0908 Nutmeg, mace and cardamoms
HS1101 Wheat or meslin flour
HS2309 Preparations of a kind used in animal feeding
HS1801 Cocoa beans, whole or broken
HS0810 Other fruit, fresh
Saint Kitts and Nevis
HS2203 Beer made from malt
HS2009 Fruit juices and vegetable juices
HS2208 Alcohol of less than 80% volume
HS2202 Waters containing added sugar
HS2402 Cigars, cheroots, cigarillos
San Vicente y las Granadinas
HS1101 Wheat or meslin flour
HS2309 Preparations of a kind used in animal feeding
HS0714 Manioc, arrowroot, salep
HS2203 Beer made from malt
HS2202 Waters containing added sugar
Dominica
HS0714 Manioc, arrowroot, salep
HS0803 Bananas, including plantains
HS3301 Essential oils (terpeneless or not)
HS0804 Dates, figs, pineapples, avocados
HS0805 Citrus fruit, fresh or dried

Source : Données OMC (2022a)

Matrice III.4
Exportations non agricoles de pays de l'Amérique latine et des Caraïbes sélectionnés

Brazil
HS2601 Iron ores and concentrates
HS2709 Petroleum oils, crude
HS2710 Petroleum oils, other than crude
HS4703 Chemical wood pulp, soda /sulphate
HS7207 Iron's semi-finished products
Mexico
HS8703 Motor cars for transport of persons
HS8471 Automatic data-processing machines
HS8704 Motor vehicles for goods transport
HS8708 Parts for motor vehicles 8701-8075
HS2709 Petroleum oils, crude
Argentina
HS8704 Motor vehicles for goods transport
HS3824 Prepared binders for foundry moulds
HS0306 Crustaceans whether in shell or not
HS2709 Petroleum oils, crude
HS8703 Motor cars for transport of persons
Colombia
HS2709 Petroleum oils, crude
HS2701 Coal; briquettes, ovoids
HS7108 Gold
HS2710 Petroleum oils, other than crude
HS2704 Coke and semi-coke of coal
Chile
HS2603 Copper ores and concentrates
HS7403 Refined copper and copper alloys
HS0304 Fish fillets and other fish meat
HS7402 Unrefined copper
HS2601 Iron ores and concentrates
Antigua y Barbados

HS7112 Waste and scrap of precious metal
HS2710 Petroleum oils, other than crude
HS0306 Crustaceans whether in shell or not
HS7113 Articles and parts of jewellery
HS9102 Other wristwatches
Granada
HS8479 Machines with individual functions
HS0302 Fish, fresh, chilled
HS4818 Toilet paper and similar paper
HS3209 Paints and varnishes, aqueous
HS8502 Electric generating sets
Saint Kitts and Nevis
8536 Electrical circuits protector
HS8525 Radio-telephony transmission tools
HS4907 Other documents of title
HS8529 Parts for 8525-8528
HS7113 Articles and parts of jewellery
San Vicente y las Granadinas
HS0306 Crustaceans whether in shell or not
HS7610 Aluminium structures
HS0302 Fish, fresh, chilled
HS7210 Flat-rolled products of iron +600
HS4819 Cartons, boxes, cases, bags
Dominica
HS3401 Soap
HS4907 Other documents of title
HS2517 Pebbles, gravel
HS8518 Microphones and stands therefor
HS3210 Other paints and varnishes

Source : Données OMC (2022a)

Matrice III.5
Importations de produits agricoles de pays de l'Amérique latine et des Caraïbes sélectionnés

Brazil	México	Argentina	Colombia	Chile	Antigua y Barbados	Granada	Saint Kitts and Nevis	San Vicente y las Granadinas	Dominica
HS2204 Wine of fresh grapes	HS1005 Maize (corn)	HS2106 Other food preparations	HS2304 Solid residues from soya-bean oil	HS2304 Solid residues from soya-bean oil	HS2106 Other food preparations	HS2106 Other food preparations	HS2106 Other food preparations	HS2106 Other food preparations	HS2202 Waters containing added sugar
HS1005 Maize (corn)	HS1001 Wheat and meslin	HS1201 Soya beans, whether or not broken	HS1507 Soya-bean oil and its fractions	HS2106 Other food preparations	HS2202 Waters containing added sugar	HS2202 Waters containing added sugar	HS2202 Waters containing added sugar	HS2202 Waters containing added sugar	HS1101 Wheat or meslin flour
HS1001 Wheat and meslin	HS1201 Soya beans, whether or not broken	HS0203 Swine meat, fresh, chilled, frozen	HS1005 Maize (corn)	HS1005 Maize (corn)	HS2208 Alcohol of less than 80% volume	HS0207 Meat and edible offal of poultry	HS0207 Meat and edible offal of poultry	HS1001 Wheat and meslin	HS0207 Meat and edible offal of poultry
HS1107 Malt, whether or not roasted	HS0203 Swine meat, fresh, chilled, frozen	HS0901 Coffee	HS1001 Wheat and meslin	HS2309 Preparations of a kind used in animal feeding	HS0207 Meat and edible offal of poultry	HS1905 Bread, pastry, other bakers' wares	HS2309 Preparations of a kind used in animal feeding	HS0207 Meat and edible offal of poultry	HS0402 Milk and cream, concentrated
HS1509 Olive oil and its fractions	HS0207 Meat and edible offal of poultry	HS0803 Bananas, including plantains	HS0203 Swine meat, fresh, chilled, frozen	HS0201 Bovine meat, fresh, chilled	HS2203 Beer made from malt	HS0406 Cheese and curd	HS0406 Cheese and curd	HS1905 Bread, pastry, other bakers' wares	HS1502 Fats of bovine animals, sheep or goat

Source : Données OMC (2022a)

Matrice III.6
Importations non agricoles de pays de l'Amérique latine et des Caraïbes sélectionnés

Brazil	**México**	**Argentina**	**Colombia**	**Chile**	**Antigua y Barbados**	**Granada**	**Saint Kitts and Nevis**	**San Vicente y las Granadinas**	**Dominica**
HS2711 Petroleum gases	HS2711 Petroleum gases	HS2711 Petroleum gases	HS2710 Petroleum oils,other than crude	HS2709 Petroleum oils,crude	HS8703 Motor cars for transport of persons	HS2710 Petroleum oils, other than crude	HS8703 Motor cars for transport of persons	HS2710 Petroleum oils,other than crude	HS2710 Petroleum oils, other than crude
HS2710 Petroleum oils, other than crude	HS2710 Petroleum oils,other than crude	HS2710 Petroleum oils,other than crude	HS8703 Motor cars for transport of persons	HS2710 Petroleum oils,other than crude	HS3004 Medicaments inmeasured doses	HS8703 Motor cars for transport of persons	HS2523 Portland cement, aluminous cement	HS8703 Motor cars for transport of persons	HS2711 Petroleumgases
HS3105 Mineralor chemical fertilisers	HS8708 Parts for motor vehicles 8701-8075	HS8703 Motor cars for transport of persons	HS3004 Medicaments inmeasured doses	HS8703 Motor cars for transport of persons	HS7112 Waste and scrap of precious metal	HS2523 Portland cement, aluminous cement	HS9403 Other furniture and parts thereof	HS2523 Port-land cement, alumi-nous cement	HS8703 Motor cars for transport of persons
HS8708 Parts for motor vehicles 8701-8075 7	HS8542 Electronic integrated circuits	HS8708 Parts for motor vehicles 8701-8075	HS3002 Human and animal blood	HS8704 Motor vehicles for goods transport	HS9403 Other furniture and parts thereof	HS3004 Medicaments inmeasured doses	HS7113 Articlesand parts of jewellery	HS3004 Medicaments inmeasured doses	HS2523 Portland cement, aluminous cement
HS3002 Human and animal blood	HS8525 Radio-telephony transmission tools	HS3002 Human and animal blood	HS8525 Radio-telephony transmission tools	HS8525 Radio-telephony transmission tools	HS7326 Other articles of iron or steel	HS8471 Automatic data-processing machines	HS7117 Imitation jewellery	HS8471 Automatic data-processing machines	HS8525 Ra-dio-telephony transmission tools

Source : Données OMC (2022a)

Matrice III.7
Importations de produits agricoles de pays africains sélectionnés

Nigeria	**Egypt**	**Southafrica**	**Algeria**	**Morocco**	**Gambia**	**Seychelles**	**Comoros**	**Saint Tomé and Principe**
HS1701 Cane or beet sugar	HS1201 Soya beans, whether or not broken	HS1701 Cane or beet sugar	HS1701 Cane or beet sugar	HS1701 Cane or beet sugar	HS1701 Cane or beet sugar	HS0207 Meat and edible offal of poultry	HS1701 Cane or beet sugar	HS0207 Meat and edible offal of poultry
HS1001 Wheat and meslin	HS0202 Meat of bovine animals, frozen	HS0207 Meat and edible offal of poultry	HS1001 Wheat and meslin	HS1001 Wheat and meslin	HS0207 Meat and edible offal of poultry	HS1006 Rice	HS0207 Meat and edible offal of poultry	HS2204 Wine of fresh grapes
HS1511 Palm oil and its fractions	HS1005 Maize (corn)	HS1001 Wheat and meslin	HS1507 Soya-bean oil and its fractions	HS1507 Soya-bean oil and its fractions	HS1101 Wheat or meslin flour	HS1512 Sunflower – seed,or cotton oil	HS1101 Wheat or meslin flour	HS1101 Wheat or meslin flour
HS0402 Milk and cream, concentrate d	HS1001 Wheat and meslin	HS1511 Palm oil and its fractions	HS1701 Cane or beet sugar	HS1701 Cane or beet sugar	HS1006 Rice	HS0401 Milk and cream, not concentrated	HS1006 Rice	HS2202 Waters containing added sugar
HS1901 Malt extract	HS1511 Palm oil and its fractions	HS1006 Rice	HS0402 Milk and cream, concen-trated	HS1003 Barley	HS1515 Other fixed vegetable fats and oils	HS1509 Olive oil and its fractions	HS0402 Milkand cream concen-trated	HS1006 Rice

Source : Données OMC (2022a)

Matrice III.8
Importations non agricoles de pays africains sélectionnés

Nigeria	Egypt	Southafrica	Algeria	Morocco	Gambia	Seychelles	Comoros	Saint Tomé and P
HS2710 Petroleum oils, other than crude	HS2709 Petroleum oils, crude	HS2709 Petroleum oils, crude	HS8703 Motor cars for transport of persons	HS8703 Motor cars for transport of persons	HS8703 Motor cars for transport of persons	HS2710 Petroleum oils, other than crude	HS8703 Motor cars for transport of persons	HS8703 Motor cars for transport of persons
HS8703 Motor cars for transport of persons	HS8703 Motor cars for transport of persons	HS2710 Petroleum oils, other than crude	HS2710 Petroleum oils, other than crude	HS8708 Parts for motor vehicles 8701-8075	HS2710 Petroleum oils, other than crude	HS8901 Vessels for transport	HS2710 Petroleum oils, other than crude	HS2710 Petroleum oils, other than crude
HS3004 Medicaments in measured doses	HS2710 Petroleum oils, other than crude	HS8703 Motor cars for transport of persons	HS3004 Medicaments in measured doses	HS2710 Petroleum oils, other than crude	HS8901 Vessels for transport	HS8903 Vessels for pleasure or sports	HS3004 Medicaments in measured doses	HS2523 Portland cement, aluminous cement
HS8517 Line telephony electrical apparatus	HS3004 Medicaments in measured doses	HS8525 Radio-telephony transmission tools	HS7304 Tubes, pipes, of iron or steel	HS2711 Petroleum gases	HS2523 Portland cement, aluminous cement	HS0303 Fish, frozen, excluding fish fillet	HS2523 Portland cement, aluminous cement	HS6309 Worn clothing and worn articles
HS0303 Fish, frozen, excluding fish fillet	HS2711 Petroleum gases	HS3004 Medicaments in measured doses	HS7308 Structures of iron and steel	HS8544 Insulated electric conductors	HS7222 Other bars and rods of stainless st	HS8802 Other aircraft	HS7214 Other iron bar not further worked	HS8503 Parts suitable for 8501/8502

Source : Données OMC (2022a)

Nous avons ainsi l'offre exportable de chaque région (celle qui fait déjà actuellement n'importe pas sa destination) et la demande manifeste de chacune d'entre elles (ce que chaque région importe actuellement, pas importe son origine), sur la base des informations disponibles pour l'année 2022. Ce que nous allons faire maintenant, c'est croiser l'offre exportable avec la demande manifeste pour obtenir de réelles opportunités commerciales, en faisant exporter les produits par chaque région et les marchés qui demandent ces produits, de chacune des régions, pour les pays sélectionnés. Mais en même temps, nous obtiendrons les opportunités commerciales potentielles, qui seront les produits que chaque région importe et que dans cet essai, il n'est pas apprécie qu'un pays dans notre étude réponde à ce besoin. Troisièmement, nous obtiendrons également l'offre qui peut être redirigée vers chaque région par chaque pays exportateur.

Les matrices résultantes sont les suivantes.

III.1 Détermination de l'offre exportable de l'Afrique et de la demande d'Amérique latine et des Caraïbes

Matrice III.9
Matrice des opportunités commerciales réelles entre l'Afrique et l'Amérique latine et les Caraïbes
Exportations agricoles de l'Afrique par rapport aux importations agricoles de l'ALC

Exportations agricoles de l'Afrique			**Importations de produits agricoles de l'Amérique latine et des Caraïbes**							
Nigeria	**Brazil**	**México**	**Argentina**	**Colombia**	**Chile**	**Antigua y Barbados**	**Granada**	**Saint Kitts and Nevis**	**San Vicente y las Granadinas**	**Dominica**
HS1801 Cocoa beans, whole or broken										
HS1207 Other oil seeds, oleaginous fruits										
HS0801 Coconuts, Brazil nuts, cashew nuts										
HS2402 Cigars, cheroots, cigarillos										
HS2304 Solid residues from soya-bean oil				HS2304 Solid residues from soya-bean oil	HS2304 Solid residues from soya-bean oil					

Source : sur la base des matrices de l'offre et de la demande.

Egypt										
HS0805 Citrus fruit, fresh or dried										
HS2106 Other food preparations			HS2106 Other food preparations			HS2106 Other food preparations	HS2106 Other food preparations	HS2106 Other food preparations	HS2106 Other food preparations	
HS0806 Grapes, fresh or dried										
HS0811 Fruit and nuts, uncooked or cooked										
HS1507 Soya-bean oil and its fractions										
Southafrica										
HS0805 Citrus fruit, fresh or dried										
HS0806 Grapes, fresh or dried										
HS2204 Wine of fresh grapes										
HS0808 Apples, pears and quinces, fresh										
HS1005 Maize (corn)	HS1005 Maize (corn)	HS1005 Maize (corn)		HS1005 Maize (corn)	HS1005 Maize (corn) 705					

Algeria										
HS1701 Cane or beet sugar										
HS0804 Dates, figs, pineapples, avocados										
HS2202 Waters containing added sugar						HS2202 Waters containing added sugar	HS2202 Waters containing added sugar	HS2202 Waters containing added sugar	HS2202 Waters containing added sugar	HS2202 Waters containing added sugar
HS1804 Cocoa butter, fat and oil										
HS1507 Soya-bean oil and its fractions				HS1507 Soya-bean oil and its fractions						
Morocco										
HS0702 Tomatoes, fresh or chilled										
HS0805 Citrus fruit, fresh or dried										
HS0810 Other fruit, fresh										
HS1701 Cane or beet sugar										
HS0708 Leguminous vegetables										

Gambia										
HS0801 Coconuts, Brazil nuts, cashew nuts										
HS1515 Other fixed vegetable fats and oils										
HS1207 Other oil seeds, oleaginous fruits										
HS0904 Pepper of the genus Piper										
HS1701 Cane or beet sugar										
Seychelles										
HS2402 Cigars, cheroots, cigarillos										
HS0106 Other live animals										
HS2208 Alcohol of less than 80% volume										
HS0802 Other nuts, fresh or dried										
HS0801 Coconuts, Brazil nuts, cashew nuts										

Comoros										
HS0907 Cloves										
HS3301 Essential oils (terpeneless or not)										
HS0905 Vanilla										
HS2208 Alcohol of less than 80% volume										
HS2402 Cigars, cheroots, cigarillos										
Saint Tomé and Principe										
HS1801 Cocoa beans, whole or broken										
HS1511 Palm oil and its fractions										
HS1513 Coconut (copra), or palm kernel oil										
HS1806 Chocolate and other cocoa food										
HS0904 Pepper of the genus Piper										

Source : sur la base des matrices de l'offre et de la demande.

Cette matrice est obtenue en combinant les matrices III.1 et III.5 et en faisant les croisements correspondants entre les produits agricoles exportés par l'Afrique et les importations agricoles en provenance de l'Amérique latine et des Caraïbes (pays sélectionnés dans les deux cas). À partir de cette matrice, nous pouvons voir qu'une partie des importations de l'ALC peut être couverte par les exportations de certains pays africains. Par exemple, les articles importés par la Colombie et le Chili dans le cadre du groupe HS2304 (Résidus solides d'huile de soja) peuvent être proposés par le Nigéria ; et le Brésil, le Mexique, la Colombie et le Chili peuvent importer du maïs (fraction HS1005), d'Afrique du Sud. L'autre matrice est la suivante.

Matrice III.10
Matrice des opportunités commerciales potentielles Afrique-ALC 2022
Importations de produits agricoles en provenance de certains pays de l'Amérique latine et des Caraïbes susceptibles d'être exportés par des pays africains

Brazil	**México**	**Argentina**	**Colombia**	**Chile**	**Antigua y Barbados**	**Granada**	**Saint Kitts and Nevis**	**San Vicente y las Granadinas**	**Dominica**
HS2204 Wine of fresh grapes	HS1001 Wheat and meslin		HS1001 Wheat and meslin					HS0207 Meat and edible offal of poultry	
HS1001 Wheat and meslin									HS1101 Wheat or meslin fluor
HS1107 Malt, whether or not roasted									
	HS1201 Soya beans, whether or not broken	HS1201 Soya beans, whether or not broken							
	HS0203 Swine meat, fresh, chilled, frozen	HS0203 Swine meat, fresh, chilled, frozen	HS0203 Swine meat, fresh, chilled, frozen						
	HS0207 Meat and edible offal of poultry		HS2309 Preparations of a kind used in animal feeding		HS0207 Meat and edible offal of poultry	HS0207 Meat and edible offal of poultry	HS0207 Meat and edible offal of poultry	HS0207 Meat and edible offal of poultry	HS0207 Meat and edible offal of poultry
		HS0901 Coffee							
		HS0803 Bananas, including plantains		HS2309 Preparations of a kind used in animal feeding					

				HS2309 Preparations of a kind used in animal feeding					HS Milk and cream; concentrated
							HS2309 Preparations of a kind used in animal feeding		
							HS0406 cheese and curd		

Source : sur la base des matrices de l'offre et de la demande.

Cette matrice est obtenue à partir de biens importés par LAC, mais qui, sur les 5 pays africains sélectionnés, n'exportent pas actuellement parmi les 5 plus importants. Ensuite, s'ils les exportent, mais qu'ils sont moins importants, ils peuvent répondre à la demande de LAC. En d'autres termes, nous observons ici que le Brésil peut acheter des produits relevant de la position SH1001 Blé et méteil, du SH1107 Malt, même torréfié, et du SH1509 Huile d'olive et de ses fractions. Pour sa part, le Mexique peut acheter les produits sous les positions SH1001 Froment et méteil, SH1201 Soja, même concassés, SH0203 Viandes porcines, fraîches, réfrigérées, congelées, SH0207 Viandes et abats comestibles de volaille, si un pays africain les propose (rappelez-vous que nous n'avons que les informations pour les 5 produits les plus importants, dérivés de la publication Profils commerciaux de l'OMC 2022, Donc, en fait, certains de ces produits peuvent déjà se vendre). Ce sont, en d'autres termes, les entreprises potentielles à développer de l'Afrique à l'ALC.

On pourrait penser que la distance et la logistique empêcheraient un plus grand flux d'échanges entre nos régions, mais comme le souligne Ibarra-Puig (2022a) :

> « Mais si l'on analyse le commerce bilatéral par pays, on a quelques surprises : concernant le commerce avec le Bénin, on observe au premier semestre 2019 un montant de seulement 17 000 dollars US d'importations par le Mexique, alors qu'elles étaient de 29,3 millions de dollars US en 2011 ; ce montant correspondait aux achats par le Mexique de pétrole (fraction 2710.11.04), kérosène mis à part (fraction 2710.11.03). Pour ce qui est de la Côte d'Ivoire, en 2017, le montant des importations par le Mexique en cacao et ses produits dérivés représentait 86,7 millions de dollars US. En août de cette année, il

était déjà de 43,6 millions de dollars. Un comble lorsqu'on sait que le cacao est originaire du Mexique ».

Nous allons maintenant analyser les exportations non agricoles de certains pays africains, matrice III.2 et les comparer avec les importations non agricoles de certains pays ALC, matrice III.6. Il en résulte les deux matrices III.11 et III.12 suivantes :

Matrice III.11
Matrice des opportunités réelles pour les exportations non agricoles de l'Afrique vers l'ALC
Produits non agricoles provenant des pays africains sélectionnés qui pourraient être achetés par des pays d'Amérique latine et des Caraïbes sélectionnées

Exportations Non Agrícoles de l'Afrique				Importations Non Agrícoles de l'ALC						
Nigeria	Brazil	México	Argentina	Colombia	Chile	Antigua y Barbados	Granada	Saint Kitts and Nevis	San Vicente y las Granadinas	Dominica
HS2709 Petroleum oils, crude					HS2709 Petroleum oils, crude					
HS2711 Petroleum gases	HS2711 Petroleum gases	HS2711 Petroleum gases	HS2711 Petroleum gases							
HS8905 Vessels not mainly for navigability										
HS3102 Nitrogenous fertilisers										
HS2716 Electrical energy										
Egypt										

HS2710 Petroleum oils, other than crude	HS2710 Petroleum oils, other than crude	HS2710 Petroleum oils, other than crude	HS2710 Petroleum oils, other than crude	HS2710 Petroleum oils, other than crude	HS2710 Petroleum oils, other than crude		HS2710 Petroleum oils, other than crude		HS2710 Petroleum oils, other than crude	HS2710 Petroleum oils, other than crude
HS2711 Petroleum gases	HS2711 Petroleum gases	HS2711 Petroleum gases	HS2711 Petroleum gases							HS2711 Petroleum gases
HS2709 Petroleum oils, crude					HS2709 Petroleum oils, crude					
HS3102 Nitrogenous fertilisers										
HS7108 Gold										
Southafrica										
HS7110 Platinum										
HS7108 Gold										
HS2601 Iron ores and concentrates										
HS8703 Motor cars for transport of persons			HS8703 Motor cars for transport of persons	HS8703 Motor cars for transport of persons	HS8703 Motor cars for transport of persons	HS8703 Motor cars for transport of persons		HS8703 Motor cars for transport of persons	HS8703 Motor cars for transport of persons	HS8703 Motor cars for transport of persons
HS2701 Coal; briquettes, ovoids										
Algeria										
HS2711 Petroleum gases	HS2711 Petroleum gases	HS2711 Petroleum gases	HS2711 Petroleum gases							
HS2709 Petroleum oils, crude					HS2709 Petroleum oils, crude					
HS2710 Petroleum oils, other than crude										
HS2707 Coal tras										
HS2814 Ammonia										
Morocco										
HS3105 Mineral or chemical fertilisers	HS3105 Mineral or chemical fertilisers									
HS8544 Insulated electric conductors										

HS8703 Motor cars for transport of persons			HS8703 Motor cars for transport of persons	HS8703 Motor cars for transport of persons	HS8703 Motor cars for transport of persons	HS8703 Motor cars for transport of persons	HS8703 Motor cars for transport of persons	HS8703 Motor cars for transport of persons	HS8703 Motor cars for transport of persons	HS8703 Motor cars for transport of persons
HS2809 Diphosphorus pentaoxide										
HS6204 Women's or girls' suits										
Gambia										
HS8429 Self-propelled bulldozers										
HS2523 Portland cement, aluminous cement							HS2523 Portland cement, aluminous cement	HS2523 Portland cement, aluminous cement	HS2523 Portland cement, aluminous cement	HS2523 Portland cement, aluminous cement
HS5408 Woven fabrics of artificial filamen										
HS6401 Waterproof footwear with outer sole										
HS0301 Live fish										
Seychelles										
HS8903 Vessels for pleasure or sports										
HS1604 Prepared or preserved fish										
HS2710 Petroleum oils, other than crude										
HS0303 Fish, frozen, excluding fish fillet										
HS8901 Vessels for transport										
Comoros										
HS9617 Vacuum flasks and other vacuum vessels										
HS8429 Self-propelled bulldozers										
HS7209 Cold-rolled products of iron +600										
HS7204 Ferrous waste and scrap										

HS8704 Motor vehicles for goods transport					HS8704 Motor vehicles for goods transport					
Saint Tomé and Principe										
HS8803 Parts of goods 8801, 8802										
HS8409 Parts suitable for 8407 or 8408										
HS7323 Household articles, parts thereof										
HS3004 Medicaments in measured doses				HS3004 Medicaments in measured doses		HS3004 Medicaments in measured doses	HS3004 Medicaments in measured doses		HS3004 Medicaments in measured doses	
HS8427 Trucks with lifting equipment										

Source : sur la base des matrices de l'offre et de la demande.

Ici, nous pouvons voir que le Brésil peut acheter les produits du groupe HS2711 Gaz de pétrole, du Nigéria et de l'Égypte ; tandis que le Mexique peut acheter les mêmes produits auprès des mêmes fournisseurs, et ainsi de suite.

La matrice III.12 suivante, quant à elle, nous montre le potentiel commercial entre l'Afrique et l'ALC ; c'est-à-dire qu'il s'agit des importations de produits non agricoles fabriqués par les pays ALC et qui pourraient être offerts par les pays africains.

Matrice III.12
Matrice des entreprises potentielles pour la vente de produits non agricoles des pays africains vers les pays de l'Amérique latine et des Caraïbes (Importations de produits non agricoles par les pays de l'Amérique latine et des Caraïbes qui pourraient être offertes par les pays africains)

Brazil	México	Argentina	Colombia	Chile	Antigua y Barbados	Granada	Saint Kitts and Nevis	San Vicente y las Granadinas	Dominica
HS8708 Parts for motor vehicles 8701-8075 7	HS8708 Parts for motor vehicles 8701-8075	HS8708 Parts for motor vehicles 8701-8075							
HS3002 Human and animal blood		HS3002 Human and animal blood	HS3002 Human and animal blood						
	HS8542 Electronic integrated circuits								
	HS8525 Radio-telephony transmission tools		HS8525 Radio-telephony transmission tools	HS8525 Radio-telephony transmission tools					HS8525 Radio-telephony transmission tools
					HS7112 Waste and scrap of precious metal				
					HS9403 Other furniture and parts thereof		HS9403 Other furniture and parts thereof		
					HS7326 Other articles of iron or steel				

						HS8471 Automatic data-processing machines		HS8471 Automatic data-processing machines	
							HS7113 Articles and parts of jewellery		
							7117SH noitatimI yrellewej		

Source : sur la base des matrices de l'offre et de la demande.

Ainsi, le Brésil pouvait acheter les produits relevant des positions SH8708 Pièces pour véhicules automobiles 8701 à 8075 7 et SH3002 Sang humain et animal. Pour sa part, le Mexique pourrait acquérir les produits sous les codes HS8708 Pièces pour véhicules automobiles 8701 à 8075, SH8542 Circuits intégrés électroniques et SH8525 Outils de transmission radiotéléphonique.

Examinons maintenant les opportunités commerciales que l'ALC a dans ses échanges commerciaux avec l'Afrique.

III.2 Détermination de l'offre exportable ALC et de la demande africaine

La matrice III.13 suivante est obtenue en combinant les matrices III.3 et III.7 et en effectuant les croisements correspondants.

Matrice III.13
Potentiel d'affaires entre l'Amérique latine et les Caraïbes et l'Afrique
Importations agricoles africaines pouvant provenir de l'Amérique latine et des Caraïbes

Exportations agricoles de l'ALC					**Importations agricoles africaines**				
Brazil	**Nigeria**	**Egypt**	**Southafrica**	**Algeria**	**Morocco**	**Gambia**	**Seychelles**	**Comoros**	**Saint Tomé and Principe**
HS1201 Soya beans ,whether or not broken		HS1201 Soya beans, whether or not broken							
HS1701 Cane or beet sugar	HS1701 Cane or beet sugar		HS1701 Cane or beet sugar	HS1701 Cane or beet sugar	HS1701 Cane or beet sugar	HS1701 Cane or beet sugar		HS1701 Cane or beet sugar	
HS2304 Solid residues from soya-bean oil									
HS0202 Meat of bovine animals, frozen		HS0202 Meat of bovine animals, frozen							
HS0207 Meat and edible offal of poultry			HS0207 Meat and edible offal of poultry			HS0207 Meat and edible offal of poultry	HS0207 Meat and edible offal of poultry	HS0207 Meat and edible offal of poultry	HS0207 Meat and edible offal of poultry
Mexico									
HS2203 Beer made from malt									
HS0804 Dates, figs ,pineapples, avocados									
HS2208 Alcohol of less than 80% volume									
HS0709 Other vegetables ,fresh or chilled									
HS0702 Tomatoes ,fresh or chilled									
Argentina									
HS1005 Maize)corn(		HS1005 Maize) corn(							
HS2304 Solid residues from soya-bean oil									
HS1507 Soya-bean oil and its fractions									

HS1001 Wheat and meslin	HS1001 Wheat and meslin	HS1001 Wheat and meslin	HS1001 Wheat and meslin	HS1001 Wheat and meslin	HS1001 Wheat and meslin				
HS1201 Soya beans ,whether or not broken				HS1507 Soya-bean oil and its fractions	HS1507 Soya-bean oil and its fractions				
Colombia									
HS0901 Coffee									
HS0603 Cut flowers and flower buds									
HS0803 Bananas, including plantains									
HS1511 Palm oil and its fractions	HS1511 Palm oil and its fractions	HS1511 Palm oil and its fractions	HS1511 Palm oil and its fractions						
HS1701 Cane or beet sugar			HS1701 Cane or beet sugar	HS1701 Cane or beet sugar	HS1701 Cane or beet sugar	HS1701 Cane or beet sugar		HS1701 Cane or beet sugar	
Chile									
HS0809 Apricots, cherries ,peaches									
HS2204 Wine of fresh grapes									HS2204 Wine of fresh grapes
HS0806 Grapes, fresh or dried									
HS0810 Other fruit ,fresh									
HS0808 Apples, pears and quinces, fresh									
Antigua y Barbados									
HS2208 Alcohol of less than 80% volume									
HS2402 Cigars, cheroots, cigarillos									
HS2204 Wine of fresh grapes									
HS2201 Waters, natural or artificial									
HS0901 Coffee									
Granada									

HS0908 Nutmeg, mace and cardamoms									
HS1101 Wheat or meslin flour						HS1101 Wheat or meslin flour		HS1101 Wheat or meslin flour	HS1101 Wheat or meslin flour
HS2309 Preparations of a kind used in animal feeding									
HS1801 Cocoa beans ,whole or broken									
HS0810 Other fruit ,fresh									
Saint Kitts and Nevis									
HS2203 Beer made from malt									
HS2009 Fruit juices and vegetable juices									
HS2208 Alcohol of less than 80% volume									
HS2202 Waters containing added sugar									HS2202 Waters containing added sugar
HS2402 Cigars, cheroots, cigarillos									
San Vicente y las Granadinas									
HS1101 Wheat or meslin flour									
HS2309 Preparations of a kind used in animal feeding									
HS0714 Manioc, arrowroot ,salep									
HS2203 Beer made from malt									
HS2202 Waters containing added sugar									
Dominica									
HS0714 Manioc, arrowroot ,salep									
HS0803 Bananas, including plantains									
HS3301 Essential oils) terpeneless or not(									

HS0804 Dates, figs ,pineapples, avocados									
HS0805 Citrus fruit ,fresh or dried									
Dominica									
HS0714 Manioc, arrowroot ,salep									
HS0803 Bananas, including plantains									
HS3301 Essential oils) terpeneless or not(									
HS0804 Dates, figs ,pineapples, avocados									
HS0805 Citrus fruit ,fresh or dried									

Source : sur la base des matrices de l'offre et de la demande. Le titre correct est Importations agricoles africaines qui peuvent provenir de l'ALC

Nous avons donc que, par exemple, le Nigéria pourrait acheter les produits suivants à ALC : HS1701 Sucre de canne ou de betterave du Brésil, SH1001 Blé et méteil d'Argentine et HS1511 Huile de palme et ses fractions de Colombie. Le Maroc pourrait acheter du sucre de canne ou de betterave HS1701 du Brésil et de la Colombie ; du SH1001 du blé et du méteil et de l'huile de soja HS1507 et de ses fractions d'Argentine.

Les marchés potentiels pour les produits ALC en Afrique sont indiqués par la matrice III.14 :

Matrice III.14
Importations agricoles africaines qui pourraient provenir de l'Amérique latine et des Caraïbes

Nigeria	**Egypt**	**Southafrica**	**Algeria**	**Morocco**	**Gambia**	**Seychelles**	**Comoros**	**Saint Tomé and Principe**
		HS1006 Rice			HS1006 Rice	HS1006 Rice	HS1006 Rice	HS1006 Rice
				HS1003 Barley				
					HS1515 Other fixed vegetable fats and oils			
						HS1512 Sunflower-seed,or cotton oil		
						HS0401 Milk and cream ,not concentrated		
HS0402 Milk and cream, concentrated			HS0402 Milk and cream, concentrated				HS0402 Milk and cream, concentrated	
						HS1509 Olive oil and its fractions		
HS1901 Malt extract								

Source : sur la base des matrices III.3 et III.7.

Si un pays d'Amérique latine et des Caraïbes avait du lait et de la crème HS0402, concentrés et HS1901 extrait de malt, le Nigéria pourrait les acheter . Le Maroc serait disposé à acheter de l'orge HS1003. Comme nous l'avons souligné, les distances ne sont pas un obstacle aux affaires, comme le démontrent également Ruff et al (2022) dans le cas du Chili.

Analysons maintenant le cas des exportations non agricoles de l'ALC et leurs opportunités commerciales réelles ou potentielles avec l'Afrique, matrices III.4 et III.8. En les combinant, nous avons la matrice III.15 de Opportunités commerciales réelles pour les produits non agricoles entre les entreprises exportatrices de l'ALC et les importateurs africains correspondants.

Matrice III.15
Opportunités d'affaires pour les exportations non agricoles de l'ALC en Afrique
Produits importés par pays africains sélectionnés et exportés par pays de l'Amérique latine et des Caraïbes sélectionnés

Exportations non agricoles de certains pays de l'Amérique latine et des Caraïbes par rapport aux importations non agricoles de certains pays africains									
Brazil	**Nigeria**	**Egypt**	**Southafrica**	**Algeria**	**Morocco**	**Gambia**	**Seychelles**	**Comoros**	**Saint Tomé and Principe**
HS2601 Iron ores and concentrates									
HS2709 Petroleum oils, crude		HS2709 Petroleum oils ,crude	HS2709 Petroleum oils ,crude						
HS2710 Petroleum oils ,other than crude	HS2710 Petroleum oils ,other than crude	HS2710 Petroleum oils ,other than crude	HS2710 Petroleum oils ,other than crude			HS2710 Petroleum oils ,other than crude	HS2710 Petroleum oils ,other than crude	HS2710 Petroleum oils ,other than crude	HS2710 Petroleum oils ,other than crude
HS4703 Chemical wood pulp ,soda/ sulphate									
HS7207 Iron's semi-finished products									
Mexico									
HS8703 Motor cars for transport of persons	HS8703 Motor cars for transport of persons	HS8703 Motor cars for transport of persons	HS8703 Motor cars for transport of persons	HS8703 Motor cars for transport of persons	HS8703 Motor cars for transport of persons	HS8703 Motor cars for transport of persons		HS8703 Motor cars for transport of persons	HS8703 Motor cars for transport of persons
HS8471 Automatic data-processing machines									
HS8704 Motor vehicles for goods transport									

HS8708 Parts for motor vehicles 8701-8075					HS8708 Parts for motor vehicles 8701-8075				
HS2709 Petroleum oils, crude									
Argentina									
HS8704 Motor vehicles for goods transport									
HS3824 Prepared binders for foundry moulds									
HS0306 Crustaceans whether in shell or not									
HS2709 Petroleum oils, crude									
HS8703 Motor cars for transport of persons	HS8703 Motor cars for transport of persons	HS8703 Motor cars for transport of persons	HS8703 Motor cars for transport of persons	HS8703 Motor cars for transport of persons	HS8703 Motor cars for transport of persons	HS8703 Motor cars for transport of persons		HS8703 Motor cars for transport of persons	HS8703 Motor cars for transport of persons
Colombia									
HS2709 Petroleum oils, crude			HS2709 Petroleum oils ,crude						
HS2701 Coal; briquettes, ovoids									
HS7108 Gold									
HS2710 Petroleum oils ,other than crude	HS2710 Petroleum oils ,other than crude	HS2710 Petroleum oils ,other than crude	HS2710 Petroleum oils ,other than crude	HS2710 Petroleum oils ,other than crude	HS2710 Petroleum oils ,other than crude	HS2710 Petroleum oils ,other than crude	HS2710 Petroleum oils ,other than crude	HS2710 Petroleum oils ,other than crude	HS2710 Petroleum oils ,other than crude
HS2704 Coke and semi-coke of coal									
Chile									

HS2603 Copper ores and concentrates									
HS7403 Refined copper and copper alloys									
HS0304 Fish fillets and other fish meat									
HS7402 Unrefined copper									
HS2601 Iron ores and concentrates									
Antigua y Barbados									
HS7112 Waste and scrap of precious metal									
HS2710 Petroleum oils ,other than crude	HS2710 Petroleum oils ,other than crude	HS2710 Petroleum oils ,other than crude	HS2710 Petroleum oils ,other than crude						
HS0306 Crustaceans whether in shell or not									
HS7113 Articles and parts of jewellery									
HS9102 Other wristwatches									
Granada									
HS8479 Machines with individual functions									
HS0302 Fish, fresh ,chilled									
HS4818 Toilet paper and similar paper									

HS3209 Paints and varnishes, aqueous									
HS8502 Electric generating sets									
Saint Kitts and Nevis									
8536 Electrical circuits protector									
HS8525 Radio-telephony transmission tools			HS8525 Radio-telephony transmission tools						
HS4907 Other documents of title									
HS8529 Parts for 8525-8528									
HS7113 Articles and parts of jewellery									
San Vicente y las Granadinas									
HS0306 Crustaceans whether in shell or not									
HS7610 Aluminium structures									
HS0302 Fish, fresh ,chilled									
HS7210 Flat-rolled products of iron+ 600									
HS4819 Cartons ,boxes, cases ,bags									
Dominica									
HS3401 Soap									

HS4907 Other documents of title									
HS2517 Pebbles ,gravel									
HS8518 Microphones and stands therefor									
HS3210 Other paints and varnishes									

Source : sur la base des matrices de l'offre et de la demande.

Nous voyons alors que le Nigéria peut acheter des huiles de pétrole HS2710, autres que le brut du Brésil, de la Colombie et d'Antigua-et- Barbade. Le Maroc, en revanche, peut acheter SH8703 Automobiles pour le transport de personnes et SH8708 Pièces pour véhicules automobiles 8701- 8075 du Mexique, SH8703 Automobiles pour le transport de personnes en provenance d'Argentine et SH2710 Huiles de pétrole, autres que le brut de Colombie.

Les opportunités d'affaires potentielles de l'ALC avec l'Afrique sont données par la matrice III.16 suivante, des produits que l'Afrique exige et qui pourraient être offerts par les entreprises d'ALC.

Matrice III.16

Opportunités d'affaires non agricoles potentielles des pays sélectionnés de l'Amérique latine et des Caraïbes avec l'Afrique

Produits non agricoles importés par pays africains sélectionnés et qui pourraient être proposés par pays de l'Amérique latine et des Caraïbes sélectionnées

Nigeria	Egypt	Southafrica	Algeria	Morocco	Gambia	Seychelles	Comoros	Saint Tomé and Principe
HS3004 Medicaments in measured doses	HS3004 Medicaments in measured doses	HS3004 Medicaments in measured doses	HS3004 Medicaments in measured doses				HS3004 Medicaments in measured doses	
HS8517 Line telephony electrical apparatus								
			HS7304 Tubes ,pipes, of iron or steel					
			HS7308 Structures of iron and steel					
	HS2711 Petroleum gases			HS2711 Petroleum gases				
				HS8544 Insulated electric conductors				
					HS8901 Vessels for transport	HS8901 Vessels for transport		
					HS2523 Portland cement, aluminous cement		HS2523 Portland cement, aluminous cement	HS2523 Portland cement, aluminous cement
					HS7222 Other bars and rods of stainless st			
						HS8903 Vessels for pleasure or sports		
HS0303 Fish ,frozen, excluding fish fillet						HS0303 Fish ,frozen, excluding fish fillet		
						HS8802 Other aircraft		

							HS7214 Other iron bar not further worked	
								HS6309 Worn clothing and worn articles
								HS8503 Parts suitable for 8501/8502

Source : sur la base des matrices de l'offre et de la demande.

Ainsi, il serait nécessaire de voir si un pays de l'ALC peut vendre au Nigéria des médicaments dosés HS3004, des appareils téléphoniques électriques filaires HS8517, et du poisson congelé HS0303 (à l'exception des filets) ; et HS2711 Gaz de pétrole, et HS8544 Conducteurs isolés pour l'électricité au Maroc.

Plusieurs leçons peuvent être tirées de l'analyse des matrices précédentes, en plus de ce qui a déjà été mentionné. Les tâches à définir seraient les suivantes :

- Analyse prospective des produits à exporter entre ces deux régions, dans chacun des pays, pour déterminer leur rapport coût-bénéfice.
- Études de marché collaboratives entre les pays concernés pour déterminer l'offre exportable au niveau du produit. À titre d'exemple, les gouvernements ou les chambres de commerce du Mexique et du Maroc peuvent convenir de réaliser une étude de marché sur la vente probable des produits marocains exportés par le Maroc : HS0702 Tomates fraîches ou réfrigérées, HS0805 Agrumes frais ou secs, HS0810 Autres fruits ou autres fruits frais, HS1701 Sucre de canne ou de betterave, HS0708 Légumes (gousses) ; et analyser la possibilité de les vendre au Mexique. Et la possibilité n'est pas fermée, car il peut y avoir une demande non satisfaite ou un avantage absolu pour la production de ces biens au Maroc par rapport au Mexique[110] [1]. De même, la possibilité de vendre certains produits mexicains à l'Afrique pourrait être analysée : (HS2203 Bière de malt (avec les restrictions requises), HS0804 Dattes, figues, ananas, avocats, HS0709 Autres légumes, frais ou réfrigérés, et, dans le cadre d'un régime spécifique, HS0702 Tomates fraîches ou réfrigérées.
- L'existence de marchés non encore explorés doit être prise en compte, comme c'est le cas des communautés afro-latino-américaines ou de la diaspora africaine en Amérique latine et dans les Caraïbes.

110. C'est le cas du cacao importé par le Mexique mentionné ci-dessus. Dans le prochain chapitre, nous discuterons également des avantages de la signature d'un éventuel accord de libre-échange entre l'ALC et l'Afrique.

- Développer des accords dans les domaines dans lesquels un pays a excellé et apprendre de ses expériences, comme cela pourrait être le cas du secteur aéronautique mexicain et brésilien, de l'industrie des logiciels et du matériel de la nation aztèque ; et :
- Jeter les bases du développement de nouveaux domaines de technologie de pointe, tels que la biologie moléculaire et les nouvelles TIC.
- Normaliser l'utilisation des lettres de crédit, de préférence irrévocables et confirmées, peut-être avec la garantie de la banque centrale des pays africains, pour accélérer le commerce entre les deux régions et assurer, en même temps, le paiement des marchandises.

Maintenant, alors. Il n'est pas aussi évident de faire une analyse que le précédent dans le cas des services commerciaux ; mais dans le cas d'eux, l'élaboration d'une liste avec les Services que les différents pays commercialisent le plus, peut donner une ligne directrice pour faire des alliances stratégiques, échange d'informations, formation in situ ou par Internet, etc.

Par exemple, dans le cas du Mexique, il a exporté pour 27 039 millions de dollars de services commerciaux en 2021, sa répartition étant la suivante: Transports : 8,8% Voyages : 73,2%, Autres services commerciaux : 17,9% et Services liés aux biens : 0,1%. Ensuite, les pays africains et le Mexique peuvent organiser des réunions d'affaires et de gouvernement, visant à échanger des expériences et à promouvoir les séjours d'étudiants dans les universités de chaque pays dans ce type de services. Cela pourrait être le cas du Maroc, un pays qui a fait des exportations de services commerciaux pour 14 892 millions de dollars en 2021, dont en pourcentage : Transports 19,1%, Voyages : 25,6%, Autres services commerciaux, 42,5 % et Services liés aux biens : 12,8 %. Peut-être y a-t-il beaucoup à apprendre les uns des autres dans les domaines du transport et des voyages.

III. 3 Les relations économiques Afrique-ALC dans un monde avec Covid-19

Dans ce chapitre, nous analyserons l'avenir des relations économiques entre l'Afrique et l'ALC, dans un monde avec Covid19, où les chaînes de valeur mondiales, les CVM, ont été perturbées soit du côté de la production, soit du côté de la distribution, et sont soumises à d'autres tensions telles que la guerre entre la Russie et l'Ukraine[111].

111. Cette guerre prend des caractères de plus en plus dangereux ; par exemple, dans les premiers jours de septembre 2023, la Grande-Bretagne et les États-Unis ont décidé d'envoyer à l'Ukraine des armes contenant de l'uranium enrichi. Quelle sera la réaction de la Russie ?

Dans la première partie de ce chapitre, nous analysons les changements survenus dans l'économie internationale de 1980 à 2023, comme cadre de conceptualisation des défis des deux régions, l'Amérique latine et l'Afrique. Nous analysons ces défis à travers leurs modèles de développement à l'export. Dans la deuxième partie, nous étudions les tendances d'exportation des 5 plus grands et des 5 plus petits pays d'Afrique (dans la mesure où l'information est disponible) et des 5 plus grands et des 5 plus petits pays de l'Amérique latine et des Caraïbes à partir de 1980 (ou à partir de l'année où l'information est disponible). jusqu'en 2022, sur la base de son contenu technologique. Une analyse de 6 pays asiatiques basée sur leurs exportations depuis 1980 est incluse dans l'annexe pour illustrer le succès des SSP.

L'économie internationale de 1980 à 2023[112]

Au début des années 1980, l'économie mondiale se remettait à peine des chocs pétroliers de 1973 et de 1979. Le mois de septembre 1982 a marqué un tournant dans les activités du système financier international et de l'économie, en particulier dans le système bancaire : le premier jour de ce mois, le Mexique a déclaré un moratoire sur le capital de ses crédits extérieurs contractés auprès des banques internationales. Bien que le montant ne soit pas significatif, puisque les intérêts étaient toujours payés[113], l'impact a été en principe minimisé à la fois par le montant lui-même et par le fait que les banques internationales avaient mis en œuvre une série de mesures visant à réduire leur risque vis-à-vis des pays en développement, en particulier l'Amérique latine. Mais il a eu un fort écho parce que c'était un pays qui pouvait donner le « mauvais exemple » à d'autres pays de la région, qui avaient même menacé de former un « club des débiteurs ». Cette situation a entraîné une légère baisse de la tendance de l'indice Dow Jones à New York. Alors, un plan de sauvetage a été mis en place pour le Mexique afin qu'il puisse continuer à honorer ses engagements, un paquet financé par les banques elles-mêmes : je vous prête pour me payer. Enfin, 540 institutions de 40 pays ont participé au plan de sauvetage « du Mexique » ; il y a même eu le cas d'une banque qui a à peine accepté de ne contribuer que 210 dollars[114].

La première étape de l'ère Greenspan : du 11 août 1987 à décembre 1994

Au lendemain de 1982, plusieurs tendances du SFI sont dignes de mention :

---

112. Cette section reprend certains aspects d'Ibarra-Puig (2017a) et (2021).

113. Discours de M. Jesús Silva-Herzog F. à la réunion sur « La crise de la dette 30 ans après », 18 février 2013, CEPAL-Siège de Mexico, disponible en www.cepal.org/de/agenda/2/49222/2.2_S._Herzog.pdf.

114. Silva-Herzog, op.

1. Le changement dans le rôle des États-Unis de fournisseur de fonds à emprunteur net, motivé par leurs doubles déficits budgétaires et courant ;
2. L'évolution de l'environnement réglementaire sur les marchés des capitaux vers la redéfinition des activités des différents acteurs financiers et la réduction des barrières aux participants étrangers, plusieurs fois sur la base de la réciprocité (cas des États-Unis et du Japon et de ce dernier avec l'Angleterre).
3. La plus grande attention des autorités de contrôle, en particulier dans les pays développés, au niveau des réserves ou des fonds propres de leurs banques, à travers les accords de Bâle, dont le premier, Bâle I en 1988.
4. La diminution des excédents des pays exportateurs de pétrole, en particulier au cours des années 1985-1986.
5. L'application à grande échelle des nouvelles technologies de télécommunications et d'informatique à diverses transactions financières et aux bourses en particulier ;
6. La concurrence elle-même entre les différents marchés financiers internationaux, conduisant à la « libéralisation » des activités financières : i) des facilités accrues pour la circulation des flux financiers internationaux ; ii) la participation croissante des étrangers aux marchés nationaux des capitaux ; et iii) l'instabilité croissante des taux de change et des taux d'intérêt.

Dans le cas des États-Unis, le principal promoteur des changements était Alan Greenspan, président de la célèbre Fed depuis le 11 août 1987 et qui venait de présider sa propre société de conseil financier à New York, en plus de divers postes fédéraux, dont celui de président du Conseil des conseillers économiques sous Gerald Ford.

Mais avant l'arrivée de Greenspan à la Fed, le système financier international avait déjà donné quelques avertissements : la crise de la Continental Bank of Illinois, CI, en 1984 et la crise de la Saving and Loans, S&L de 1983 à 1985, appelaient à une meilleure supervision bancaire et que les processus de libéralisation financière étaient assez risqués, ainsi que chers.

Dans le cas du CI, en réponse à la détérioration continue causée par la méfiance à l'égard de la banque, la Réserve fédérale, pour la première fois de son histoire, a garanti le remboursement intégral des dépôts et des prêts. Ce renflouement du CI a envoyé le signal au marché que le prêteur de dernier recours serait là en cas de problème, incitant également d'autres banques à renflouer l'institution en difficulté.

La décision concernant le Continental était basée sur la crainte d'une panique bancaire généralisée, bien que, selon les critiques, cela était hautement improbable et qu'il s'agissait en fin de compte de défendre les intérêts personnels des hauts fonctionnaires responsables et, plus largement, de défendre les agences de régulation en tant qu'institution. « Le résultat a été un affaiblissement de la discipline de marché et une discrimination en faveur des grandes entités », explique A. Torrero Mañas (cité par Estefanía 1994[115]).

Le cas du S&L mérite également d'être mentionné, car, comme le souligne Schifferes (2007)[116], les caisses d'épargne et de crédit aux États-Unis étaient des institutions locales qui offraient des prêts hypothécaires et recevaient des dépôts de petits investisseurs. Dans les années 1980, la déréglementation financière a commencé à permettre à ces petites banques de s'engager dans des transactions plus complexes et de tenter de concurrencer les grandes banques commerciales, notamment en libéralisant les taux d'intérêt.

C'est dans cette période de 1982 à 1987 qu'il y a eu une première vague d'innovations financières bancaires pour, entre autres choses, tenter de se débarrasser des prêts des pays en développement et de leurs conséquences de défaut. À cela s'est ajoutée l'initiative de différents investisseurs qui, profitant des tendances du marché, ont donné lieu non seulement à des options, des contrats à terme et à terme, mais aussi à des instruments plus complexes tels que des produits dérivés ou, plus risqués, tels que des obligations de pacotille (ou des obligations de pacotille).

Parallèlement à ces obligations, les achats à fort effet de levier utilisant ce type d'instrument ont connu une croissance très importante, notamment pour effectuer des achats hostiles ou des offres publiques d'achat, OPAs. La bursatilisation des titres de dette par les entreprises a également contribué à cet essor boursier. En outre, l'informatique a été introduite à grande échelle dans les opérations des maisons de courtage, et les programmes informatiques répondaient, par des algorithmes, aux tendances du marché. Ce qui est également un fait, c'est que l'activité bancaire internationale n'a pas complètement ralenti, seulement celle qui avait à voir avec les activités du secteur bancaire international envers les pays en développement.

Dans ce contexte, la spéculation a porté ses fruits et après une forte croissance de 1982 à 1987, les marchés boursiers ont commencé à montrer des degrés

---

115. Estefanía J. «La crisis del Continental Illinois Bank» disponible dans http://elpais.com/diario/1994/01/03/opinion/757551610_850215.html, 3 janvier 1994, consulté le 28 février 2015.

116. Schifferes S. «Crisis Financieras. Lecciones de historia », disponible dans http://news.bbc.co.uk/hi/spanish/business/newsid_6965000/6965142.stm, lundi 27 août 2007 - 09 :28 GMT, consulté le 7 février 2015.

d'épuisement variables[117] : le vendredi 16 octobre, la bourse de Tokyo a clôturé avec de lourdes pertes et c'est là que commence la débâcle. Le lundi 19 octobre 1987, il y a eu le fameux lundi noir, car la Bourse de New York a chuté et avec elle tous les marchés boursiers du monde. Parmi les causes de cette chute, il est mentionné que, en raison de l'introduction en plein de l'informatique dans les bourses, plusieurs programmes récemment installés notamment sur le marché de New York, ont envoyé des signaux de vente à l'ouverture de cette place lundi, après avoir reçu le signal de chute de la bourse de Tokyo vendredi.

Les pertes ont été importantes pour les investisseurs, mais pas pour les banques, qui étaient encore séparées des banques d'investissement et des banques commerciales en raison de la loi Glass-Steagal.

Le Mexique, première crise du XXIe siècle

En décembre 1994, le Mexique fait à nouveau la une des journaux du monde financier international : à la fin d'une année mouvementée pour le pays, marquée par la montée de la guérilla et les assassinats politiques, le niveau des réserves est d'environ 6 milliards de dollars contre des engagements extérieurs à court terme du pays de plus de 25 milliards de dollars (les Tesobonds, remboursables en monnaie nationale). Cette situation, aggravée par une dévaluation surprise pour la majorité de la population le 20 décembre, a amené les organisations financières internationales à se réunir et à mettre en place un plan de sauvetage pour le Mexique de l'ordre de 25 000 millions de dollars, soit environ le montant de Tesobonos qui appartenaient la plupart, à des résidents à l'étranger et qui, à la fin du mois de novembre, dépassait le montant total des réserves : le montant des réserves est passé de 10 359 millions de dollars le 20 décembre à 5 854 un jour plus tard (Bank of Mexico 1995[118]), il convient de mentionner que la gestion des informations privilégiées avant cette dévaluation en faveur de quelques hommes d'affaires et autres personnes a été exprimée avec insistance par l'ancien président Carlos Salinas de Gortari (2000, 2008). Dans ce contexte, on parle d'un renflouement du Mexique alors qu'en réalité, cet argent a été utilisé pour payer des investisseurs étrangers en dollars.

Il n'est pas clair pourquoi le gouvernement mexicain a décidé d'assumer le risque des investisseurs étrangers, en plus d'assumer ce risque dans son intégralité, alors que le remboursement de ces instruments financiers de Tesobonos était

117. Pour une analyse intéressante du cas mexicain et un point de vue sur l'évolution des marchés boursiers dans le monde, nous recommandons les travaux d'Ejea G., Garrido C., Leriche C., Quintana E. (1991) « Mercado de valores, crisis y nuevos circuitos financieros en México, 1970- 1990 », Ed. UAM.
118. Banxico, Rapport annuel 1994, annexe 5.

par définition en monnaie nationale. Ce que le gouvernement mexicain a fait aurait été équivalent à ce que le gouvernement américain assume le risque des investissements japonais au début des années quatre – vingt, lorsque le dollar était à 250 yens, et quelques années plus tard, il était à 125 yens, de sorte que les pertes pour les Japonais qui ont investi dans les bons du Trésor américain ont été substantielles ; Cependant, tant les investisseurs que les émetteurs obligataires savaient et savent qu'il s'agit de risques de marché[119].

La deuxième ère Greenspan : de la crise monétaire asiatique à la crise des dotcom en 2000

La concurrence bancaire internationale n'a pas de frontières et la cupidité n'a pas de limites : fin 1995, la faillite de la Barings Bank of England est annoncée en raison d'une mauvaise supervision qui permet à un seul opérateur d'exercer des activités actives et passives, ce qui conduit finalement l'institution à la ruine[120]. Mauvaises décisions ou cupidité débridée ? Le fait est que cette banque, emblème de l'establishment britannique, qui avait eu des clients comme Napoléon III ou la reine d'Angleterre elle-même – qui aurait perdu plus d'un million de dollars après la faillite[121] – la même qui a financé l'achat de la Louisiane par les États-Unis, celle qui a mis l'argent pour la construction du chemin de fer sur la route de la soie, celle qui a été décrite par le cardinal de Richelieu comme la sixième puissance mondiale et qui a aidé à la réparation de la France après Waterloo, a finalement été vendue pour une livre au groupe néerlandais de services financiers Internationale Nederlanden Groep (ING), qui a promis de reprendre toutes les dettes, de restituer les dépôts et de prendre soin des créanciers.

Barings a été l'une des premières grandes victimes des innovations financières et de l'absence d'une surveillance adéquate, car les institutions gouvernementales nationales et internationales n'avaient pas réussi à mettre en place des mécanismes de surveillance efficaces[122].

---

119. « Au cours de l'année 1995, la dette à court terme libellée en devises étrangères (Tesobonos) a été liquidée pour un total de près de 29 000 millions de dollars (99,1 % du solde existant en décembre 1994), dont environ les deux tiers ont été amortis en dollars... », Banco de Mexico 1995 ; sans discrimination de principe à l'égard des investisseurs nationaux, voir Ibarra-Puig (2013a).
120. Leeson N. (1996). Nick Leeson est la personne qui a causé la chute de cette banque.
121. C'est le chiffre qui apparaît dans Fort M. « Nick Leeson : Le principal crime de la banque est sa stupidité », in http://www.lavanguardia.com/economia/20130218/54365423401/nick-leeson-principal-delito-banca-estupidez.html#ixzz3WBCrv8Ae, 18 février 2013, récupéré le 2 février 2015.
122. L'opérateur financier à l'origine de la violation de Barings a passé 4 ans et demi en prison, sur une peine de 6.

Dans le même temps, les systèmes financiers nationaux des pays en développement les plus performants ont immédiatement été considérés comme un bon terrain de chasse : les pays asiatiques ont subi des pressions de la part du gouvernement américain pour libéraliser leurs comptes de capital et permettre l'afflux d'investissements de portefeuille et d'investissements directs. De plus, ce capital était nécessaire pour financer ses déficits courants. Le problème était, selon Stiglitz (2002), qu'au premier signe de risque, les banques fermaient le robinet des prêts et cédaient leur place aux spéculateurs internationaux, qui tiraient d'énormes profits des dévaluations des monnaies asiatiques.

De son côté, l'économie japonaise commençait à perdre de son dynamisme: fini le temps où l'on parlait de recycler les excédents japonais vers les pays en développement[123].

De même, il y a eu une autre crise : celle du rouble soviétique, qui était la chronique d'une crise annoncée. La précipitation pour intégrer l'ex Union soviétique dans la sphère capitaliste a conduit à une libéralisation hâtive du compte de capital, à une corruption endémique et à la création de grandes fortunes personnelles, évoquant même l'utilisation abusive des prêts consentis aux pays de la CEI par des organisations internationales telles que la Banque mondiale[124].

De son côté, une fois de plus, le système a montré sa face cachée de dégoût pour le comportement humain : la firme Long-Term Capital Market, LTCM, dirigée par deux lauréats du prix Nobel d'économie, Myron Acholes et Robert Merton, qui l'on reçut en 1997 pour leurs travaux dans le développement du modèle Black Scholes créé pour déterminer la valeur des dérivés. Elle a déposé son bilan lorsque ses modèles n'ont pas prévu le défaut de paiement de la Russie en 1998, sans parler des effets de cette action. Dans ce cas, le sauvetage de la société financière LTCM a été effectué sous la pression de la Fed, par les banques américaines elles- mêmes qui avaient des investissements dans cette société, qui a finalement disparu en 2000. Les joyeuses années 90 étaient terminées.

Malgré les problèmes du système financier international dans les années 90 du siècle dernier, au début de la première décennie de ce siècle, de nouvelles opportunités commerciales sont apparues pour le secteur bancaire et le système financier international à la suite de l'abrogation de la loi Glass- Stegal le 12 novembre 1999.

---

123. C'est le titre d'un livre écrit par le professeur T. Ozawa pour le Centre de développement de l'OCDE en 1989 ; disponible en espagnol aux éditions CEMLA-Somex.

124. Wolf T. et Gürgen E. (2000) "Mejora de la gestión pública y lucha contra la corrupción en los países bálticos y de la CEI: La función del FMI" ; disponible en https://www.imf.org/external/pubs/ft/issues/issues21/esl/issue21s.pdf.

Le développement d'Internet et le succès des entreprises qui lui sont associées, ont suscité de nombreuses attentes et ont une nouvelle fois réveillé l'appétit des chercheurs d'opportunités : l'indice NASDAQ Composite, qui regroupe principalement des valeurs technologiques, est passé de 500 points en avril 1991 à 1 000 en juillet 1995, plus de 2 000 en juillet 1998 et plus de 5 000 points en mars 2000, pour précipiter à partir du 10 mars de cette année dans une chute qui l'a amené à son point le plus bas en octobre 2002, alors que ledit indice valait un peu plus de 1 000 points. Il convient de noter que même si elle avait déjà commencé son déclin, en janvier 2001, il y a eu une fusion qui a secoué les marchés financiers, lorsque le fournisseur d'accès Internet AOL a acheté la société de médias traditionnels Time Warner, pour près de 200 000 millions de dollars américains.

L'éclatement de la bulle en mars 2000 a été le prélude à des implications plus larges, car l'investissement a été interrompu face à une crise qui venait de commencer et l'économie américaine s'est déclarée en récession l'année suivante. Le processus de ralentissement de l'économie mondiale a été exacerbé par les attentats du 11 septembre, qui ont entraîné la fermeture temporaire des marchés financiers.

De 2001 à 2004 : de récessions, d'attentats, de guerres...

L'année 2000 ne promettait rien de bon pour l'économie américaine : les risques d'une récession qui finirait par se matérialiser au cours de l'année se profilaient déjà, et l'année 2001 présentait une récession ; en conséquence, la Fed a décidé d'abaisser le taux d'escompte, ce qui a influencé l'autre taux directeur, le taux des fonds fédéraux, qui est également passé de 6,5 % à 1 %. Mais à cela s'ajoutait le fait que l'économie et la Maison – Blanche avaient leurs propres problèmes, matérialisés dans deux sociétés : WorldCom et Enron.

Il vaut la peine de transcrire les paragraphes suivants qui correspondent au cas de la société Worldcom (Velázquez 2006)[125] : « En mars 2002, alors que WorldCom luttait pour coordonner et intégrer l'enchevêtrement complexe créé par les 65 sociétés qu'elle avait acquises, le très respecté directeur financier de World Com, Scott Sullivan, a transféré 400 millions de dollars d'un compte de réserve et les a enregistrés comme « Revenus » dans les rapports financiers publics (actionnaires) de la société. Après les avoir détectés, Cynthia Cooper (une dame auditeur externe) elle découvrit bientôt que Scott Sullivan et David Myers, le contrôleur de WorldCom, avait pendant des années déclaré des milliards de dollars comme des « dépenses en capital », alors qu'en fait il s'agissait de coûts

125. Velasquez M. G. (2006) « Ethics in Business : Concepts and Cases », Pearson Education.

d'exploitation, ignoré les comptes débiteurs irrécouvrables, déclaré comme « revenus » ce qui était en fait des fonds de réserve, et tout cela avec l'aide d'Arthur Andersen, le cabinet d'audit et de comptabilité qui fournissait ses services à la société... Le 25 juin, les administrateurs de WorldCom ont annoncé que la société avait gonflé ses bénéfices de plus de 3 milliards de dollars – qui sont ensuite passés à 9 milliards de dollars – dans la plus grande fraude comptable de l'histoire. Sullivan et Myers ont été arrêtés... et Arthur Andersen a été arrêté pour avoir détruit des preuves d'autres fraudes dans d'autres sociétés...

L'affaire Enron est plus compliquée, car elle frappe aux portes de Pennsylvania Avenue[126] : les deux sociétés profitent de l'ère de la « comptabilité créative » et, couvertes par les opinions préparées par leurs auditeurs indépendants, mènent une série d'actions qualifiées de fraudes. Cette société a été fondée en 1985 à la suite de fusions d'autres sociétés et en 1986, Kenneth Lay a été nommé directeur de la nouvelle société, qui en seulement quatre ans a réussi à devenir la septième plus grande entreprise des États-Unis, selon Fortune. Comme le note un rapport de la Chambre des députés du Mexique : « ... Le 16 août 2000, la crise de l'énergie électrique s'est produite dans l'État de Californie. Il est allégué que les compagnies d'électricité nouvellement privatisées ont augmenté les tarifs, au point de forcer le gouvernement de l'État de Californie à procéder à des pannes d'électricité ; Enron a été désigné comme l'un des coupables de cette crise. En fait, alors que les coûts de l'énergie en Californie quadruplaient, les bénéfices d'Enron ont triplé. Les responsables de l'État ont estimé qu'Enron et d'autres distributeurs d'énergie avaient surfacturé les consommateurs californiens jusqu'à 6,7 milliards de dollars, forçant la législature de l'État à approuver 6 milliards de dollars de dépenses supplémentaires pour obtenir de l'électricité. Pendant la crise de l'électricité de l'État de Californie, les actions d'Enron ont atteint un prix record de US $89[127]... ». Un tribunal de l'État de Washington a plus tard conclu qu'en 1988, Enron avait délibérément fermé un générateur d'électricité dans le Nevada voisin pour couper ou diminuer l'électricité en Californie[128].

L'attaque contre les tours jumelles le 11 septembre 2001 et la guerre en Irak de 2003 qui a suivi ont détourné l'attention sur d'autres types de problèmes : la sécurité nationale et le terrorisme. Si le président Bush lui – même a reconnu par la suite que son argument d'attaquer l'Irak par les prétendues armes de destruction

---

126. « Demuestran cartas nexos Bush-Enron », journal REFORMA, 17 février 2002 / Redacción, http://busquedas.gruporeforma.com/reforma/BusquedasComs.aspx, consulté le 17 mars 2015.

127. www.diputados.gob.mx/sedia/sia/se/SIA-DEC-29-2002.pdf.

128. http://www.jornada.unam.mx/ultimas/2014/07/30/documenta-corte-especulacion-de-enron-de-98-a-2001-archivo-8999.html.

massive qu'il prétendait posséder était sans fondement[129], le mal était déjà fait : toute la région est désormais une région d'instabilité aux conséquences encore insoupçonnées, compte tenu des effets de la mondialisation.

Les causes de la guerre et de l'invasion des États-Unis vers l'Irak ont fait l'objet de controverses comme nous l'avons déjà souligné, à tel point que Greenspan lui-même souligne dans son livre « The Age of Storms » que « ... Et en plus de leur angoisse médiatisée face aux « armes de destruction massive » de Saddam Hussein, les responsables américains et britanniques étaient également préoccupés par la violence dans une région qui abrite une ressource indispensable au fonctionnement de l'économie mondiale. Cela m'attriste qu'il soit politiquement inopportun de reconnaître ce que tout le monde sait : que la guerre en Irak a beaucoup à voir avec le pétrole. Ainsi, les projections de l'offre et de la demande mondiale de pétrole qui ne tiennent pas compte de l'environnement extrêmement précaire au Moyen-Orient évitent les vérités du passeur qui pourrait freiner la croissance économique mondiale. Je ne dis pas que je sais si et comment les troubles au Moyen- Orient seront résolus. Ce que je sais, c'est que l'avenir du Moyen-Orient est un facteur majeur dans toute prévision énergétique à long terme... »[130]. Ce qui est un fait, c'est que les taux d'intérêt des fonds fédéraux étaient sur le point d'atteindre leur plus bas historique : en décembre 2003, ils ont atteint la valeur de 0,98%. Les graines de la crise des subprimes venaient d'être semées (voir figure III.1).

---

129. « L'ancien secrétaire au Trésor Paul O'Neill et l'ancien chef du contre-terrorisme Richard A. Clarke l'avaient déjà dit dans leurs propres livres : l'attaque contre Saddam Hussein était à l'ordre du jour du gouvernement républicain au moins depuis qu'il a pris ses fonctions... », dans « Bob Woodward éviscère la guerre de George W. Bush », ELMUNDOLIBRO, http://www.elmundo.es/elmundolibro/2004/10/04/no_ficcion/109.691.1635.html, récupéré le 4 mars 2015. Traduction libre.
130. Page 522 de l'édition espagnole, Ediciones B.

Figure III.1
Federal Funds Rate (1990-octobre 5, 2023)

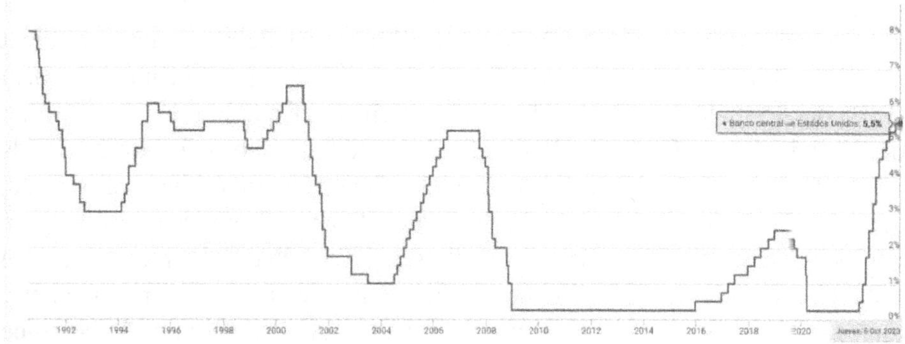

Source: FED Federal funds rate, https://www.global-rates.com/es/tipos-de-intereses/bancos-centrales/1002/interes-americano-fed-federal-funds-rate/, consulté le 9 octobre de 2023.

Bien qu'il soit largement remis en question que M. Greenpan ait abaissée les taux d'intérêt si fortement au début de la dernière décennie, qu'aurait fait un économiste ? Le problème des subprimes n'a pas été créé par la Fed, mais par les banques dans leur empressement à gagner du marché et à obtenir des profits à court terme, en mettant de côté la prudence bancaire traditionnelle, et en profitant des facilités de libéralisation et, pourquoi pas ? les opportunités de marché et la cupidité des gens.

Les nouveaux intermédiaires financiers

Quoi qu'il en soit, les changements dans le SFI, en particulier dans l Industrie Bancaire Internationale, et les opérations des banques nord – américaines, ainsi que les crises et la concurrence internationale, tous ajoutés à des risques excessifs, ont fait des ravages (« La cupidité est saine » disait Ivan Boesky dans les années quatre-vingt lorsqu'il donnait ses conférences dans diverses universités) et les fusions et acquisitions dans le secteur financier international sont à l'ordre du jour, motivés par les problèmes rencontrés par les banques, en particulier les banques américaines, la concurrence aux États-Unis et la concurrence avec d'autres banques dans d'autres pays ; ces fusions se sont également accompagnées de fusions et acquisitions dans le secteur réel (CEPAL 2011).

Les grands centres financiers des États-Unis se préparaient à faire face à de nouveaux concurrents : d'abord les nouveaux investisseurs institutionnels dans les années soixante-dix (assureurs, administrateurs de fonds de pension entre autres), mais dans les années quatre-vingt des fonds d'investissement ont été ajoutés : privés et souverains (gouvernementaux).

Quant aux fonds privés, leur évolution a été telle que déjà fin 2010, les dix plus grandes sociétés de gestion de fonds d'investissement au monde géraient 17 400 milliards de dollars, soit 20 % de plus que le produit intérieur brut (PIB) des États-Unis et quatre fois plus qu'en Amérique latine[131]. Le résultat de l'activité de ces fonds est tel qu'à fin 2013, les actifs sous gestion des fonds d'investissement privés dans le monde s'élevaient à 22 100 milliards d'euros, et ceux des fonds de pension, à 18 100 milliards d'euros. À eux deux, ils ont géré une richesse de 40 200 milliards de dollars, soit 75,5 % du PIB mondial ; et en fait, selon certains calculs, l'argent accumulé par ces fonds suffirait à acheter toutes les sociétés cotées dans le monde[132]. Le tableau III.1 montre l'importance de ces fonds d'investissement privés à la fin de l'année 2022.

Tableau III.2
Les 10 fonds d'investissement privés les plus importants au monde et les actifs qu'ils gèrent, 2022

BlackRock	EE.UU	9,09 billions d'euros
Vanguard AM	EE.UU	7,06 billions d'euros
Fidelity Investments	EE.UU	4,24 billions d'euros
State Street Global Advisors	EE.UU	3,60 billions d'euros
Morgan Stanley	EE.UU	3,13 billions d'euros
J.P. Morgan AM	EE.UU	3,01 billions d'euros
Goldman Sachs AM	EE.UU	2,67 billions d'euros
Credit Agricole	France	2,66 billions d'euros
Allianz Group	Germany	2,36 billions d'euros
Capital Group	EE.UU	2,30 billions d'euros

Source : https://www.rankia.com/blog/fondos-inversion/4882208-mayores-gestoras-fondos-mundo-2022, consulté le 28 août 2023

131. Wassermann R. (2011) « Ten investment funds control four times the GDP of Latin America », in http://www.bbc.co.uk/mundo/noticias/2011/08/110818_analisis_economia_fondos_inversion_az.shtml, consulté le 11 février 2015.
132. Fernández D. (2014) 'The hands that move the Bags', disponible en http://economia.elpais.com/economia/2014/02/14/actualidad/1392407519_905182.html, consulté le 17 mars 2015

En ce qui concerne les fonds souverains, le tableau III.2 indique les fonds les plus importants et la valeur des actifs qu'ils gèrent à la fin de l'année 2022.

Tableau III.3
Fonds souverains et actifs sous gestion, 2022

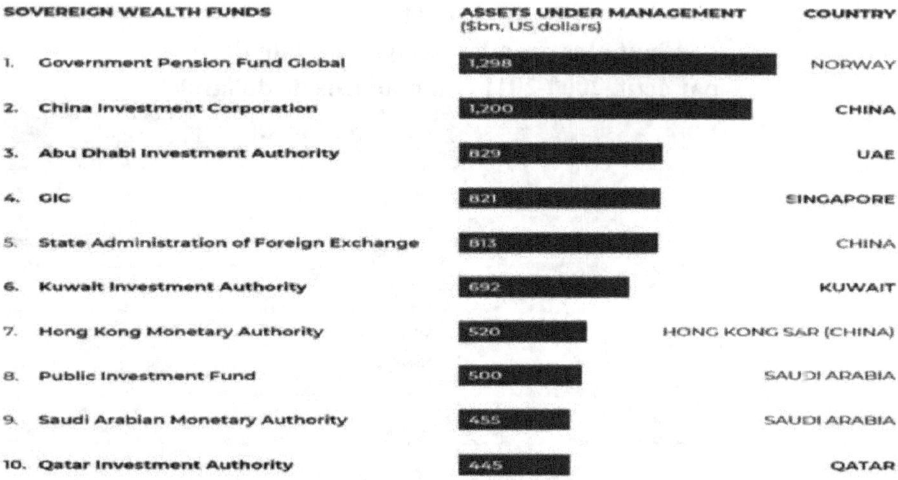

Source : Centre pour la gouvernance du changement de l'Université IE, en collaboration avec ICEX-Invest in Spain, cité par A. Rubio « Les grands fonds souverains redoublent leur engagement envers la technologie et la santé : ils ont capturé 60% de l'investissement de 2021 », https://fundspeople.com/es/los-grandes-fondos-soberanos-redoblan-su-apuesta-por-la-tecnologia-y-salud-captaron-el-60-de-la-inversion-de-2021/, 25 juillet 2023.

Notez l'importance des fonds chinois et arabes, et le cas de l'Arabie saoudite mérite d'être souligné, car il a été établi en pensant que ce pays ne sera pas éternellement du pétrole.

Mais la sphère des affaires est ronde, et les dettes publiques étaient à l'ordre du jour pour être financées : celle du Japon est passée de 154% de son PIB en 2001 à 192% en 2008 ; les États-Unis, de 53 % à 73 % ; Angleterre de 37 % à 52 % ; Corée du Sud de 18 % à 28 % ; celui du Mexique de 41 à 43 pour cent, au cours de la même période de 2001 à 2008 (source : OCDE ; bien que ce dernier chiffre puisse être sous-estimé) ; le financement des déficits courants a également été (et continue d'être) un bon attrait pour le financement par le système financier international.

Il est à noter que depuis les années quatre-vingt-dix et au XXIe siècle, la concurrence était déjà avec les banques chinoises : de 2000 à 2011, 3 banques américaines figurent continuellement parmi les 20 plus grandes ; mais en 2011 4 banques chinoises sont déjà apparues, tableau III.4.

Tableau III.4
Vingt plus grandes banques du monde, par actif, 2000-2011 (En milliards de dollars)

2000			2005			2011		
Banco	País	Activos	Banco	País	Activos	Banco	País	Activos
Deutsche Bank	Alemania	844	USB	Suiza	1 533	BNP Paribas	Francia	2 671
Citigroup	Estados Unidos	717	Citigroup	Estados Unidos	1 484	Deutsche Bank	Alemania	2 548
BNP Paribas	Francia	702	Mizuho Financial Group	Japón	1 296	Mitsubishi UFJ Financial Group	Japón	2 481
Mitsubishi Tokyo Financial Group	Japón	678	HSBC Holdings	Reino Unido	1 277	HSBC Holdings	Reino Unido	2 455
Bank of America	Estados Unidos	633	Crédit Agricole	Francia	1 243	Barclays Bank	Reino Unido	2 331
USB	Suiza	614	BNP Paribas	Francia	1 234	Crédit Agricole	Francia	2 314
HSBC Holdings	Reino Unido	569	JP Morgan Chase & Co.	Estados Unidos	1 157	Royal Bank of Scotland	Reino Unido	2 275
Fuji Bank	Japón	531	Deutsche Bank	Alemania	1 144	Bank of America	Estados Unidos	2 265
Sumitomo Bank	Japón	508	Royal Bank of Scotland	Reino Unido	1 119	JP Morgan Chase & Co.	Estados Unidos	2 118
HypoVereinsbank	Alemania	506	Bank of America	Estados Unidos	1 110	Industrial Commercial Bank of China (ICBC)	China	2 032
Dai-Ichi Kangyo Bank	Japón	472	Barclays Bank	Reino Unido	992	Mizuho Financial Group	Japón	1 934
Norinchukin Bank	Japón	470	Mitsubishi Tokyo Financial Group	Japón	980	Citigroup	Estados Unidos	1 914
ABN AMRO Bank	Países Bajos	460	Credit Suisse Group	Suiza	963	ING Bank	Países Bajos	1 667
Credit Suisse Group	Suiza	452	Sumitomo Mitsui Financial Group	Japón	897	Sumitomo Mitsui Financial Group	Japón	1 658
Sakura Bank	Japón	443	ING Bank	Países Bajos	840	China Construction Bank Corporation	China	1 632
Crédit Agricole	Francia	442	ABN AMRO Bank	Países Bajos	829	Banco Santander	España	1 628
Sanwa Bank	Japón	429	Société Générale	Francia	819	Bank of China	China	1 579
Industrial Commercial Bank of China (ICBC)	China	428	Banco Santander	España	784	Agricultural Bank of China	China	1 561
Société Générale	Francia	408	HBOS	Reino Unido	760	Lloyds Banking Group	Reino Unido	1 552
Chase Manhattan Corp ª	Estados Unidos	406	Groupe Caisse d'Epargne	Francia	741	Société Générale	Francia	1 513
Participación en el total de activos *(en porcentajes)*		28,3	Participación en el total de activos *(en porcentajes)*		35,0	Participación en el total de activos *(en porcentajes)*		39,5

Source : CEPAL (2011).

Dans le tableau ci-dessous, nous avons les 15 plus grandes banques du monde à la fin de 2022, par actifs.

Tableau III.5
Classement des 15 premières banques mondiales en 2022, selon le total des actifs (en millions de dollars)

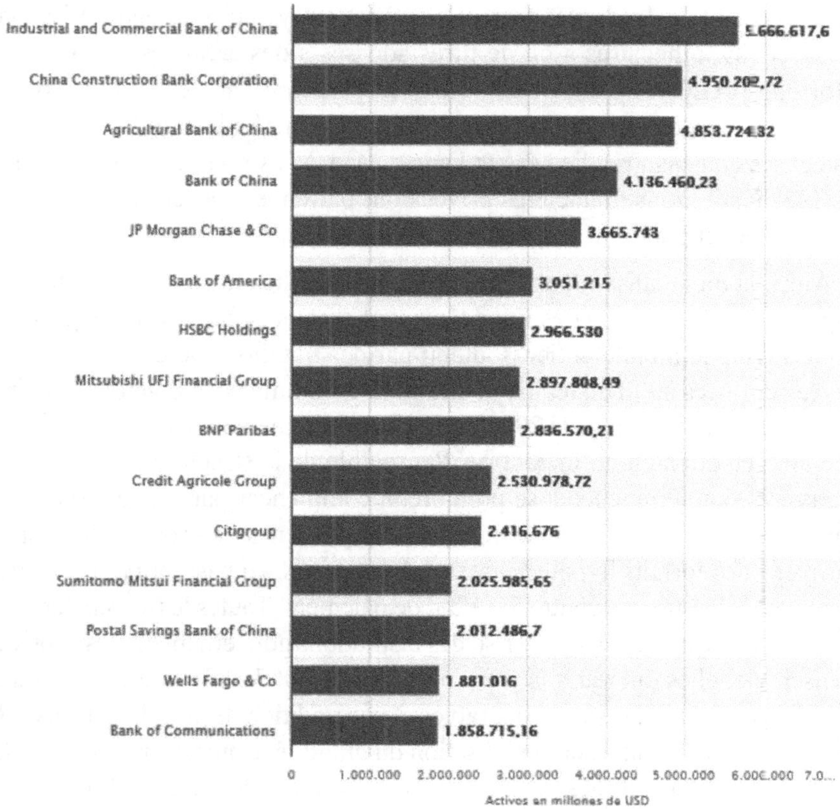

Source : https://es.statista.com/estadisticas/551156/activos-de-los-principales-bancos-en-el-mundo/, consulté le 2 novembre 2023

Comme nous pouvons le constater, les quatre premières banques mondiales en termes d'actifs sont chinoises, situation qui a été influencée par la crise de 2008/2009, que nous analysons ci-dessous.

La crise de 2008/2009

Avec la baisse des taux d'intérêt et la politique de l'administration Clinton visant à donner accès à plus de gens pour avoir leur propre maison, les conditions d'accès aux prêts hypothécaires ont été assouplies et, avec des taux d'intérêt aussi bas, des prêts subprime ont été accordés, qui sont ceux qui sont accordés aux personnes qui, en raison de leur niveau de revenu ou de leurs antécédents de crédit, ne pouvaient pas accéder à un prêt hypothécaire dans des conditions normales, avec des taux du marché et avec leurs niveaux de revenus déclarés[133]. Dans le même temps, les innovations d'il y a des années ont repris de l'élan et il y a eu une grande titrisation de « paquets hypothécaires » ou de titres adossés à des créances hypothécaires (Mortgage-ALCked Securities), émis en principe par de grandes sociétés gouvernementales ou semi-gouvernementales américaines telles que Ginnie Mae et ses cousins Freddie Mac et Fannie Mae. Mais non seulement eux, mais aussi les institutions financières privées ont participé à la fête de la titrisation mondialisée (et pourquoi pas ?).

Ainsi, la mondialisation et l'ouverture des marchés financiers aux étrangers, en particulier dans le cas des États-Unis, ont permis de répartir le risque de ces paquets dans le monde entier, soutenu par des notations de crédit qui se sont avérées erronées au fil du temps[134]. Cependant, comme nous pouvons le voir sur le graphique III.1, à partir de 2004, il y a eu une augmentation des taux des fonds fédéraux, ce qui a eu un impact sur l'ensemble de la structure des taux, et des moratoires ont commencé à se produire, à commencer par les subprimes. Les innovations financières (dont certaines ne sont pas si récentes) ont également joué leur rôle : des forfaits hypothécaires susmentionnés, en passant par les ventes à découvert à l'assurance contre le défaut de paiement. Toutes les « coïncidences » se sont réunies, alliées au moral risk des institutions gouvernementales et privées, et ensemble, elles ont réussi à créer plus tard en 2007-2008 une crise qui a fini avec des sociétés financières honorables et une tradition de plus de 100 ans. Mais elle a aussi jeté le doute sur la réalisation du grand rêve américain. Comme dans la crise des années 80, les protagonistes de la nouvelle crise expliqueront des années plus tard par exemple que :

---

133. Pour une analyse détaillée et claire des causes et de l'évolution de la crise financière de 2007 à 2011 originaire des États-Unis, voir Cuevas-Ahumada V.M. (2012) « El impacto de la crisis financiera estadounidense sobre Canadá y México. Un estudio comparativo », Ed. UAMA-Miguel Ángel Porrúa.

134. Le rôle controversé joué par les agences de notation concernant ces paquets hypothécaires peut être vu dans les études de Jonathan K., Salinas E. et Stephanou C., 2009, « Credit Rating Agencies : No Easy Regulatory Solutions », World Bank Crisis Response Policy Briefs, note no 8 (Washington); et « États-Unis : les agences de notation des risques blâmées pour la crise hypothécaire. Ils disent qu'ils ont contribué à créer la bulle immobilière. Le Sénat envisage de les réglementer. », The New York Times, reproduit dans http://edant.clarin.com/diario/2008/04/23/elmundo/i-02401.htm, consulté le 13 mars 2015.

« Les ventes à découvert sont une expression de doute, pas une activité criminelle »[135].

L'économie internationale 2009 à 2023

La crise de 2008/2009, qui avait été décrite comme la crise la plus grave après la grande dépression de 1929 (le monde n'avait pas encore imaginé la crise provoquée par le virus Covid-19), avait et a encore des caractéristiques très spécifiques en termes d'origine, de durée et de signification par rapport à d'autres crises du capitalisme.

Bien qu'elle ait commencé dans le secteur réel de l'économie, en particulier dans le secteur immobilier, la création et la diffusion mondialisée d'innovations financières ont conduit à leur ampleur et à leur portée en très peu de temps, révélant les fondements mêmes du fonctionnement du système bancaire financier et de l'économie mondiale dans son ensemble.

La «nouvelle» crise de 2008 et le sauvetage de SFI

La crise de 2007/2008 en a surpris certains et confirmé leurs attentes pour d'autres, dans ce dernier cas avec des gains importants. Les innovations financières, soutenues par un processus de déréglementation promu par la Fed américaine elle-même, ont joué leur rôle et placé le système financier américain et international (SFI) à la veille d'une crise d'une ampleur et de ses caractéristiques énormes, parmi lesquelles son impact globalisant s'est distingué. En fait, la croissance des produits dérivés gérés par les banques déclarant à la Federal Deposit Insurance Company, FDIC, en 2007, a augmenté de 31,5 % entre le premier trimestre de 2006 et le premier trimestre de 2007, passant d'une valeur négociée de 111 086 862 millions de dollars à 146 084 457 millions de dollars au cours de la période (source FDIC 2007).

La réponse des gouvernements à cette crise n'a pas été nouvelle : le sauveur de dernier ressort est apparu ; bien que dans ce cas ce ne soient pas les banques centrales, mais les gouvernements eux-mêmes, comme le cas mexicain l'avait déjà

135. George Feiger, président du gestionnaire de placements californien Contango Capital Advisors, cité par Forohar K. « Ne tirez pas. We are only bears », disponible dans http://elpais.com/diario/2008/11/02/negocio/1225633282_850215.html, consulté le 17 septembre 2013. La vente à découvert est une opération dans laquelle des titres sont empruntés pour être vendus au prix actuel, dans le but de les racheter plus tard à un prix inférieur et de faire la différence sous forme de bénéfice. Les crises financières mettent en garde ; en fait, avant la crise de 2008, il y a eu un certain nombre de licenciements dans les secteurs des prêts hypothécaires de plusieurs banques américaines, un indice que quelque chose n'allait pas.

montré lors de la crise de 1994 avec l'affaire Fobaproa[136]. La sortie de cette crise a ensuite été la réémission de la « bad bank », qui n'est pas une bad bank, et ne fonctionne pas comme une vraie banque, mais est une entreprise publique qui gère les « actifs à risque » des banques auxquelles des fonds publics ont été injectés[137].

Dans le cadre de ce mécanisme, la « bad bank » gère les mauvais actifs des banques, reçoit même en paiement certaines des garanties laissées par les débiteurs sur les crédits initiaux et, avec la vente de ces garanties et la vente des mauvais actifs, récupère une partie de l'injection de fonds publics. L'idée est aussi que, une fois libéré de ces actifs toxiques et libéré de la création de réserves par eux et aussi des banques recapitalisées avec de l'argent public, le système bancaire est en mesure de prêter à nouveau de l'argent, contribuant ainsi à la reprise de l'économie. Cette stratégie a été appliquée par les gouvernements allemand, américain, irlandais et espagnol[138]; dans ce contexte, il est frappant de constater que, même au plus fort de la crise, les banquiers américains étaient réticents à accepter l'injection de capitaux du gouvernement[139]. Le tableau III.4 résume le coût du renflouement de certains systèmes bancaires à partir de données en date de mai 2010.

---

136. Le coût estimé à payer du renflouement des banques mexicaines, qui est financé par les impôts perçus auprès des Mexicains, était de 4 143,58 millions de dollars à la fin de 1995 ; à la fin de 1996, il était déjà de 8 957,7 millions de dollars ; à la fin de 2015, il était de 36 617,3 millions de dollars; source : préparé à partir des données de la Banque du Mexique.
137. Voir Javier González (2012) « Bad banks' to clean up worse banks with public money », disponible en ttp://www.elmundo.es/elmundo/2011/10/14/economia/1318609371.html, consulté le 12 janvier 2016.
138. Voir « Le gouvernement allemand approuve le projet de création d'une 'bad bank' », http://www. elmundo.es/mundodinero/2009/05/13/economia/1242209364.html, 15 octobre 2012, consulté le 12 janvier 2016, et le texte de Gónzalez (2012) cité ci-dessus ; aussi "El rescate que salvó a la banca británica", https://elpais.com/economia/2012/05/09/actualidad/1336582214_032765.html?event_log=oklogin, consulté le 9 octobre, 2023.
139. Voir « The Bowels of the US Bank Bailout », extraits du livre de Sheila Bair « Bull by the Horns : Fighting to Save Main Street From Wall Street and Wall Street From Itself », disponible en http://expansion.mx/economia/2012/09/20/sheila-bair-critica-el-rescate-bancario, consulté le 23 mars 2016. Bair a été président de la Federal Deposit Insurance Corporation (FDIC) de juin 2006 à juillet 2011.

Tableau III.4
Ressources publiques utilisées pour soutenir le système financier mondial, certains pays
Pourcentage du PIB, données disponibles en mai 2010

	Capital Injection (A)		Purchase of Assets and Lending by Treasury 2/ (B)		Direct Support 3/ (A+B)	Guarantees 4/ (C)	Asset Swap and Purchase of Financial Assets, including Treasuries, by Central Bank (D)
	Pledged	Utilized	Pledged	Utilized	Pledged	Pledged	Pledged
Advanced Economies							
Australia	0.0	0.0	0.0	0.0	0.0	13.2	0.0
Canada	0.0	0.0	9.1	4.4	9.1	0.0	0.0
France	1.3	1.1	0.2	0.0	1.5	16.9	0.0
Germany	3.4	1.2	0.0	3.7	3.4	17.2	0.0
Italy	1.3	0.3	0.0	0.0	1.3	0.0	2.7
Japan	2.5	0.1	4.1	0.1	6.6	7.2	0.0
Korea	1.2	0.4	1.5	0.1	2.7	11.6	0.0
United Kingdom	8.2	6.4	3.7	0.1	11.9	40.0	28.2
United States	5.1	2.9	2.3	1.9	7.4	7.5	12.1

1/ Columns A, B, C, and D indicate announced or pledged amounts, and not actual uptake. 2/ Excludes treasury funds provided in support of central bank operations.

3/ Includes some elements that do not require upfront government financing. 4/ Excludes deposit insurance provided by deposit insurance agencies.

Fuente : Fiscal Monitor, Navigating the Fiscal Challenges Ahead, Fiscal Affairs Department, FMI, mayo del 2010.

Cela a sans aucun doute signifié un détournement de ressources qui auraient pu être allouées dans chacun des pays pour augmenter le bien- être social des gens ; mais d'autre part, elle a influencé une répartition plus inéquitable des richesses, puisque les différents États ont dû procéder à des ajustements de leurs dépenses qui aboutissent finalement à la baisse susmentionnée de la protection sociale, qui touche les classes salariées et parmi elles les moins favorisées, ce qui a donné lieu à des mouvements de protestation sociale tels que les Indignés en Espagne ou les « occupants » de New York.

Ces renflouements que nous avons analysés sont les flux légaux enregistrés, puisqu'il est mentionné par les autorités des instances internationales, que même l'argent de la drogue a été impliqué dans certains des sauvetages des systèmes bancaires[140]. Le problème était loin d'être résolu, car il restait le problème de la mauvaise dette souveraine des pays membres de la zone euro elle-même, dérivée des crédits accordés par les banques européennes elles-mêmes, en particulier au Portugal, à l'Italie, à la Grèce et à l'Espagne, ce qui menaçait son bilan (Carstens 2011).

La crise de 2008/2009 a ensuite entraîné des changements importants sur la scène internationale.

Quel est l'avenir des sociétés transnationales et où mèneront-elles l'économie internationale avec leurs décisions ? C'est une question clé à garder à l'esprit les changements dans l'économie mondiale, car comme le souligne Tugores (2013) « ... Le binôme « mondialisation + crise » façonne des changements profonds, avec de nouvelles réalités et de nouvelles règles qui garantissent que le monde (et pas seulement l'économie mondiale) ne sera jamais « comme avant la crise », de sorte que le retour au statu quo antérieur semble être, pratiquement, le seul scénario jetable. Une fois de plus, le fameux apothigme que le monde ne sera plus comme avant s'accomplit[141].

L'économie chinoise

L'économie chinoise est entrée dans une phase de baisse du taux de croissance depuis le début de 2015[142], et malgré cela, son impact sur l'économie mondiale reste pertinent (Guzmán 2016). Ceci, ajouté aux politiques de défense de la banque centrale chinoise pour protéger le yuan, a conduit à une forte baisse des réserves du pays[143]. Ce n'est pas le seul problème auquel l'économie chinoise a été confrontée, car les politiques de la banque centrale chinoise ont permis une fuite importante des capitaux. Malgré toutes ces vicissitudes, le yuan a été approuvé en novembre

140. « L'ONUDC (Office des Nations Unies contre la drogue et le crime) a trouvé des preuves que 'les prêts interbancaires ont été financés par de l'argent provenant du commerce de la drogue et d'autres activités illégales' », L'argent de la drogue a renfloué les banques : ONU, en http://www. cnnexpansion.com/negocios/2009/01/25/dinero-del-narco-rescato-a-bancos-onu 25 janvier 2009, consulté le 27 mars 2010.

141. Les fusions et acquisitions, par exemple, ont repris petit à petit leur élan et plus fréquemment après la crise, bien que les niveaux d'avant la crise n'aient pas encore été atteints ; voir CNUCED WIR (2015), chapitre 1.

142. Voir par exemple FMI (2015) et Yueh L. (2015).

143. « Les réserves de change de la Chine ont oscillé autour de 3,22 billions de dollars américains en avril (2015), contre près de 4 billions de dollars américains en juin 2014. Le département du Trésor américain estime que Pékin a vendu plus de 480 milliards de dollars de ses réserves pour soutenir le yuan entre août de l'année dernière et mars... », Wei (2016) ; voir aussi Xavier Fontdeglòria (2016).

2015 par le FMI pour être inclus dans les monnaies de réserve, ajoutant le dollar, l'euro, le yen et la livre sterling dans le panier de réserve du Fonds, à compter du 1er octobre 2016. Il convient de rappeler que les marchés boursiers chinois se sont mondialisés à la fin de 2014 et au début de 2015, et que leur chute s'est produite à la mi-2016 ; « Bienvenue dans le capitalisme », on pourrait dire que cette étape peut être appelée.

Dans cet environnement d'instabilité, le commerce international a subi des crises, graphique III.2 (voir aussi le graphique I.17).

Figure III.2
Exportations totales de marchandises 1980-2022, en millions USD

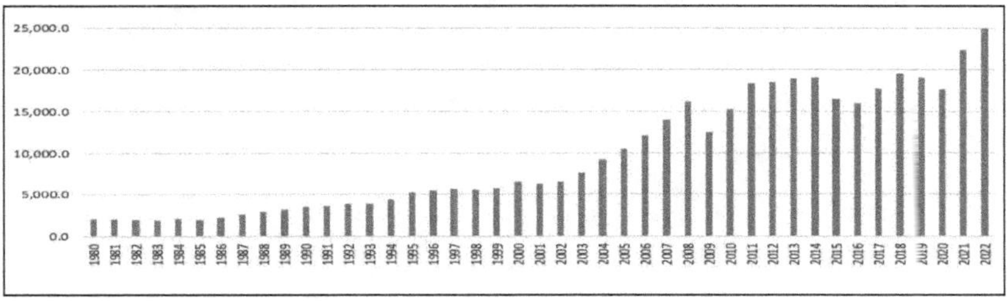

Source : d'après https://stats.wto.org/, consulté le 7 septembre 2023.

Notez l'impact des crises de 2001, 2008 et 2020. Un autre point à noter est qu'en 2019, il y avait déjà eu une baisse de l'activité économique internationale, tant au niveau du commerce que du PIB (graphique III.3).

Figure III.3
Croissance du PIB réel mondial, pourcentages,
1980-2023 (estimation)

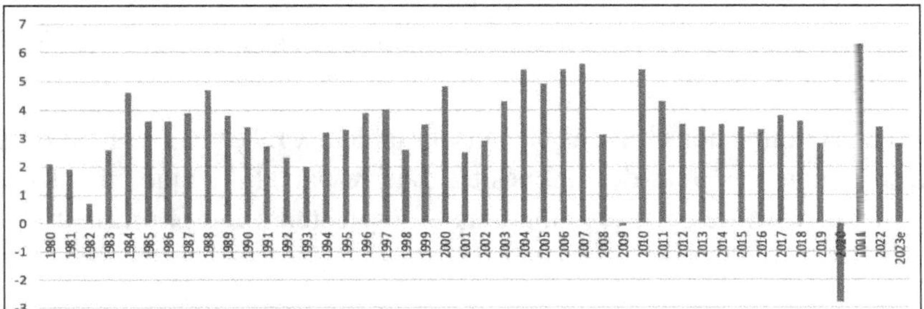

Source : d'après https://www.imf.org/external/datamapper/NGDP_RPCH@WEO/OEMDC/ADVEC/WEOWORLD, consulté le 18 mai 2023.

La figure III.4 ci-dessous montre l'effet combiné de la croissance du commerce et de l'activité économique internationale de 2015 à 2021.

Figure III.4
Croissance du volume du commerce mondial des marchandises et du PIB mondial, 2015-2024, Variation annuelle en pourcentage

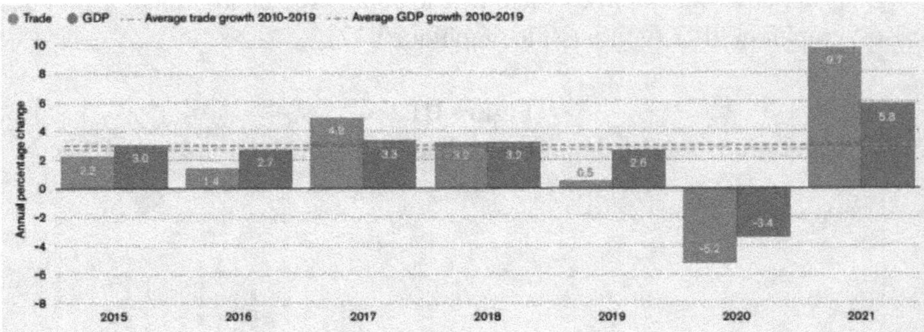

Source OMC (2023)

Notons qu'une baisse de l'activité économique internationale est attendue en 2023, tant dans le commerce que dans la croissance, et une légère reprise en 2024 de la croissance du PIB.

Il convient de mentionner qu'au niveau mondial, les pressions inflationnistes persistent, voir graphique I.13[144].

Opportunités d'affaires entre l'Afrique et l'ALC dans un monde avec Covid-19

En revenant à ce que nous avons vu tout au long de ce livre, nous nous rendons compte des défis auxquels sont confrontés les pays africains et ALC. Mais le problème est encore plus complexe.

L'IED, comme nous l'avons vu dans les tableaux I.9 et I.19, reste fortement concentré dans les pays développés et, d'autre part, l'Afrique en particulier n'est pas attrayante dans les montants et les secteurs qui pourraient aider à

144. Un taux d'inflation annuel ne dépassant pas 2 % est considéré comme acceptable pour l'économie américaine.

son développement[145]. Pour autant que nous ayons étudié, aucun des pays de ces régions ne participe à une CVM partagée[146], et encore moins à une CVM seulement pour chaque région, c'est-à-dire à un produit fabriqué conjointement par certains pays des deux régions. Cela n'a pas empêché les investissements directs étrangers entre les deux régions, mais ils sont relativement faibles par rapport aux montants des autres régions. Par exemple, en 2022, les investissements des entreprises translatines en Afrique représentaient 13 % des fusions et acquisitions et 8 % des projets d'investissement annoncés[147], Figure III.6

Figure III.5
Amérique latine et Caraïbes : Fusions et acquisitions et annonces de projets par les entreprises trans-latines par région de destination, 2022 (pourcentages)

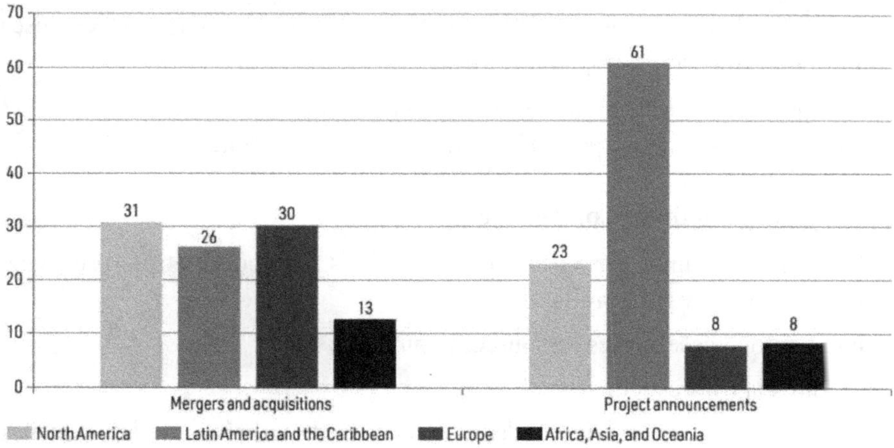

Source : CEPAL (2023)

145. La CEPAL (2023) contient une analyse des tendances des IDE en Afrique et conclut que la plupart sont axés sur la production d'énergie de manière durable ; le secteur minier est également attrayant pour les sociétés transnationales. Voir Blas et Farchy (2022) ; Ibarra-Puig (2022) ey Qihao y Ren (2022).

146. Le cas de l'interruption des CVM et leur impact sur l'économie mexicaine ont été analysés dans Ibarra-Puig (2020) y (2022a).

147. Nous ne trouvons pas de statistiques fiables au niveau de l'ensemble du continent africain pour les investissements de cette région vers l'ALC ; cela existe au niveau pays à pays, mais ce n'est pas suffisant pour nos objectifs ; l'Afrique du Sud se distingue dans ce rôle.

Ces flux pourraient augmenter en plus de la tendance des investissements écologistes dirigés vers l'Afrique par les pays développés (voir IDE de la CEPAL (2023)). Et les secteurs sont fondamentalement les secteurs des mines et de l'énergie.

Alors. Afin de proposer des alternatives commerciales, nous devons faire une analyse finale des tendances d'exportation des pays africains et d'Amérique latine et des Caraïbes au cours des dernières années. Nous le ferons sur la base de la base de données de SIGCI de la CEPAL pour les 10 mêmes pays africains et ALC précédemment analysés, dans la mesure où des informations sont disponibles dans la base de données de la CEPAL- IACIS susmentionnée, en particulier pour les plus petits d'Afrique[148].

Schémas de développement et d'exportation de certains pays d'Afrique et d'Amérique latine et des Caraïbes

Nous apporterons d'abord la précision méthodologique suivante. Selon la classification de l'intensité technologique de la CEPAL, les biens sont organisés comme suit (voir Durán et Álvarez, 2011).

La classification est structurée en fonction du niveau des groupes de la CUCI en révision 2, à 3 chiffres, pour définir les catégories suivantes :

Produits primaires (Couleur bleue)

Fruits frais, viande, riz, cacao, thé, café, bois, charbon, pétrole brut, gaz, minéraux concentrés et ferraille

Fabrication basée sur les ressources naturelles

Produits agroforestiers

Préparations de fruits et de viandes, boissons, produits du bois, huiles végétales

Autres produits à base de ressources naturelles

Métaux communs (sauf acier), produits pétroliers, ciment, pierres précieuses, verre

Fabrication faible technologie (couleur orange)

Pôle textile/mode (habillement, design et mode)

Textiles, habillement, chaussures, maroquinerie, sacs de voyage

D'autres avec une technologie faible

Céramique, Structures métalliques simples, Meubles, Bijoux, Jouets, Produits en plastique

---

148. La page web es https://sigci.cepal.org/sigci_intensidad_tecnologica_informantes.html?idioma=e, consultations du 17 au 19 septembre 2023.

Fabrication de moyenne technologie (couleur rouge)

Produits automobiles

Véhicules de tourisme et leurs parties, véhicules utilitaires, motocycles et leurs parties

Procédés industriels de moyenne technologie

Fibres synthétiques, produits chimiques et peintures, engrais, plastiques, fer et acier, tuyaux

Génie industriel avec technologie moyenne

Machines et moteurs, machines industrielles, pompes, navires, appareils électriques pour épissure, coupe, protection ou raccordement de circuits électriques, navires, horloges

Fabrication de haute technologie (couleur gris clair)

Électronique et produits électriques

Équipement de bureau/traitement de données/télécommunications, équipement de télévision, transistors, turbines, équipement de production d'énergie

D'autres avec la haute technologie (couleur gris foncé)

Produits pharmaceutiques, Aérospatiale, Optique/Instruments de précision, Caméras

Divers sans catégorie (vert)

Cette classification exclut le courant électrique, les films, les imprimés, les transactions spéciales, l'or, les œuvres d'art, les pièces de monnaie, les animaux domestiques.

Après avoir apporté cette précision, passons à l'analyse susmentionnée, qui complète d'autres études que nous avons réalisées précédemment[149]

Afrique

Nigéria

Si l'on analyse le cas du Nigéria, en 2000, les exportations du pays étaient pratiquement des produits primaires, en particulier le pétrole et ses dérivés.

149. Ibarra-Puig (2021 b y 2021c)

Figure III.7.a

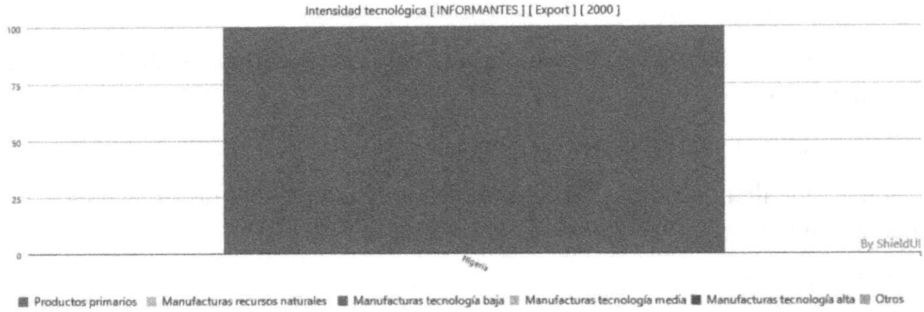

Source : CEPAL-SIGCI

En 2021, les produits primaires continuent de prédominer, près de 90 % du total, comme nous l'avons déjà vu, et il y a peu d'exportations de produits manufacturés à base de ressources naturelles et de produits manufacturés de faible technologie.

Figure III.7.b

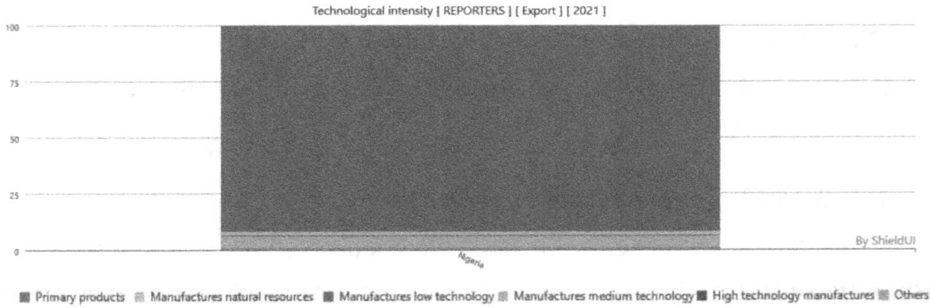

Source : CEPAL-SIGCI

Égypte

Il y a quelques transformations intéressantes dans les exportations égyptiennes : les exportations de produits primaires sont restées constantes tout au long de la période 1990-2022, mais les exportations de produits manufacturés de faible technologie ont diminué, cédant la place aux produits manufacturés à base de ressources naturelles, mais surtout aux exportations de produits manufacturés de moyenne technologie.

Figure III.8.a

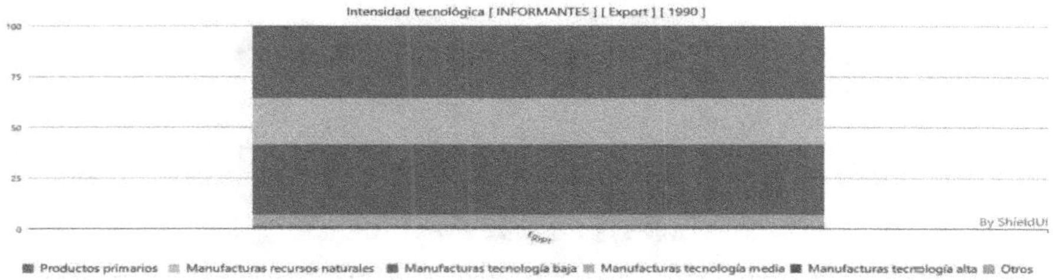

Source : CEPAL-SIGCI

Cela nous dit, en d'autres termes, que ce pays essaie de diversifier ses exportations, mais il est encore très dépendant des produits primaires et doit faire un effort pour exporter davantage de produits de haute technologie.

Figure III.8.b

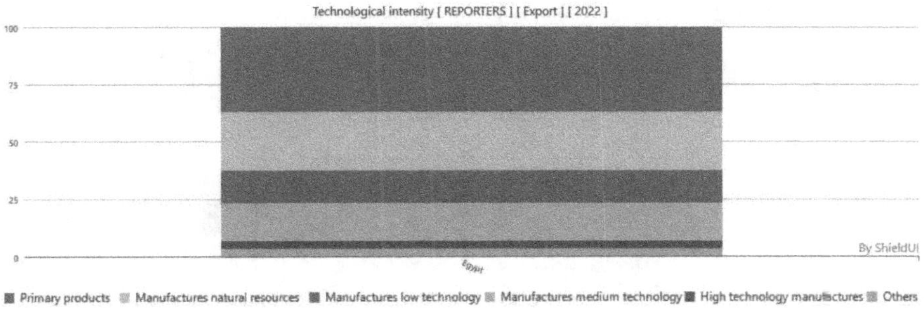

Source : CEPAL-SIGCI

Afrique du Sud

Sur la base des informations disponibles qui peuvent être agrégées, de 2000 à 2022, la part des produits primaires a augmenté ; en particulier, les combustibles et les produits des industries extractives sont importants dans ce domaine, comme nous l'avons vu dans le chapitre précédent.

Figure III.9.a

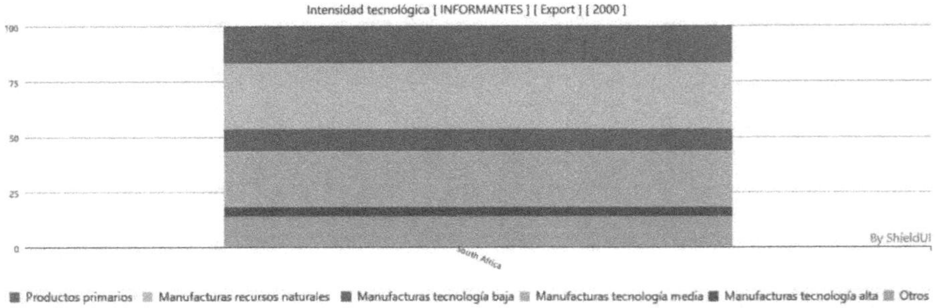

Source : CEPAL-SIGCI

Il convient également de noter une légère augmentation, pour l'année 2022, en pourcentage des ventes à l'étranger de produits manufacturés de ressources naturelles, ainsi qu'une diminution relative des exportations de produits manufacturés de faible technologie. Nous pensons que l'Afrique du Sud devrait intensifier ses efforts et récupérer les progrès réalisés dans les exportations avec un plus grand contenu technologique.

Figure III.9.b

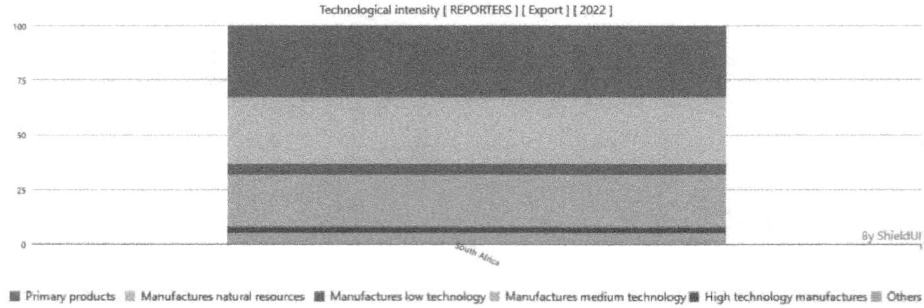

Source : CEPAL-SIGCI

Algérie

Les ressources pétrolières continuent de dominer les exportations algériennes tout au long de la période 1980-2017, bien que leur part relative ait diminué et que la fabrication basée sur les ressources naturelles ait diminué.

Figure III.10.a

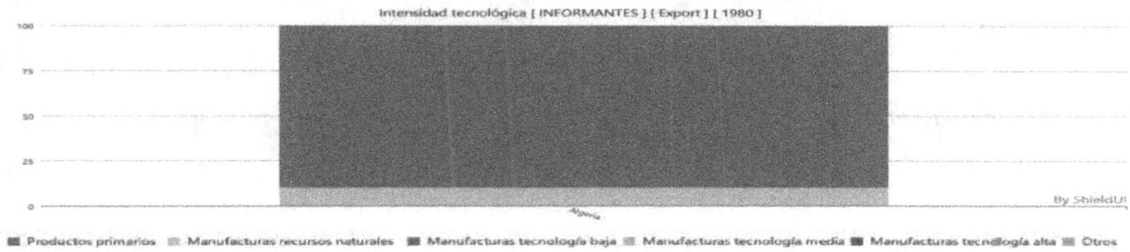

Source : CEPAL-SIGCI

Nous pensons que l'État algérien devrait se concentrer davantage sur l'utilisation des ressources obtenues par les exportations de pétrole, pour promouvoir le développement des produits manufacturés de moyenne et haute technologie, en tirant parti de sa situation géographique. Cela pourrait se faire par la création d'un fonds spécifique à cette fin.

Figure III.10.b

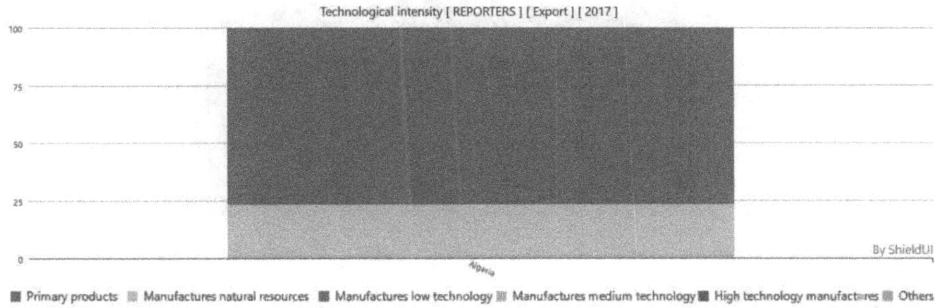

Source : CEPAL-SIGCI

Maroc

Les exportations marocaines ont connu une transformation intéressante de 1980 à 2022, car les ventes à l'étranger de produits primaires et de produits manufacturés de ressources naturelles, figure III.11a, ont cédé la place aux exportations de produits manufacturés de moyenne technologie et, ce qui est plus intéressant, aux produits manufacturés de haute technologie.

Figure III.11.a

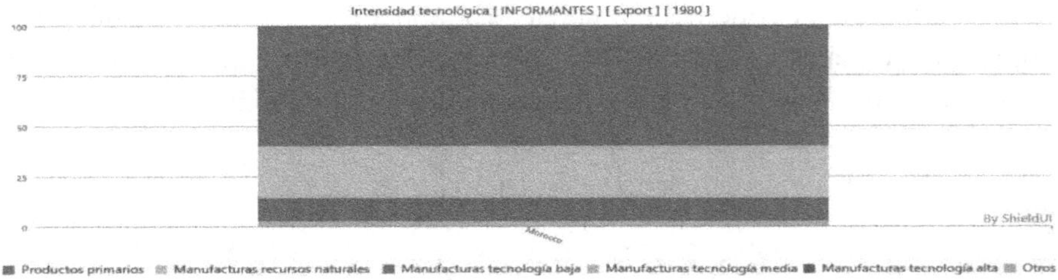

Source : CEPAL-SIGCI

La transformation de ce modèle de commerce extérieur a été analysée en détail dans les travaux contenus dans Lecrerc et al (2014 et 2017) ainsi que dans Guerraoui (2022b), où les objectifs d'une meilleure éducation axée sur la réalisation d'un positionnement réussi du Maroc au XXIe siècle sont proposés ; d'une part, et d'autre part, les politiques d'attraction des IDE afin d'intégrer les CVM dans les secteurs automobile, textile et même aéronautique. Les preuves et les différentes études le démontrent, bien que les défis persistent en raison des hauts et des bas de l'économie internationale (FMI 2023, OMC 2016[150][1]) ; voir figure III.11b.

Figure III.11.b

Source : CEPAL-SIGCI

150. En particulier, l'OMC (2016) a noté depuis cette année que « depuis le dernier examen des politiques commerciales (EPC), réalisé en 2009, l'économie marocaine a continué de croître à un taux annuel moyen de 3,7% et de se diversifier. Un cadre macroéconomique stable, accompagné d'un taux d'inflation et de taux d'intérêt modérés, a contribué à l'atteinte de ces résultats, tout comme les réformes commerciales menées depuis le dernier EPC, en stimulant la concurrence sur les marchés intérieurs, en promouvant l'innovation et en créant de nouveaux emplois, l'un des principaux défis de l'économie marocaine. » La crise du Covid-19 sans aucun doute a affecté le pays ; heureusement il ne figure pas parmi les pays importateurs nets de blé les plus exposés selon la FAO (2022).

Nous pensons que l'État marocain devrait faire un effort supplémentaire pour se concentrer davantage sur l'utilisation des ressources obtenues par les exportations, pour promouvoir le développement des produits manufacturés de moyenne et de haute technologie, en profitant de sa situation géographique et le niveau d'éducation. Cela pourrait se faire par la création d'un fonds spécifique à cette fin.

Gambie

Le cas de la Gambie est intéressant puisqu'en 2000, 75 pour cent de ses ventes extérieures concernaient des produits primaires, celles des produits manufacturés des ressources naturelles 7 pour cent et 15 pour cent des produits de moyenne technologie, figure III.12a.

Figure III.12.a

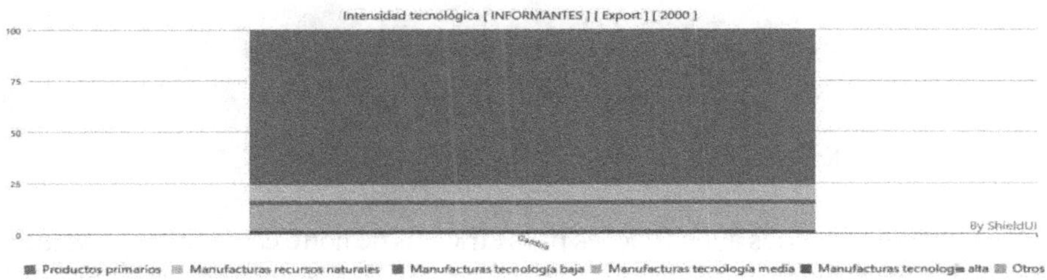

Source : CEPAL-SIGCI

En 2022, la Gambie n'exportait que 20% de ses ventes de produits primaires, mais les exportations de MidTech représentaient plus de 50% de ses ventes extérieures et les produits manufacturés de haute technologie 4% du total, figure III.12b.

Figure III.12.b

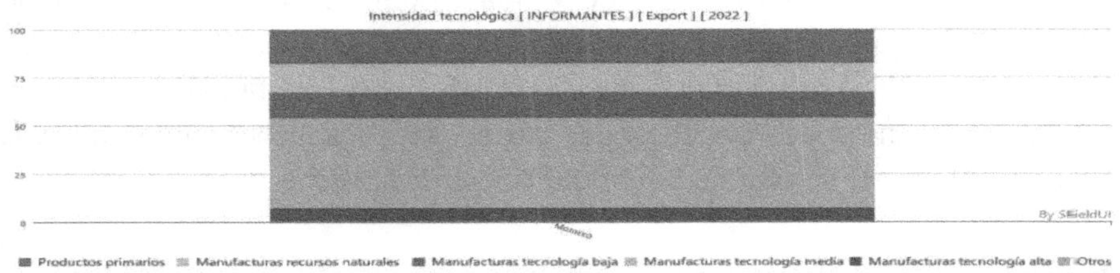

Source : CEPAL-SIGCI

Parmi les fabricants de Medium Technology, il y a, comme nous l'avons vu, HS8429 Bulldozers automoteurs HS2523 Ciment Portland, ciment alumineuse, HS5408 Tissus de filaments artificiels, HS6401 Chaussures étanches avec semelle extérieure.

Guinée-Bissau

Nous avons donc déclaré que la quasi-totalité de ses exportations en 2005 serait des produits primaires, figure III.13. Nous n'avons pas d'informations disponibles autres que celles présentées ici dans les sources que nous utilisons.

Figure III.13

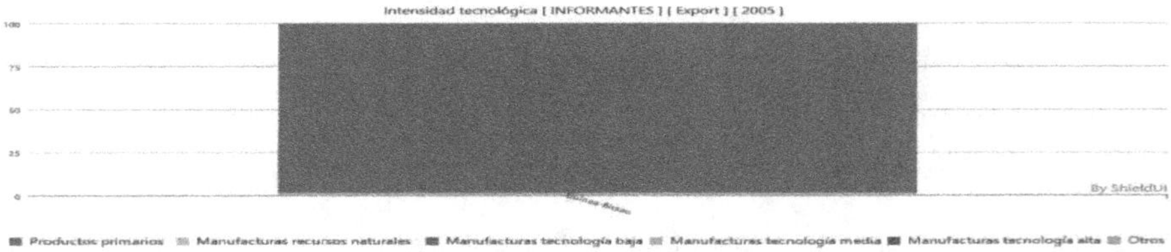

Source : CEPAL-SIGCI

En conclusion, nous avons que les pays africains de notre échantillon continuent de reposer, malgré le passage du temps, sur l'exportation de matières premières stratégiques telles que le pétrole (Nigéria et Algérie) et, en général, sur l'exportation de produits primaires, à l'exception de l'Afrique du Sud, de l'Égypte et du Maroc. Ensuite, nous pensons qu'il est nécessaire pour la région africaine de repenser son avenir économique en fonction des nouvelles tendances de la mondialisation, en commençant par le *nearshoring* avec l'Europe, en tirant parti de ses avantages absolus de proximité et de main- d'œuvre bon marché, mais avec une vision à long terme. Cela signifie qu'ils devraient mettre davantage l'accent sur l'éducation pour avoir un processus de substitution de certaines importations, mais en même temps définir, dans un Grand Plan de Vision à Long Terme (avec un scénario de 25 ans), 5 secteurs qui se développent et génèrent des avantages compétitifs. Certains de ces secteurs pourraient être développés en collaboration avec les pays d'Amérique latine et des Caraïbes, tels que les TIC, les pièces automobiles, le génie biologique, le secteur du bois et le secteur de la pêche.

Analysons maintenant la structure des exportations des 5 plus grands pays par PIB, de l'ALC.

Brésil

De 1990 à 2022, les ventes à l'étranger du Brésil ont subi une transformation de leur structure, figure III.14a.

Figure III.14.a

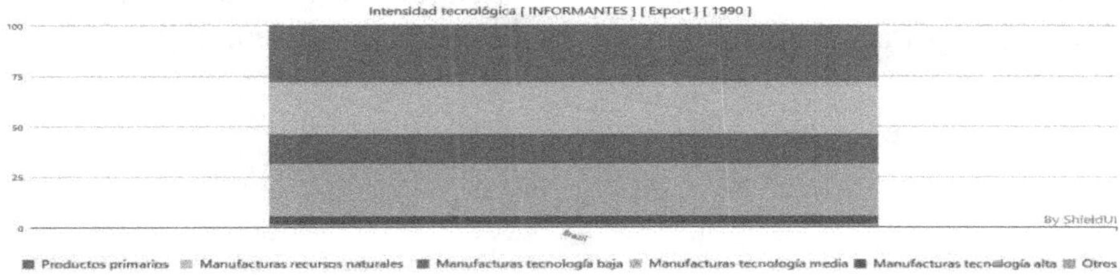

Cette source : CEPAL-SIGCI

Faisant largement usage de leurs avantages absolus, ils se sont consacrés à l'exploitation du secteur agricole et d'une partie du secteur de l'énergie, de telle sorte qu'au cours de la période analysée, le pourcentage des exportations de ce type de produits primaires a augmenté, figure III.14b[151]. Cette augmentation des exportations de ce type de marchandises s'est faite au détriment de toutes les autres exportations, ce qui est à notre avis un pari dangereux, car elles devraient se concentrer sur la poursuite du développement des secteurs de haute technologie, tels que l'aviation et l'aéronautique, ainsi que le secteur automobile (moyenne technologie). Voir Braga (2022).

Figure III.14.b

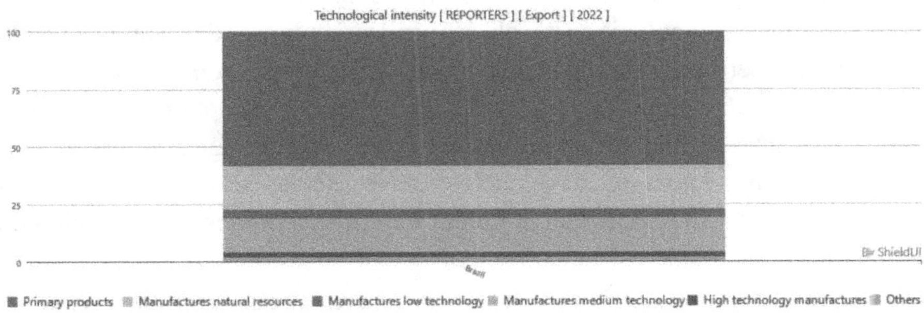

Source : CEPAL-SIGCI

151. Voir Braga (2022), Hernández (2022).

En fait, comme nous l'avons vu, les pièces automobiles des sous-secteurs 8701-8075 se démarquent parmi ses exportations les plus importantes.

Mexique

Pour le commerce extérieur du Mexique, du côté des exportations, il semblerait s'être amélioré, puisque les statistiques montreraient que le pays a abandonné le modèle d'exportation agricole et énergétique encore en vigueur en 1990, figure III.15a.

Figure III.15.a

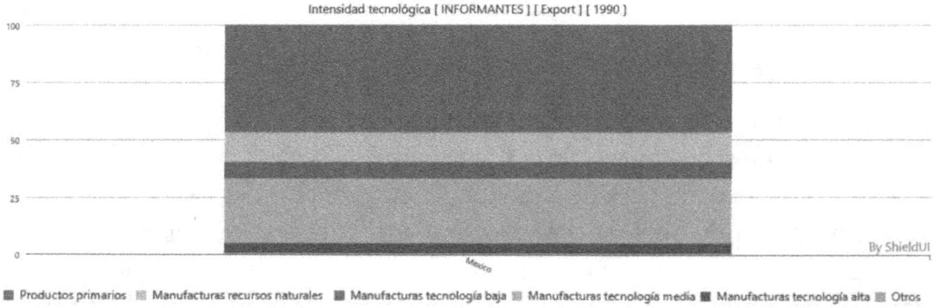

Source : CEPAL-SIGCI

Le Mexique est devenu exportateur de produits de haute technologie en 2022, figure III.15b. Mais comme nous l'avons déjà mentionné et comme cela a été analysé dans Ibarra-Puig (2014), la grande majorité de ces exportations de produits de haute technologie sont réalisées par des entreprises de maquiladora, qui apportent très peu de valeur ajoutée au processus de production, essentiellement de la main-d'œuvre pour l'emballage des produits[152]. L'exception est le secteur automobile, qui sont des exportations de moyenne technologie, où des chaînes de production nationales ont été générées autour de cette industrie (connue sous le nom d'industrie des pièces automobiles), ainsi que certaines sous-branches de l'industrie aéronautique[153].

152. Parmi les sociétés maquiladoras figurent des filiales de LG, Toyota, etc. Source : Entreprises autorisées à importer des marchandises sensibles (annexe II du décret IMMEX et 3.3.2 de l'accord de règles), Service de l'administration fiscale (SAT) - Ministère de l'Économie (SE), consultation d'août 2023.

153. Voir Ibarra-Puig (2017b) et (2020), Vega C. (2023).

Figure III.15.b

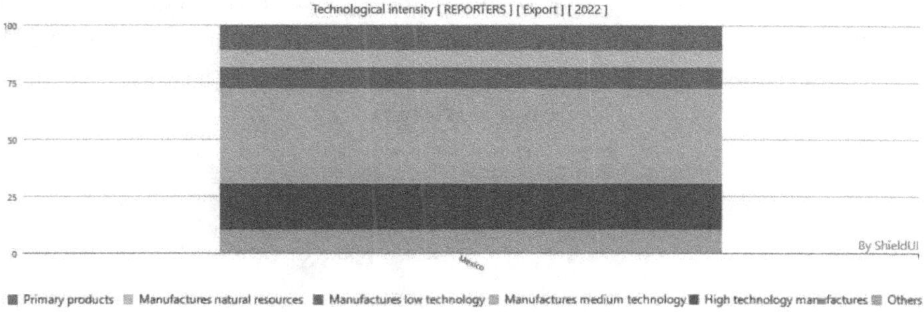

Source : CEPAL-SIGCI

Argentine

Le cas de l'Argentine est similaire à celui du Brésil : les autorités ont abandonné la transformation structurelle de son économie vers la production de biens à plus grand contenu technologique et ont décidé de rester dans le modèle d'exportation des produits primaires, figure III.16a, qui fait face à la concurrence des mêmes pays d'Amérique latine, plus des biens d'autres économies en développement[154].

Figure III.16.a

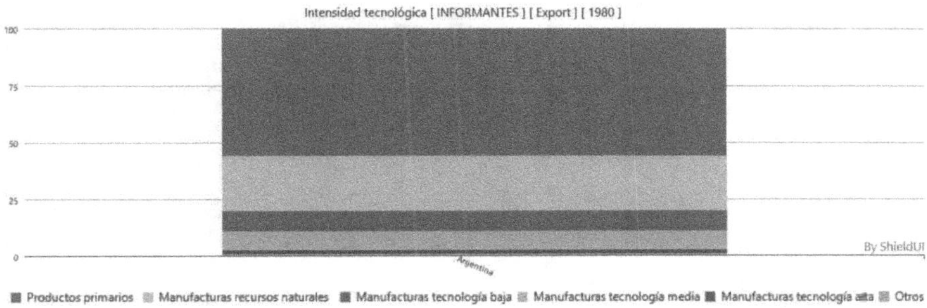

Source : CEPAL-SIGCI

La part des produits primaires et des produits manufacturés des ressources naturelles est passée d'environ 80 % en 1980 à 70 % en 2022, figure III.16b, ce qui est, à notre avis, trop élevé ; alors que les ventes à l'étranger de biens de moyenne

154. Voir Hernández (2022)

technologie sont restées pratiquement inchangées et que les produits de haute technologie sont pratiquement inexistants. C'est l'un des facteurs qui contribuent probablement à expliquer aussi la récurrence des crises que souligne Salama (2022).

Figure III.16.b

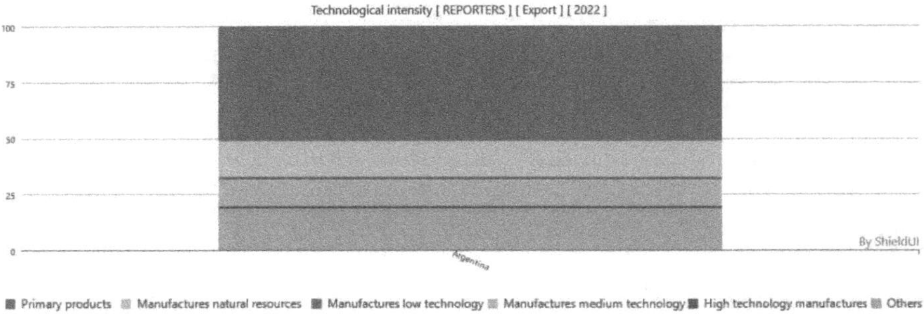

Source : CEPAL-SIGCI

Colombie

Le modèle d'exportation de la Colombie suit en principe un schéma de changements au cours de la période de 1980 à 2021 : les produits primaires, parmi lesquels le pétrole et ses dérivés, représentaient en 1980 77% des ventes à l'étranger de ce pays, figure III.17a.

Figure III.17.a

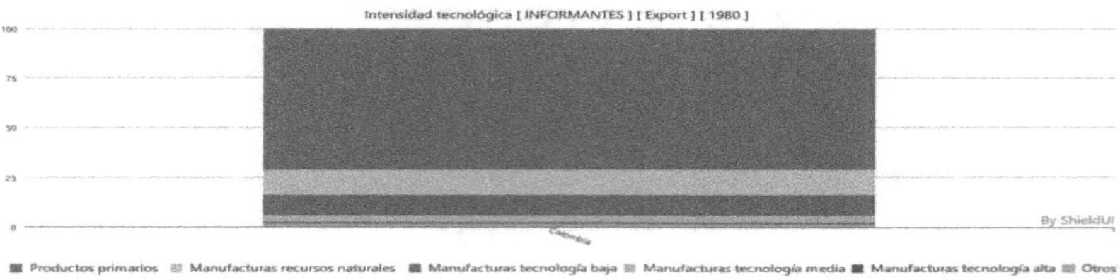

Source : CEPAL-SIGCI

Pour l'année 2022, ils ont diminué, représentant 55% de ces ventes. Les ventes de produits manufacturés de ressources naturelles ont légèrement augmenté, mais la contrepartie est la diminution des exportations de produits manufacturés de faible technologie, figure III.17b. La bonne nouvelle est que les ventes externes de biens de moyenne technologie ont augmenté leur part, ainsi que celle des autres types de produits.

Figure III.17.b

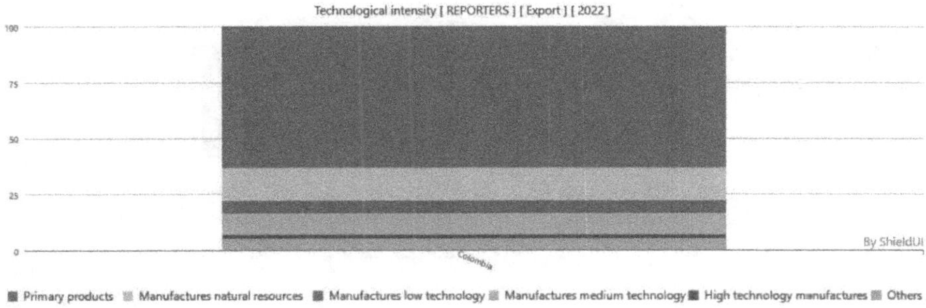

Source : CEPAL-SIGCI

Dans les sources que nous utilisons, il n'est pas possible d'identifier les produits qui font partie des manufactures de technologie moyenne.

Chili

Bien que ce pays ait entamé depuis les années 80 du siècle dernier un processus d'ouverture visant à améliorer sa productivité et sa compétitivité[155], ses ventes à l'étranger continuent non seulement de dépendre des produits primaires, principalement le cuivre, figure III.18a.

Figure III.18.a

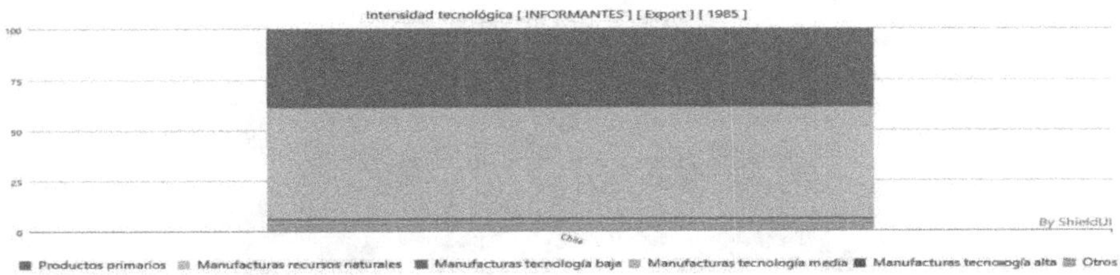

Source : CEPAL-SIGCI

Cette dépendance s'est accrue : de 30 % en 1985, en 2022, ils représentaient 45%., figure III.18b. Si nous ajoutons à ces ventes celles des Manufactures de ressources naturelles, le pourcentage des deux était de 95 % en 1985, soit un pourcentage similaire en 2022. La contrepartie de l'augmentation des ventes extérieures de produits primaires a été la diminution des exportations de produits manufacturés de ressources naturelles, comme le montre le graphique suivant.

155. Voir Ibarra-Puig (2014).

Figure III.18.b

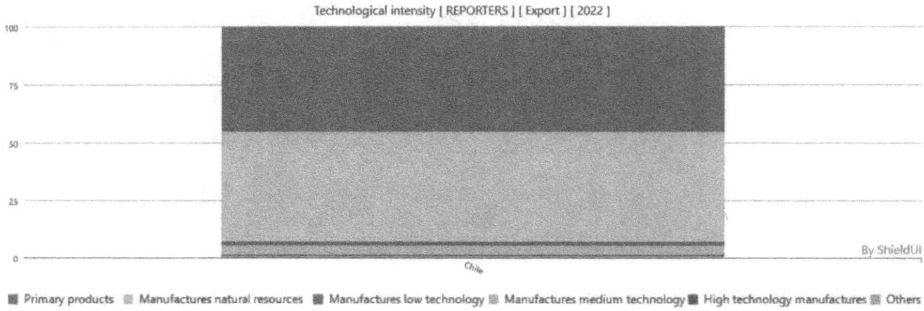

Source : CEPAL-SIGCI

Antigua et la Barbade

Le cas d'Antigua et de la Barbade est intéressant, puisque leurs exportations étaient principalement de haute technologie en 2000, figure III.19a ; toutefois, nous n'avons trouvé à l'OMC aucun renseignement qui pourrait nous aider à déterminer le type de produits de ce contenu technologique qu'elle exportait. Toutefois, dans l'examen des politiques commerciales pour l'année 2001, les principaux produits d'exportation des produits manufacturés sont énumérés ci-après : produits chimiques, autres produits semi-finis, machines et matériel de transport, textiles et vêtements, tous à contenu technologique moyen.

Figure III.19.a

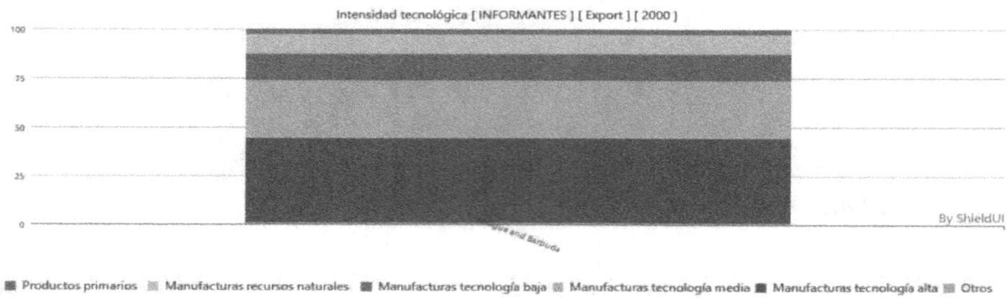

Source : CEPAL-SIGCI

Pour l'année 2022, les produits avec faible technologie se sont agrandis, et les machines et le matériel de transport, qui apparaissent dans la technologie moyenne, se sont augmenté, graphique III.19b.

Figure III.19.b

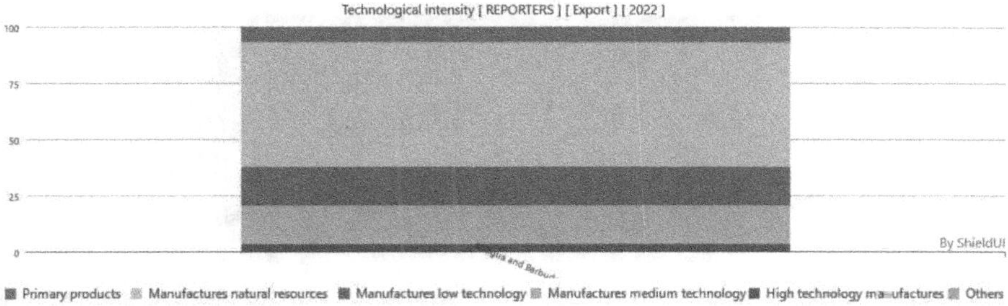

Source : CEPAL-SIGCI

Grenade

Les exportations de ce pays pour l'année 1995 étaient composées de 60% des ventes de produits primaires à l'étranger, figure III.20a.

Figure III.20.a

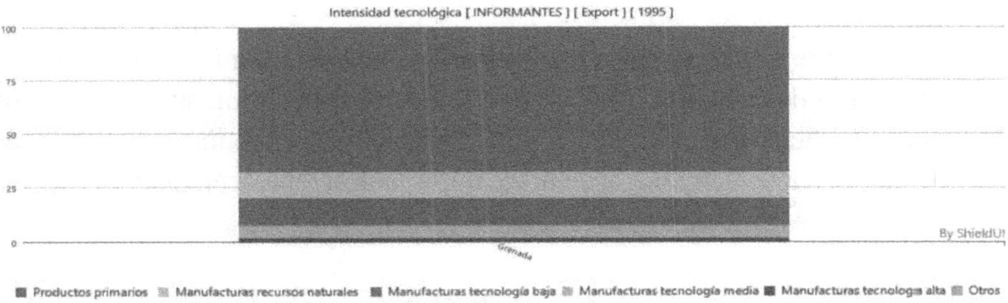

Source : CEPAL-SIGCI

Pour l'année 2022, ces ventes sont passées à environ 48% en 2022, cédant une partie de cette part aux exportations de produits manufacturés naturels, figure III.20b. Comme nous l'avons vu, en 2022, les principales exportations non agricoles de la Grenade étaient les machines mécaniques ayant leur propre fonction, le poisson, frais ou réfrigéré, le papier hygiénique et similaire, les peintures et vernis aqueux et les générateurs (ces derniers sont des machines qui déplacent un générateur électrique à travers un moteur à combustion interne).

Figure III.20.b

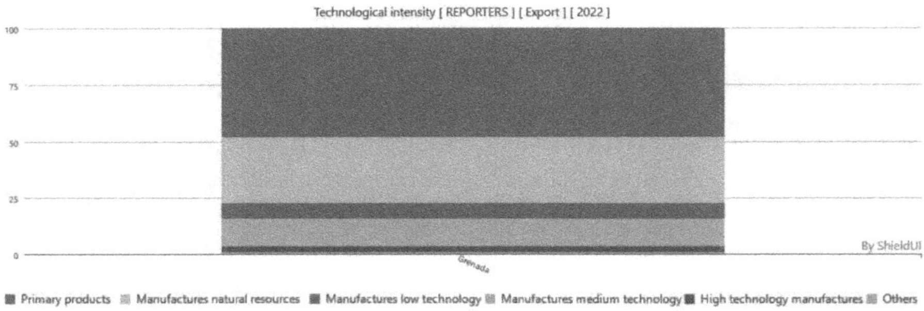

Source : CEPAL-SIGCI

En fait, comme nous pouvons le voir sur le graphique ci-dessus, ces exportations de technologie moyenne commencent déjà à être importantes en termes de pourcentage pour le pays, bien que leur montant soit relativement faible (0,4 million de dollars américains, source OMC (2022)).

Saint-Kits et Nevis

C'est un autre cas de changement qui mérite d'être noté. En 1995, 50 pour cent des exportations de Saint-Kits-et-Nevis provenaient de produits manufacturés à base de ressources naturelles, bien que les ventes extérieures de produits manufacturés de moyenne et haute technologie aient été importantes, représentant 25 et 20 pour cent de ces ventes totales, figure III.21a.

Figure III.21.a

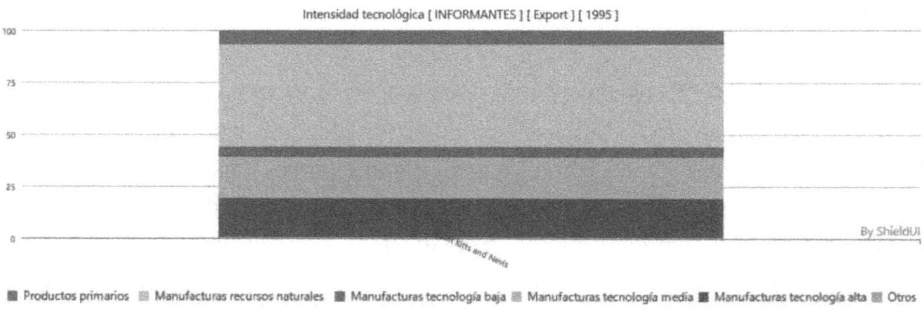

Source : CEPAL-SIGCI

Pour l'année 2017, il y a eu un changement significatif, puisque les exportations de produits manufacturés de ressources naturelles ont diminué à 5% du total, tandis que les ventes à l'étranger de produits manufacturés de moyenne technologie ont augmenté à 28% et celles de haute technologie sont devenues 25%.

Figure III.21.b

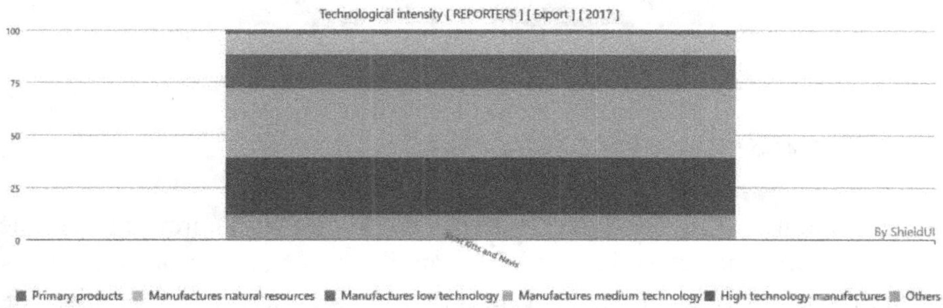

Source : CEPAL-SIGCI

Les informations disponibles nous montrent que les ventes de produits non agricoles sont principalement des appareils de protection des circuits électriques, des appareillages et condensateurs électriques, des émetteurs de radiotéléphonie, d'autres articles relevant de la position SH4907, des parties et pièces détachées des nos 8525 à 8528 et des articles de bijouterie et leurs parties[156].

Saint-Vincent-et-les Grenadines

Les exportations de Saint-Vincent-et-les Grenadines ont subi une transformation au cours de la période 1995-2021. En 1995, environ 70 % de ses exportations étaient des produits primaires, suivis par environ 15 % des produits manufacturés à base de ressources naturelles et 10 % des produits manufacturés de faible technologie. Il convient de noter que les exportations de produits manufacturés de moyenne technologie (3 pour cent) et de produits manufacturés de haute technologie (2 pour cent) existaient déjà, figure III.22a.

156. Renseignements complétés dans l'Examen des politiques commerciales, Saint Kitts et Nevis, OMC, WT/TPR/S/437, 29 mars 2023.

Figure III.22.a

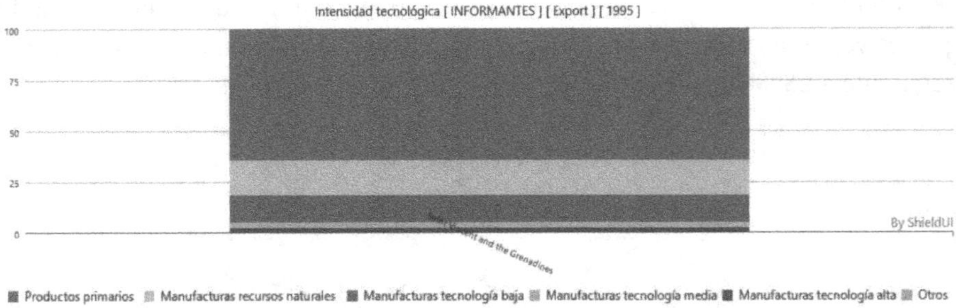

Source : CEPAL-SIGCI

Pour l'année 2021, les ventes externes de produits primaires ont diminué à 43 %, tandis que celles des produits manufacturés basés sur les ressources naturelles étaient de 30%. Ce qui est intéressant, c'est que les exportations de basse technologie représentaient déjà 15 %, celles de moyenne technologie 8 % et celles de haute technologie 3 %. Rappelons que parmi les produits non agricoles les plus importants exportés par ce pays figurent les crustacés, même pelés, les constructions, l'aluminium, le poisson, frais ou réfrigéré, les produits plats en fer laminé et les boîtes, sacs, sachets, cônes, figure III.22b.

Figure III.22.b

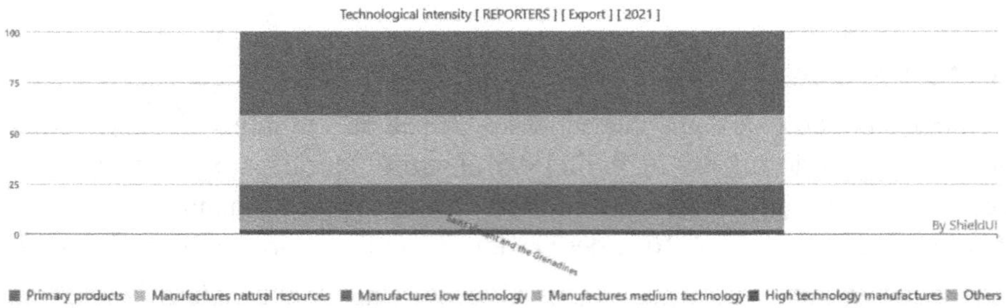

Source : CEPAL-SIGCI

Dominique

Ce pays a connu un changement majeur dans ses exportations. En 1995, près de 50 pour cent de ses exportations étaient des produits primaires et 45 pour cent étaient des produits manufacturés de moyenne technologie ; 3 % de la fabrication de ressources naturelles et 2 % de la fabrication de moyens technologiques, figure III.23a.

Figure III.23.a

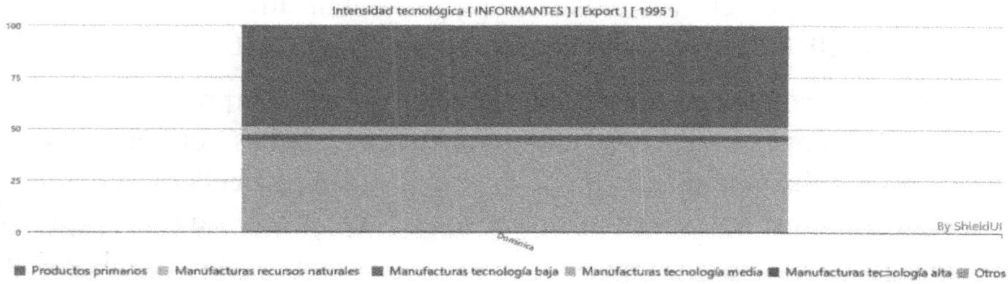

Source : CEPAL-SIGCI

Les informations les plus récentes disponibles dans le SIGC datent de 2012 et nous indiquent que les produits primaires ont chuté à 20% des ventes extérieures, tandis que les exportations de produits manufacturés de moyenne technologie représentaient environ 60% des ventes externes et 10% étaient des produits manufacturés de haute technologie figure III.23b.

Figure III.23.b

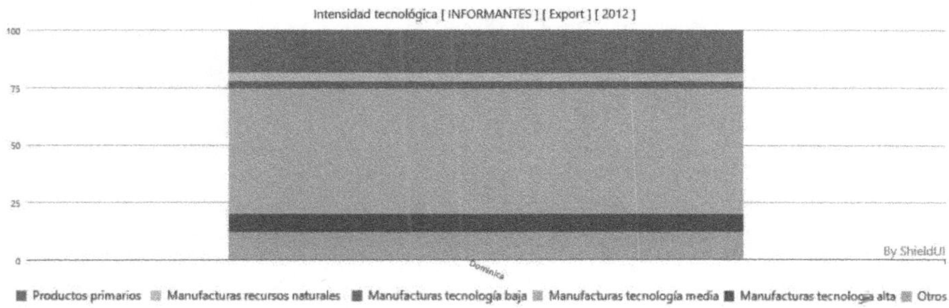

Source : CEPAL-SIGCI

Sur la base de l'examen de la politique commerciale de ce pays de 2023 de l'OMC, il nous informe que « ... Les exportations de marchandises sont passées de 34 millions USD en 2014 à 17 millions USD en 2021. Si les réexportations sont exclues de ces chiffres, l'évolution des exportations intérieures de la Dominique est plus préoccupante, car la baisse des exportations globales de marchandises est principalement liée à une baisse des exportations nationales... Ces résultats insatisfaisants s'expliquent principalement par l'arrêt des activités de Dominican Coconut Products (DCP), Colgate Palmolive, producteur de savon, en 2015. Les exportations de produits alimentaires et d'animaux vivants, d'une valeur de 8,5 millions USD en 2021, représentent près de la moitié des exportations de la Dominique. Ce chiffre reflète une reprise significative du marché, qui a enregistré en 2018 une valeur minimale de 3,6 millions USD ».

Comme on peut le constater de manière quelque peu surprenante, les pays les plus développés de l'Amérique latine et des Caraïbes continuent de se concentrer sur l'exportation de produits primaires, en particulier l'agriculture et le secteur minier, à l'exception du Mexique. Nous pensons que ce n'est pas la bonne approche et qu'ils doivent repenser ce système. Même dans le cas du Mexique, le système d'exportation qui semble réussir, puisqu'il est démontré qu'il exporte une grande partie de biens de haute technologie, a le défaut qu'une grande partie de ces exportations se font dans le cadre du régime des maquiladoras, c'est-à-dire qu'aucune valeur ajoutée n'est apportée autre que celle des salaires et salaires, ce qui est très faible[157] [1]. Dans ce contexte, la région doit envisager un processus d'excellence en matière d'éducation afin d'intégrer, voire de développer, sa propre technologie et de la partager avec d'autres pays sous-développés. Encore une fois, nous nous référons à l'Accord sur les ADPIC dans son volet de l'Accord de transfert de technologie, afin d'en tirer parti au profit de ces deux régions en particulier.

157. Les informations relatives à l'industrie des maquiladoras ont cessé d'être mises à jour depuis 2006, en raison de la publication, le 1er novembre 2006, par le Gouvernement fédéral du décret pour la promotion de l'industrie manufacturière, des maquiladoras et des services d'exportation (décret IMMEX), qui intègre les programmes de promotion et d'exploitation de l'industrie d'exportation des maquiladoras (maquiladoras) et le programme d'établissement d'importation temporaire pour produire des articles d'exportation. Ainsi, étant donné que ce changement réglementaire signifiait qu'il n'était plus possible de différencier les opérations liées à un programme et à l'autre, cette série a été abandonnée. En d'autres termes, il n'est plus possible d'identifier les exportations du secteur des maquiladoras par rapport au reste des exportations manufacturières. De la Rosa et Wichers (2009) montrent l'importance des maquiladoras dans les exportations manufacturières jusqu'en 2004 (figure 3, page 163).

ANNEXE III.1
LES MODÈLES DE DÉVELOPPEMENT EXPORTATEUR DE SIX PAYS ASIATIQUES

Comme nous l'avons vu dans le chapitre II, les exportations en provenance d'Amérique latine et des Caraïbes (ALC), ainsi que celles d'Afrique, en plus d'être très modestes dans le contexte international, ont connu une tendance à la baisse depuis la fin de la Seconde Guerre mondiale, tandis que les pays asiatiques ont considérablement accru leur participation internationale (tableau III.1 ci-dessous). Nous analyserons le comportement à l'exportation de certains pays asiatiques : la Chine, la Corée du Sud (Corée), le Japon, la Malaisie, Singapour et le Vietnam ; de voir leur évolution sur la période 1980-2022, en identifiant leur composition en fonction de leur contenu technologique, dans le cadre de leurs processus de développement. Nous commencerons par le cas de la Chine dans la période 1985-2022.

Tableau II.1
Exportations mondiales de marchandises, par région et par économie, de 1948 à 2022, certaines années (en milliards de dollars et en pourcentages)

	1948	1953	1963	1973	1983	1993	2003	2022
	Value							
World	**59**	**84**	**157**	**579**	**1838**	**3688**	**7382**	**24312**
	Share							
World	100.0	100.0	100.0	100.0	100.0	100.0	100.0	100.0
North America	**28.1**	**24.8**	**19.9**	**17.3**	**16.8**	**17.9**	**15.8**	**13.3**
United States of America	21.6	14.6	14.3	12.2	11.2	12.6	9.8	8.5
Canada	5.5	5.2	4.3	4.6	4.2	3.9	3.7	2.5
Mexico	0.9	0.7	0.6	0.4	1.4	1.4	2.2	2.4
South and Central America and the Caribbean	**11.3**	**9.7**	**6.4**	**4.3**	**4.5**	**3.0**	**3.1**	**3.4**
Brazil	2.0	1.8	0.9	1.1	1.2	1.0	1.0	1.4
Chile	0.6	0.5	0.3	0.2	0.2	0.2	0.3	0.4
Europe	**35.1**	**39.4**	**47.8**	**50.9**	**43.5**	**45.3**	**46.2**	**35.8**
Germany (1)	1.4	5.3	9.3	11.7	9.2	10.3	10.2	6.8
Netherlands	2.0	3.0	3.6	4.7	3.5	3.8	4.0	4.0
France	3.4	4.8	5.2	6.3	5.2	6.0	5.3	2.5
United Kingdom	11.3	9.0	7.8	5.1	5.0	4.9	4.2	2.2
Commonwealth of Independent States (CIS), including certain associate and former member States (2)	-	-	-	-	-	**1.7**	**2.3**	**3.0**
Africa	**7.3**	**6.5**	**5.7**	**4.8**	**4.5**	**2.5**	**2.4**	**2.7**
South Africa (3)	2.0	1.6	1.5	1.0	1.0	0.7	0.5	0.5
Middle East	**2.0**	**2.7**	**3.2**	**4.1**	**6.7**	**3.5**	**4.1**	**6.7**
Asia	**14.0**	**13.4**	**12.5**	**14.9**	**19.1**	**26.0**	**26.1**	**35.1**
China	0.9	1.2	1.3	1.0	1.2	2.5	5.9	14.8
Japan	0.4	1.5	3.5	6.4	8.0	9.8	6.4	3.1
India	2.2	1.3	1.0	0.5	0.5	0.6	0.8	1.9
Australia and New Zealand	3.7	3.2	2.4	2.1	1.4	1.4	1.2	1.9
Six East Asian traders	3.4	3.0	2.5	3.6	5.8	9.6	9.6	9.6
Memorandum item:								
EU (4)	-	-	24.5	37.0	31.3	37.3	38.6	29.4
USSR, Former	2.2	3.5	4.6	3.7	5.0	-	-	-
GATT/WTO Members (5)	63.4	69.6	75.0	84.1	77.0	89.0	98.3	98.1

Note : Between 1973 and 1983 and between 1993 and 2003 export shares were significantly influenced by oil price developments

Source : OMC (2023), tableau A4, p. 58.

Les exportations de la Chine de 1985 à 2022

Le cas de la Chine est très illustratif des changements asiatiques. À la suite de Buzo (2022)[158], il souligne qu'à partir de 1978, une série de réformes ont été instituées dans six dimensions : l'agriculture, les entreprises publiques, les banques, la politique de la porte ouverte, les secteurs publics et les infrastructures institutionnelles. L'auteur souligne que « pendant les deux premières décennies des réformes, la croissance économique a été spectaculaire, atteignant des taux annuels moyens de 9,6 %... Certaines des raisons du succès du processus de réforme peuvent être trouvées dans le pragmatisme avec lequel les représentants du gouvernement l'ont entrepris, le soutien des responsables du Parti et du gouvernement en ligne

158. Buzo, R. (2022).

avec la majeure partie de la population, la stabilité politique et l'habileté de la hiérarchie chinoise représentée par Deng Xiaoping ». C'est dans ce contexte qu'en 1985, les exportations de la Chine sont passées d'une composition dans laquelle les exportations de produits primaires prédominaient avec 60 % des ventes à l'étranger, figure III.A1, à celles indiquées dans le graphique III.A2, en l'année 2000. Il convient de noter que l'exportation de produits manufacturés de haute technologie était pratiquement inexistante en 1985.

Graphique III.A1

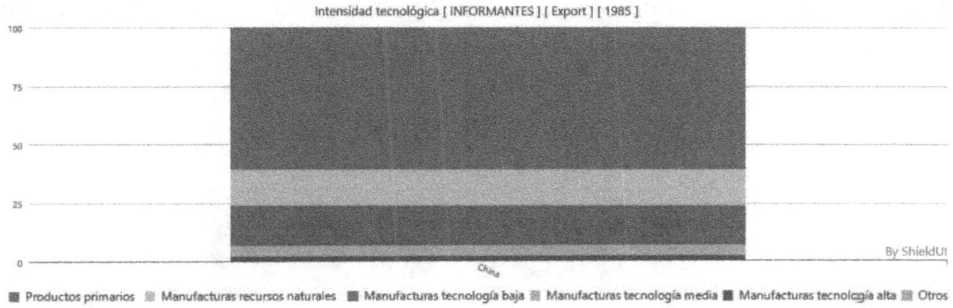

Source : CEPAL-SIGCI

Les économistes expliquent ce changement en disant que la Chine est passée d'une exploitation de ses avantages absolus (en particulier la grande quantité de main-d'œuvre et son utilisation à faible coût, compte tenu de son abondance), à un système d'avantages compétitifs, qui sont ceux qui s'acquièrent par l'apprentissage, et l'application du *savoir-faire* acquis, pour la fabrication d'articles à plus forte valeur ajoutée. Il est important de noter que le développement d'avantages concurrentiels a comme condition sine qua non, une éducation d'excellence, afin de produire des biens à la pointe de la technologie.

Graphique III.A2

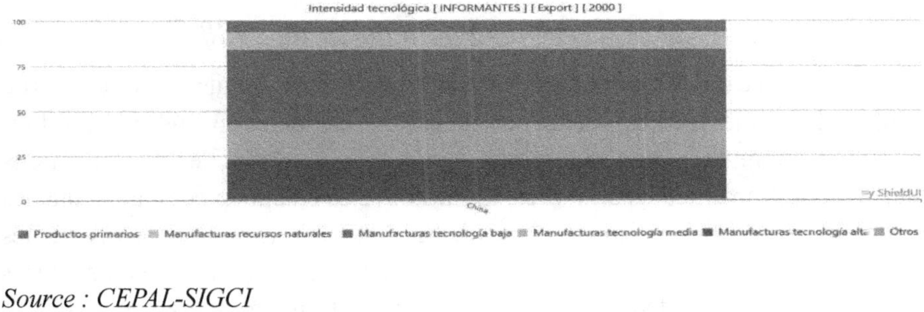

Source : CEPAL-SIGCI

En 2000, il convient de noter que les exportations à fort contenu technologique avaient déjà joué un rôle important. En poursuivant ce schéma, il faut que pour l'année 2022, les articles à haut contenu technologique représentent environ 30 % de ses exportations, et lorsque nous ajoutons les 30 % restants représentés par les exportations de technologie moyenne, nous avons que la Chine exporte environ 60 % de ses biens à haute valeur ajoutée, figura III.A3. D'autre part, la part des produits primaires dans leurs ventes à l'étranger a pratiquement diminué depuis 1985 (il convient de mentionner que la Chine est aujourd'hui un grand importateur de produits du secteur primaire, dont bénéficient certains pays d'Amérique latine comme le Brésil, l'Argentine, la Colombie, le Chili et, dans une moindre mesure, le Mexique).

Graphique III.A3

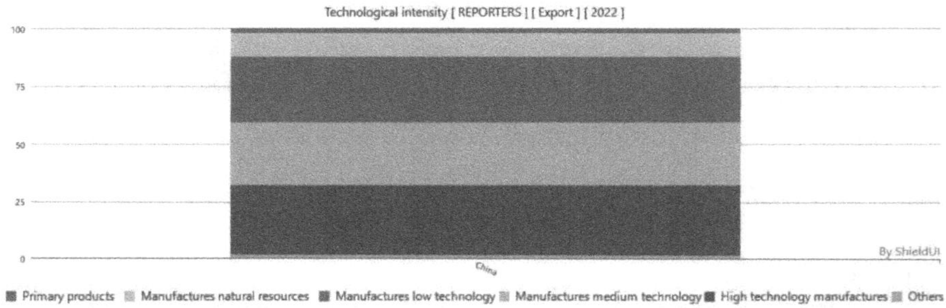

Source : CEPAL-SIGCI

En conclusion, le développement des avantages compétitifs de la Chine, pour laquelle elle a dû développer une base d'éducation d'excellence, a transformé la structure des exportations de ce pays : les produits primaires, qui représentaient 60 % de ses ventes à l'étranger en 1985, représentaient 2 % en 2022 ; tandis que les exportations de haute technologie, pratiquement inexistantes en 1985, représentaient 30 % du total des marchandises en 2022.

Les exportations de la Corée du Sud à partir de 1980

En 1980, la Corée exportait une part importante des produits manufacturés de faible technologie (textiles, vêtements, chaussures et articles en cuir). Les produits manufacturés de moyenne technologie (y compris les véhicules de tourisme et leurs pièces, les véhicules utilitaires, les motocycles et leurs pièces, ainsi que les machines et moteurs, les machines industrielles, les pompes, les navires et les montres), qui représentent environ 20 % du total des ventes à l'étranger, ont été les secteurs prédominants dans ces transactions, comme le montre le graphique III.A.4.

Graphique III.A4

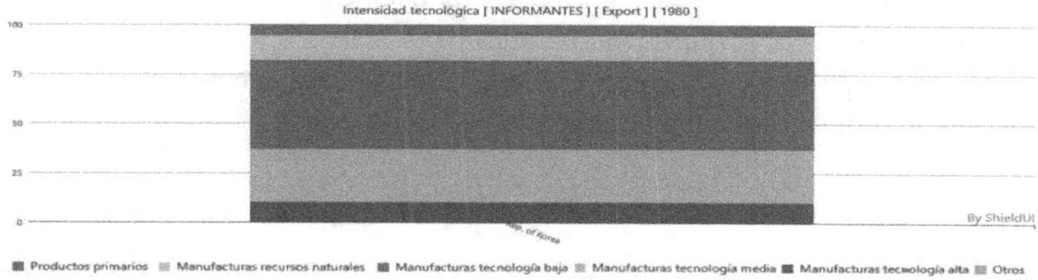

Source : CEPAL-SIGCI

En l'an 2000, et une fois surmontée la crise monétaire asiatique (qui a conduit à une redéfinition des relations existantes au sein des conglomérats appelés chaebols), les exportations de produits manufacturés de haute technologie représentaient déjà plus de 30 % des ventes à l'étranger du pays. Il convient de noter que la Corée du Sud élabore des plans quinquennaux de développement et que ces secteurs font précisément partie des secteurs industriels à développer depuis 1980 ; Et d'autre part, beaucoup de ces produits sont fabriqués précisément par les chaebols, qui profitent de la formation croissante de la main-d'œuvre ; voir la figure III.A5. Il convient de mentionner que, comme la Chine, la Corée du Sud s'est fortement engagée en faveur de l'éducation[159].

Graphique III.A5

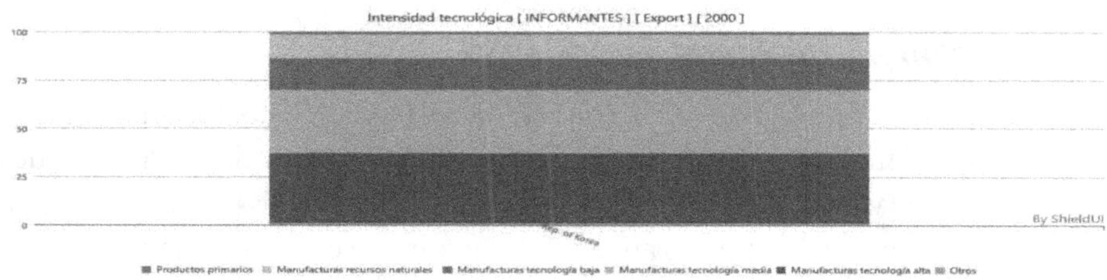

Source : CEPAL-SIGCI

Pour l'année 2022, les exportations dominantes ont été les exportations de moyenne technologie, suivies de la haute technologie. Rappelons que la Corée du Sud et le Mexique ont fait de lourds investissements dans le secteur de l'acier dans les années 70 du siècle dernier ; mais alors qu'au Mexique ce secteur n'était

159. Voir Ibarra-Puig y McCoy (2012).

plus soutenu, la Corée a continué et est aujourd'hui, avec la Chine, l'un des plus grands producteurs de navires, une activité pratiquement inexistante au Mexique. La cohérence des politiques économiques dans le temps, c'est-à-dire la mise en œuvre des politiques économiques de l'État, est également à la base de ce changement dans la structure des exportations coréennes.

Graphique III.A6

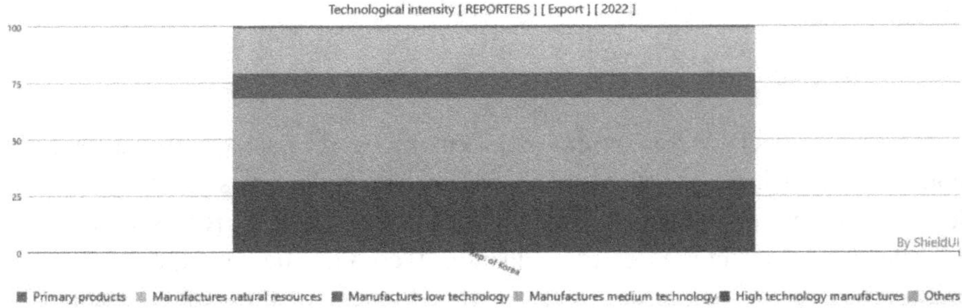

Source : CEPAL-SIGCI

En conclusion, l'adoption de politiques économiques de l'État, le soutien à l'excellence de l'éducation et la cohérence des politiques publiques ont permis à la Corée de passer du statut d'exportateur de basse technologie à celui d'exportateur de moyenne et haute technologie.

Les exportations du Japon depuis 1980

Il faut rappeler que, depuis les années 70, le Japon s'est spécialisé dans le « copier pour améliorer », ajoutant également le fait de la miniaturisation des produits comme valeur ajoutée à sa production, avec laquelle ils ont réussi dans un premier temps, jusqu'à la fin des années 90, à avoir une certaine suprématie dans leurs produits et, par conséquent, dans leurs exportations. Dans les années 1980, les exportations japonaises étaient dominées par les exportations de technologie moyenne (graphique III.A7).

Graphique III.A7

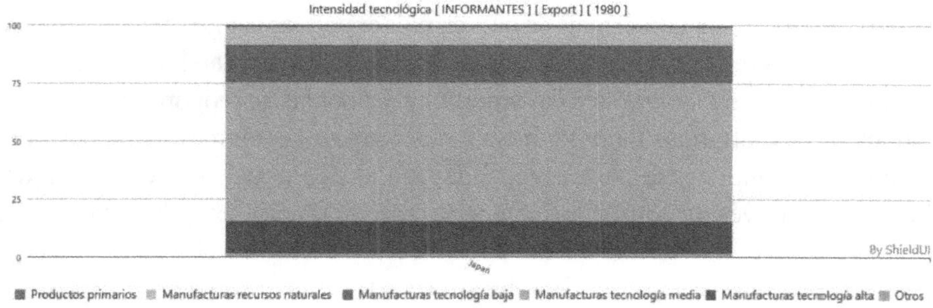

Source : CEPAL-SIGCI

C'est à cette époque que les États-Unis ont imposé des restrictions sur les importations de voitures japonaises, d'une part, et en Europe, des restrictions non tarifaires ont été imposées sur les produits japonais (par exemple, « l'effet Poitiers »). Cela s'explique par le fait que les exportations du Japon étaient également de plus en plus technologiques, puisqu'elles représentaient 35 % de ses exportations en 2000 (graphique III.A8).

Graphique III.A8

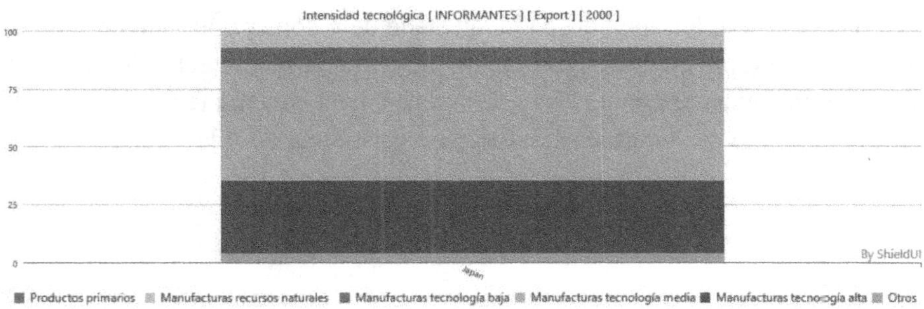

Source : CEPAL-SIGCI

En 2022, la spécialisation du Japon dans ses exportations s'est concentrée sur les biens de moyenne technologie, car les exportations de haute technologie, y compris les puces, sont désormais de plus en plus exportées par la Chine et d'autres pays asiatiques (en partie aussi par des investissements japonais). Il convient de noter l'importance relative dans les exportations japonaises, proportionnellement parlant, des exportations de produits manufacturés de ressources naturelles, qui comprennent, entre autres, les produits des métaux communs (à l'exception de l'acier), les dérivés du pétrole, le ciment, les pierres précieuses et le verre.

Graphique III.A9

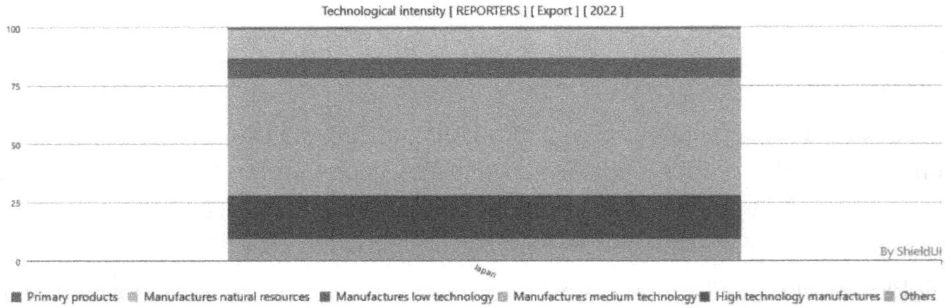

Source : CEPAL-SIGCI

En conclusion, le Japon est passé du stade de « copier pour améliorer », au stade de développement de produits de moyenne et haute technologie ; mais proportionnellement parlant, ses exportations à haut contenu technologique ont cédé la place aux exportations d'autres pays asiatiques, dont la Chine[160].

160. « Les exportations pour la croissance économique du Japon ont été une variable « stratégique» puisqu'elles ont été le moyen d'importer des ressources primaires, ce que sa dotation relativement faible en ressources naturelles lui impose. Actuellement, le Japon compte environ 23 000 filiales qui produisent à l'étranger et exportent depuis des pays tiers. En Chine, elle en compte 7 000 et en Asie du Sud-Est, elle dispose d'un important centre automobile en Thaïlande, d'où elle exporte vers d'autres pays et vers le Japon même. En Amérique du Nord, elle compte environ 4 000 filiales, dont 1 300 au Mexique. Pour le Mexique, il s'agit d'un partenaire stratégique dans l'industrie automobile et MNS japonais participe à hauteur de 30 % des exportations automobiles de MX vers les États-Unis. Selon le METI, environ 40 % de la production automobile des entreprises japonaises a lieu dans des pays tiers. Il est intéressant de voir comment la fragmentation de la production a influencé ces résultats. Je remercie la Dre Melba Falck pour cette précision.

Exportations de la Malaisie à partir de 1980

Le cas de la Malaisie attire l'attention en raison du grand saut technologique de ses exportations en seulement 20 ans. En 1980, les exportations de produits primaires représentaient 45 % des ventes extérieures du pays et celles des produits manufacturés de ressources naturelles 35 % (graphique III.A10).

Graphique III.A10

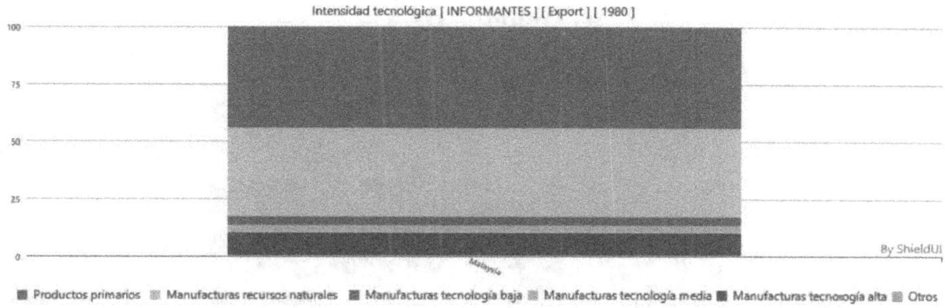

Source : CEPAL-SIGCI

Toutefois, en l'an 2000, ces ventes à l'étranger de produits primaires ne représentaient plus que 10 % du total des ventes extérieures, et avaient cédé la place aux exportations de haute technologie, qui représentaient plus de 50 % des ventes à l'étranger, graphique III.A11.

Graphique III.A11

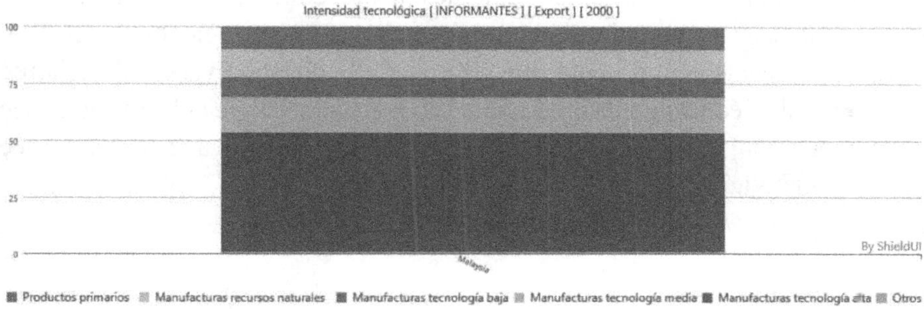

Source : CEPAL-SIGCI

En 2022, les exportations de produits manufacturés de produits naturels ont repris de la vigueur, mais les ventes extérieures de biens de moyenne et haute technologie ont continué de représenter plus de 50 % des exportations totales, graphique III.A10. En 2021, elle a exporté, au sein des Produits Primaires et Manufactures de Ressources Naturelles, de l'Huile de Palme et de ses Fractions et des Acides Monocarboxyliques Industriels ; et dans les produits de haute technologie, les circuits intégrés électroniques, les diodes et les transistors.

Graphique III.A12

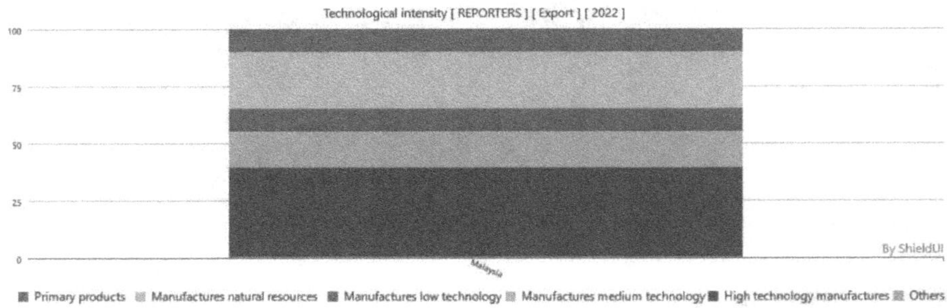

Source : CEPAL-SIGCI

Les exportations de Singapour à partir de 1980

Singapour est un autre exemple de ce que la détermination et la stabilité politiques peuvent accomplir, associées à la mise en œuvre des politiques économiques de l'État, y compris l'éducation. En 1980, le pays exportait 35% de ses ventes totales à l'étranger en ressources naturelles manufacturées, bien qu'il y ait déjà environ 10 % des exportations en produits de haute technologie, figure III.A13. Singapour a également proposé une réforme de l'éducation visant à améliorer, par le biais de l'éducation, la productivité de la main-d'œuvre et le niveau de vie de la population, ce dernier par de meilleurs salaires en ligne avec la croissance de la productivité.

Graphique III.A13

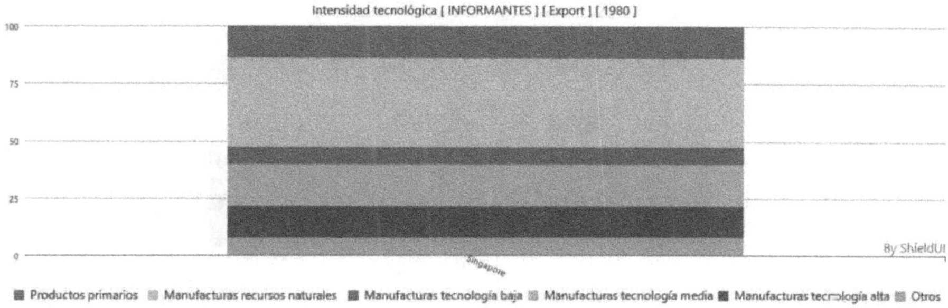

Source : CEPAL-SIGCI

En 1975, le besoin s'est fait sentir d'une organisation de coordination qui représenterait les intérêts des différentes sociétés scientifiques de Singapour, tout en ayant des liens étroits avec le monde universitaire, le gouvernement et l'industrie (la fameuse triple hélice, qui, dans de nombreux pays d'Amérique latine et des Caraïbes, se heurte encore à de nombreuses résistances). Ainsi, l'Académie nationale des sciences de Singapour, fondée en 1967, a été adaptée pour inclure onze organismes scientifiques constitutifs : l'Institut de physique de Singapour, l'Association des professeurs de sciences de Singapour, l'Association de Singapour pour l'avancement des sciences, l'Institut de biologie de Singapour, la Société mathématique de Singapour, l'Institut national de chimie de Singapour, Institut statistique de Singapour, Société de microbiologie de Singapour, Société de biochimie et de biologie moléculaire de Singapour, Collège des scientifiques cliniciens et Société de recherche sur les matériaux de Singapour[161]. Tous ces efforts ont conduit au fait qu'en l'an 2000, environ 60 % des exportations de Singapour étaient des produits de haute technologie, figure III.A14.

161. https://council.science/es/member/singapore-singapore-national-academy-of-science/, consulté le 1er août 2023.

Graphique III.A14

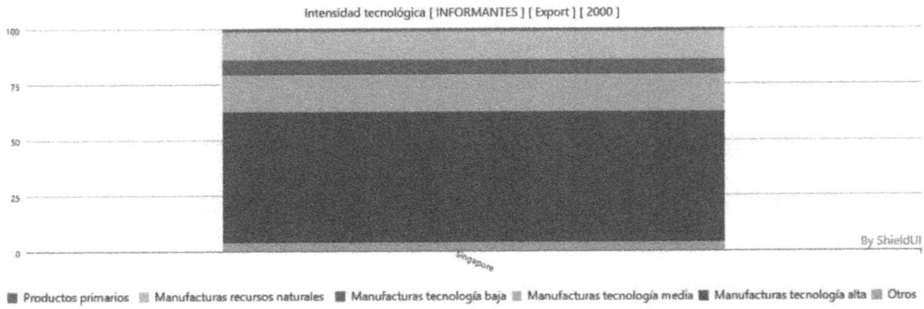

Source : CEPAL-SIGCI

Pour l'année 2022, la tendance à exporter des biens à haut contenu technologique a une baisse en pourcentage et cède la place aux exportations d'autres types de produits manufacturés, parmi lesquels l'électricité, les films cinématographiques, les estampes, les transactions spéciales, l'or, les pièces de monnaie, les animaux (animaux de compagnie), les œuvres d'art, Graphique III.A15.

Graphique III.A15

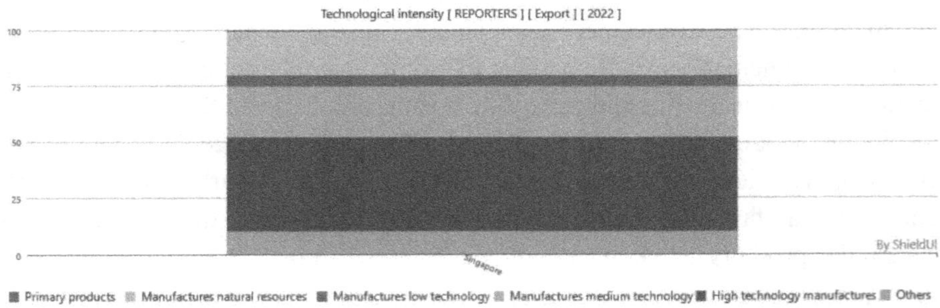

Source : CEPAL-SIGCI

En conclusion, dans le cas de Singapour, l'adoption de politiques économiques de l'État, la continuité du soutien à la science et la détermination à obtenir une excellente éducation, ont permis à Singapour de passer d'une économie exportatrice de produits primaires et de produits manufacturés de ressources naturelles à un exportateur de biens de moyenne et haute technologie.

Exportations du Vietnam à partir de 1997

Le 30 avril 1975 est reconnu comme la date de fin de l'invasion nord- américaine du Vietnam, mettant fin à un conflit de 20 ans au cours duquel, une fois de plus, le Vietnam est sorti victorieux d'une invasion. Comme dans toute guerre menée sur son sol, l'infrastructure du pays a été détruite et il n'y avait pratiquement pas d'industrie nationale. À partir de cette année-là, le Vietnam a progressivement poursuivi une politique de libéralisation du commerce extérieur, cherchant à attirer les investissements directs étrangers, qui ont d'abord attiré des investisseurs de divers pays asiatiques. En 1997, les exportations du pays se composaient à 50 % de produits primaires et de produits manufacturés de basse technologie, bien que certaines exportations de moyenne et haute technologie aient déjà commencé à apparaître, figure III.A16.

Graphique III.A16

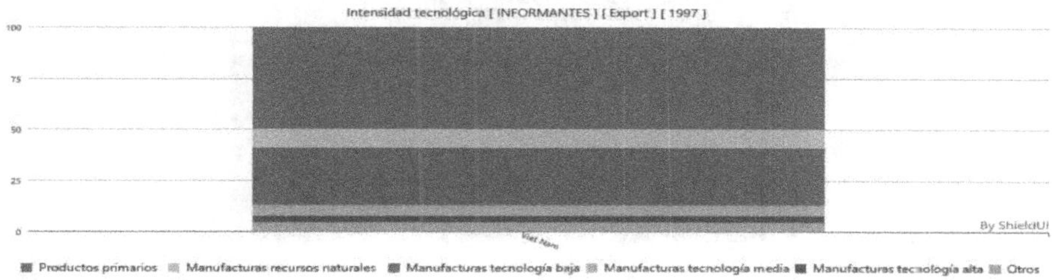

Source : CEPAL-SIGCI

Trois ans plus tard, en l'an 2000, les exportations de produits de haute technologie ont légèrement augmenté, mais les exportations de produits de base sont demeurées prédominantes (graphique III.A17). Il convient de noter que, comme dans plusieurs pays asiatiques, le gouvernement vietnamien a mis l'accent sur l'éducation.

Graphique III.A17

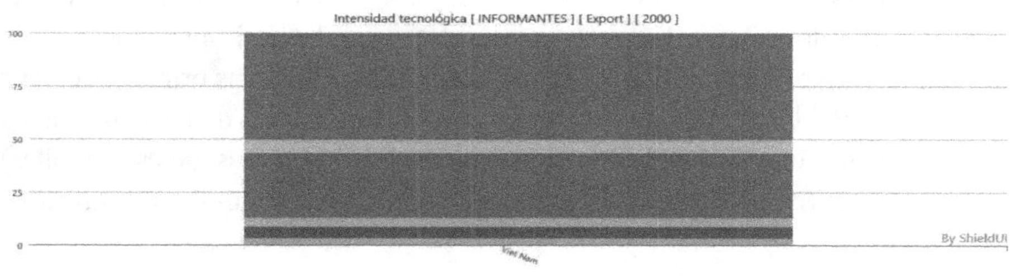

Source : CEPAL-SIGCI

Le Vietnam est devenu très actif dans son activité internationale, ayant même des affaires avec plusieurs pays africains, par solidarité ou à la recherche de marchés pour ses produits[162]. En même temps qu'elle continue d'attirer les IDE, elle continue de progresser dans la production de biens à plus fort contenu technologique, de sorte qu'en 2021, 40 % de ses exportations étaient déjà des biens de haute technologie, figure III. A18. En 2020, les principaux produits non agricoles exportés étaient : les émetteurs de radiotéléphonie, les appareils de téléphonie à fil électrique, les circuits intégrés électroniques, les machines automatiques de traitement de données et les chaussures avec tige en textile. Le coût de leur main- d'œuvre, d'ailleurs, reste très compétitif.

Graphique III.A18

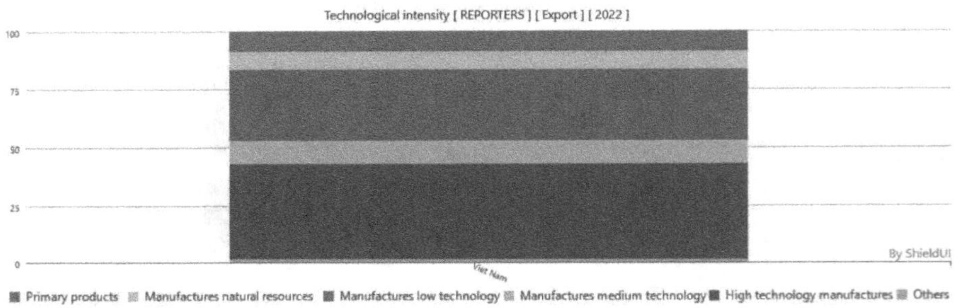

Source : CEPAL-SIGCI

Pour résumer : les exportations du Vietnam au cours de la période 1997- 2021 sont passées d'une activité principalement de produits primaires à une diversification, où grâce aux flux d'IDE, le pays exporte désormais 45% de ses ventes sur la base de produits de haute technologie, sur la base des politiques économiques de l'État et d'un sérieux effort d'éducation.

En conclusion, l'un des facteurs de succès des pays asiatiques analysés dans cette annexe a été de mettre l'accent sur la production de biens de moyenne et haute technologie, de préférence plutôt que sur la production de biens primaires et leur exportation. En d'autres termes, ils sont passés de l'utilisation de leurs avantages absolus (main-d'œuvre abondante et bon marché, dotation en ressources naturelles) à un stade de développement d'avantages compétitifs, où la main-d'œuvre qualifiée

162. Le Phuoc Minh (2022) "Relations between Vietnam and Africa. Realities and perspectives", en Guerraoui D. coord., (2022a) "Repenser l'Afrique au XXIe siécle », Centre Culturel Du Livre-Université Ouverte de Dakhla, Casablanca.

est utilisée. Ces modèles de développement n'ont pas été réalisés en abandonnant complètement l'exportation de services tels que le secteur du tourisme (tableau A.III.2), mais en donnant la priorité à un développement technologique élevé plutôt qu'à un modèle de développement à faible contenu technologique.

Tableau III.A2
Arrivées de touristes internationaux par (sous-) région et par pays et territoires de destination
Région Asie (destinations sélectionnées), milliers de personnes

	2019	2020	2021*	2022*
Asia y el Pacífico	**441.173**	**126.174**	**90.627**	**131.397**
Asia del Nordeste	*187.197*	*44.879*	*45.016*	*45.760*
China	35.832	9.951	11.330	9.583
Hong Kong (China)	28.913	2.859	1.850	3.147
Japón	46.054	10.700	4.861	9.238
Corea, Rep.P.D.	..	..	..	..
Corea, Rep. de	20.867	10.276	10.804	11.996
Macao (China)	40.060	9.153	15.303	8.706
Mongolia	513	29	21	234
Taiwan (pr. de China)	14.411	1.800	744	2.747
Asia del Sudeste	*148.898*	*31.214*	*11.007*	*37.822*
Brunei	217	16	2	..
Camboya	4.769	1.015	184	..
Indonesia	16.911	3.382	521	6.719
Laos	935	213	1	..
Malasia	19.829	2.974	77	6.329
Myanmar	2.483	..	..	..
Filipinas	9.781	1.791	600	4.174
Singapur	20.300	5.355	4.109	11.793
Tailandia	39.810	13.403	5.134	..
Timor-Leste	70	26	12	43
Vietnam	11.792	2.500	149	3.841

Source : OMT, Baromètre mondial du tourisme, Annexe statistique, Volume 21, Numéro 2, Mai 2023.

Conclusion. Les perspectives des relations économiques entre l'Afrique et l'ALC

Grâce à l'analyse effectuée, nous avons pu détecter les opportunités commerciales entre les deux régions. Mais en plus de ce qui précède, les analyses élaborées tout au long du livre, de l'économie mondiale et du développement des deux régions, Afrique et ALC, nous permettent également de faire une série de propositions qui couvrent un horizon plus large. Nous évoquons les possibilités d'élaborer un programme de coopération et de développement économique entre l'Afrique et l'ALC dans les années à venir.

Le programme proposé repose sur la reconnaissance du fait que les deux régions sont confrontées à des problèmes similaires et, bien que les réponses ne puissent pas être totalement similaires, il existe des domaines d'accord dans lesquels des opportunités commerciales supplémentaires peuvent être créées par rapport à celles détectées commercialement et, en même temps, des mécanismes de coopération et de développement dans une perspective gagnant-gagnant.

En commençant par l'Accord sur les ADPIC, nous notons qu'il existe un accord de transfert de technologie entre eux, qui stipule que les pays en développement, en particulier, considèrent le transfert de technologie comme faisant partie de l'accord en vertu duquel ils ont convenu de protéger les droits de propriété intellectuelle. L'Accord sur les ADPIC vise à réaliser le transfert et la diffusion de technologies dans le cadre de ses objectifs, et exige spécifiquement des pays développés Membres qu'ils incitent leurs entreprises à encourager le transfert de technologie vers les pays les moins avancés[163].

Selon l'OMC elle-même, les ADPIC, ou les droits de propriété intellectuelle, sont ceux qui sont conférés aux gens sur les créations de leur esprit. Ils donnent généralement au créateur le droit exclusif d'utiliser son œuvre pendant une période déterminée ; et comme nous l'avons vu dans le paragraphe précédent, ces ADPIC exigent des pays développés une certaine souplesse afin que les pays les moins avancés puissent avoir accès à de meilleures technologies dans toutes les branches de la science.

Que peuvent faire l'Afrique et l'ALC ? Intensifier les contacts afin de donner effet à ces ADPIC en ce qui concerne l'amélioration des conditions de vie des populations les moins favorisées. En outre, promouvoir les séjours des jeunes récemment diplômés des universités des deux régions, dans toutes les carrières, afin d'effectuer des stages dans les différents bureaux des Nations Unies à travers

163. OMC, https ://www.wto.org/spanish/tratop_s/trips_s/techtransfer_s.htm, consulté le 19 septembre 2023.

le monde et de leur donner une formation formelle sur les aspects de la législation internationale. L'un des aspects très importants de l'Accord sur les ADPIC pour la santé publique est le suivant : « Le nouvel article 31bis de l'Accord sur les ADPIC donne plein effet juridique à ce système et permet de produire et d'exporter des médicaments génériques peu coûteux dans le cadre de licences obligatoires exclusivement afin de répondre aux besoins de pays qui ne peuvent pas fabriquer ces produits eux-mêmes[164].

Un autre accord très important pour les pays des deux régions est l'Accord sur les technologies de l'information (ATI), qui a été conclu par 29 participants à la Conférence ministérielle de Singapour en décembre 1996. Depuis lors, le nombre de participants est passé à 83, ce qui représente environ 97 % du commerce mondial des produits des technologies de l'information. Les participants se sont engagés à éliminer totalement les droits de douane sur les produits des technologies de l'information visés par l'Accord. À la Conférence ministérielle de Nairobi, en décembre 2015, plus de 50 Membres sont convenus d'étendre le champ d'application de l'Accord à 201 produits supplémentaires. La valeur du commerce annuel de ces produits dépasse 1,3 billion de dollars[165]. Dans cet accord, il existe de nombreuses possibilités qui peuvent profiter aux pays des deux régions. La recommandation serait la même : séminaires intensifs sur cet accord et mesures pratiques de collaboration entre les deux régions.

En fait, et avec cela, nous passons à la recommandation suivante, nous devons penser à une Afrique pleinement interconnectée[166]. Les avantages d'une Afrique totalement interconnectée, avec une large bande gratuite sur tout le continent, seraient une excellente occasion de stimuler le développement et même de prévenir

164. Nous vous recommandons fortement de lire cette section dans son intégralité, disponible en https ://www.wto.org/spanish/tratop_s/trips_s/pharmpatent_s.htm, consulté le 19 septembre 2023. Juste au moment où nous écrivions ces notes, un cours de commerce extérieur était enseigné à des fonctionnaires africains.

165. https ://www.wto.org/spanish/tratop_s/inftec_s/inftec_s.htm, consulté le 19 septembre 2023. À titre d'exemple, voir « OMC | Les technologies de l'information relient les agriculteurs éthiopiens aux marchés mondiaux », a-t-https ://www.wto.org/spanish/tratop_s/inftec_s/briefingnoteita_s.htm. Pour une analyse des CGV des micropuces, voir Ibarra-Puig (2022). Il est à noter que le Mexique ne fait pas partie de l'ITA, source https ://www.wto.org/spanish/tratop_s/inftec_s/itscheds_s.htm, consultation du 4 novembre 2023.

166. Voir à ce sujet notre conférence « Repenser l'Afrique au XXIe siècle », document présenté à la 6e Rencontre Internationale de Dakhla, Université Ouverte de Dakhla, Dakhla, 4 – 8 décembre 2019.

les catastrophes naturelles et de minimiser les impacts d'éventuelles épidémies[167]. À cet égard, les compagnies de téléphone latino- américaines peuvent tirer parti de ces possibilités[168].

Un autre domaine dans lequel l'Afrique et l'ALC peuvent coopérer est la dépendance alimentaire de l'Afrique et, en fait, travailler à lutter contre la famine qui menace de temps en temps à autre certains pays africains. Comme nous l'avons vu ici et dans d'autres études, les pays d'Amérique latine, en particulier les membres du Mercosur, sont de grands exportateurs de denrées alimentaires, en particulier de céréales[169]. Des mécanismes gagnant-gagnant, tels que les échanges de matières premières contre de la nourriture, ou l'achat de ces produits avec des fonds d'organisations internationales, telles que l'ONU, devraient être recherchés pour s'attaquer à ce problème. Dans ce contexte, il ne faut pas oublier que l'Afrique possède 24 pour cent des terres arables mondiales[170], et qu'une exploitation rationnelle de celles-ci, respectueuse de l'environnement et surtout de la faune sauvage dans ces pays, est un potentiel de développement auquel les pays ALC pourraient collaborer. Certains des produits que les pays africains peuvent échanger et protéger sur les marchés à terme, avec des prix préférentiels pour les pays ALC (et vice versa pour les céréales latino- américaines vers l'Afrique), sont le cacao et le sucre, qui atteignaient en septembre 2023 des sommets historiques[171].

---

167. Un exemple très concret de l'utilisation des TIC face aux pandémies est le cas du Vietnam face au virus Covid-19 : « Il convient de noter que le peuple vietnamien s'est exceptionnellement conformé aux directives et conseils du gouvernement, en partie grâce à une confiance construite grâce à la communication transparente en temps réel du ministère de la Santé et à d'autres stratégies efficaces mises en œuvre avec le soutien de l'OMS et d'autres organismes des Nations Unies et organismes extérieurs. En fait, cet aspect était fondamental et le Gouvernement a sagement et activement utilisé les médias pour publier des communiqués opportuns, clairs, exacts et cohérents avec des mises à jour régulières dans tous les canaux de communication ». Source : https ://www. un.org/ es/cr %C3 %B3nica-onu/factores-clave-en-la-respuesta-exitosa-de-viet-nam-la-covid-19, consulté le 19 septembre 2023.

168. Le fait de disposer de la technologie ne garantit toutefois pas que les dommages seront minimisés, comme l'a démontré le cas récent de l'ouragan Otis en détruisant pratiquement la station balnéaire populaire et internationale d'Acapulco, au Mexique. Malgré le fait que le National Hurricane Center (NHC) des États-Unis ait averti de la présence du météore deux jours avant l'impact, aucune autorité, qu'elle soit fédérale, étatique ou municipale, n'a tenu compte des avertissements ou n'a averti la population qu'un ouragan de niveau 5 approchait. Le résultat a été au moins 50 morts et au moins 50 disparus qui auraient pu être évités.

169. Voir Ibarra-Puig (2022).

170. Ramdoo (2019).

171. « Cocoa futures reach 46-year high due to supply shortages », voir la citation complète dans la bibliographie.

Le succès des politiques publiques étatiques en Asie est dû à plusieurs facteurs[172], et un grand nombre de chercheurs s'accordent à dire que l'une des bases est un État fort, en ce sens qu'il fait respecter l'État de droit, édicte des réglementations qui stimulent la concurrence et protège contre la corruption. Dans le même temps, des politiques qui stimulent la productivité et la compétitivité sont mises en œuvre. Ce sont deux éléments qui ont eu un impact sur l'atteinte de meilleurs niveaux de développement dans les pays qui les ont mis en œuvre. Aux éléments ci-dessus, nous ajoutons le facteur de l'éducation, comme en témoignent Ibarra-Puig et McCoy (2012), lors de l'analyse des cas de la Corée du Sud, de l'Inde et du Mexique. Nous n'omettons pas de mentionner la stabilité politique du pays et les aspects démocratiques comme éléments indispensables de ces politiques.

D'autre part, les modèles de développement mis en œuvre en Amérique latine et en Afrique n'ont pas connu le même succès, puisque, comme nous l'avons déjà vu, ils continuent de dépendre fortement de leurs exportations de produits primaires, fortement soumis aux variations de prix et à la demande internationale. D'autre part, le retard du secteur agricole, en particulier dans les pays africains, les affecte gravement en raison des sécheresses, guerres et autres calamités[173].

Plus généralement, les éléments qui pourraient contribuer au développement à long terme de certains pays africains sont notamment les suivants :

- Dans le cas des pays exportateurs de matières premières stratégiques (pétrole, or, uranium, etc.), la création d'un fonds souverain à constituer à hauteur de 10 pour cent de la valeur des exportations. Ce fonds serait administré par certains des fonds privés ou publics les plus expérimentés et les plus performants (Black Rock, le fonds du gouvernement norvégien, les Chinois, par exemple), avec des critères d'investissement vert, c'est-à-dire dans des projets respectueux de l'environnement et qui ne sont pas utilisés pour des industries telles que l'armement, par exemple.

---

172. Voir, par exemple, Aoki et al (1997). Par Politique Publique d'État, PPE, qu'elle soit sociale ou économique, on entend une politique mise en œuvre par l'État qui doit répondre à trois conditions : Elle doit être nationale, c'est-à-dire qu'elle doit couvrir l'ensemble du territoire géographique d'un pays ; 2. Être exhaustif, c'est-à-dire englober tous les aspects d'un secteur, par exemple, l'ensemble de l'éducation ; dans l'ensemble du secteur de la santé, et ainsi de suite ; 3. L'Être transcendantal dans le temps ; c'est-à-dire qu'il transcende une période de gouvernement d'une administration. Dans le cas du Mexique, qu'il transcende un mandat présidentiel de six ans et que la prochaine administration continue de l'appliquer.

173. La FAO (2022) souligne à propos de la guerre en Ukraine et de ses impacts mondiaux que « ... On peut également noter que les importations de blé en provenance de nombreux pays d'Afrique du Nord et d'Asie occidentale et centrale proviennent en grande partie de la Fédération de Russie et de l'Ukraine. Au total, plus de 30 importateurs nets de blé comptent sur ces deux pays pour répondre à plus de 30 pour cent de leurs besoins d'importation de blé. La publication mentionne que l'Érythrée dépend à 100 % de son blé vis-à-vis de ces deux pays, et que la Somalie est à 92 %, par exemple ; Et en fait, sur les 38 pays importateurs nets de blé, 20 sont africains.

Une condition essentielle pour la constitution de ce fonds serait qu'il ne puisse pas être utilisé avant 15 ans après sa création.

- Pour le même type de pays, la création de sociétés détenant au maximum 25 pour cent du capital social de l'État, laissant les 75 pour cent restants aux investisseurs privés, avec une participation étrangère d'au plus 49 pour cent.

- Un élément clé des relations économiques Afrique-ALC est la durabilité. Développer des projets où la préservation de l'environnement est une priorité est essentiel et profitera non seulement aux deux régions, mais à l'ensemble de la planète. En particulier, les deux régions peuvent développer des programmes pour protéger les espèces endémiques en péril, soit en raison de leur survie, soit en raison d'attaques contre leur environnement[174].

Enfin, la signature d'accords commerciaux entre les pays ALC et l'Afrique, profitant du fait que l'Afrique sera un marché unique avec le nouveau traité signé par les pays africains. Cela ouvrirait sans aucun doute les portes à de nombreux produits des deux côtés, donnant accès à de grands marchés à des taux préférentiels, ce qui se traduirait par un meilleur niveau de vie pour leurs populations. Ce système éviterait les négociations de pays à pays, car il serait négocié avec toute l'Afrique.

L'Afrique a été répertoriée comme le continent de l'avenir. L'Amérique latine et les Caraïbes sont déjà dans cet avenir. Il est temps de partager des destinations.

174. Lors de notre voyage au Kenya, par exemple, nous avons pu voir la construction de maisons d'habitation très proches du passage de la route des migrations des animaux sauvages ; sans aucun doute un spectacle splendide, mais qui affecte la vie et la route des migrations.

BIBLIOGRAPHIE

Affaya, N. et Guerraoui, D. (2018) « Penser le développement futur de l'Afrique. Regards croisés d'un philosophe et d'un économiste », dans Clerc et al (2018).

Union africaine (2020) « Annuaire des statistiques du commerce africain ».
Banxico, Banco de Mexico (1995) « Rapport Annuel 1994 ».

Banque interaméricaine de développement, BID (1987 et 1988) « Progrès économique et social en Amérique latine ».

Banque mondiale (2023a), « Population », disponible à l'https ://data. worldbank. org/indicator/SP.POP.TOTL, consulté le 30 janvier 2023.

Banque mondiale (2023b), « Cumulative External Debt (% of RNB) », disponible à l'https ://datos.bancomundial.org/indicator/DT.DOD.DECT. GN.ZS, consulté le 1er mars 2023.

Banque mondiale (2023c), « Les envois de fonds restent résilients, mais ralentissent », Migration and Development Brief 38, juin.

Blas J. et Farchy J. (2022) « Le monde est à vendre », Ed. Paidós, Mexique.

Buzo (2022) "") "La redefinición de las prioridades económicas y políticas de China en América Latina", en Ibarra-Puig V. (2022b)

ICE Economic Bulletin No. 2708 (2019), 12-18 novembre.

Braga, C. (2022) « Brésil. Une route mouvementée », dans Ibarra-Puig (2022a)

Braudel, F. (1993) « Grammaire des civilisations », Ed.Flammarion, de l'original de l'édition de 1963.

Buzo et al. (2017) « Nouvelles approches dans l'analyse de l'économie mondiale », Ed. UAM Azcapotzalco.

Carstens, A. (2011) « La Economía Mexicana », disponible à l'adresse suivante http://www.banxico.org.mx/publicaciones-y-discursos/index. html#DPMJG.

CEIGB, Centre d'études internationales Gilberto Bosques (2020)

« Comores. Ficha técnica », Sénat de la République, Mexique.

CEPAL (2023) « Investissements directs étrangers en Amérique latine et dans les Caraïbes », Santiago, Chili.

CEPAL (2022) « Panorama social de l'Amérique latine et des Caraïbes ».

Santiago, Chili.

CEPAL (2020a) « Panorama budgétaire de l'Amérique latine et des Caraïbes. La politique budgétaire face à la crise découlant de la pandémie de la maladie à coronavirus (Covid-19) ». Santiago, Chili.

CEPAL (2020b) « Rapport spécial Covid-19 n° 4. Secteurs et entreprises face au Covid-19 : urgence et réactivation ». Santiago, Chili.

CEPAL (2020c) « Rapport spécial Covid-19 n° 1. L'Amérique latine et les Caraïbes face à la pandémie de COVID-19. effets économiques et sociaux ». Santiago, Chili.

CEPAL (2020d) « Rapport spécial Covid-19 n° 5. Faire face aux effets croissants de la Covid-19 pour une réactivation avec l'égalité : nouvelles projections ». Santiago, Chili.

CEPAL (2019) « Mesurer la pauvreté par le revenu. Mise à jour méthodologique et résultats ». Santiago, Chili.

CEPAL (2018) « L'inefficacité de l'inégalité ». Santiago, Chili.

CEPAL (2017) « Perspectives du commerce international pour l'Amérique latine et les Caraïbes ». Santiago, Chili.

CEPAL (2009) « Économie et territoire en Amérique latine et dans les Caraïbes. Inégalités et politique ». Santiago, Chili.

CEPAL (2002) Annuaire statistique 2001, Santiago du Chili.

CEPAL (1988) « Panorama économique de l'Amérique latine », Nacional Financiera, El Mercado de Valores, n° 23, 1er décembre.

Clerc Ph., Guerraoui D. & Richet X. (2018) coords. « La nouvelle économie mondiale. Comparaisons internationales », Ed. L'Harmattan, Paris, France.

Clerc Ph., Guerraoui D. et Richet X. (2017) « Les nouveaux territoires écnomiques. Acteurs et facteurs de l'émergence. Comparaisons internationales », Ed. L'Harmattan, Paris.

Clerc Ph., Guerraoui D. & Richet X. (2014) coords. « Intégrations régionales et prospective des territoires. Comparaisons internationales », Ed. AIFIE-AERED-L'Harmattan, Maroc-France.

CNUCED (plusieurs éditions) « Rapport 2022 sur le développement économique en Afrique. Repenser les fondements de la diversification des exportations en Afrique », (2021) « Le développement économique en Afrique : performance, perspectives et enjeux politiques », Genève.

CNUCED IDE (plusieurs éditions) « World Investment Report ».

Costa S. (non daté) « Africa's Natural Riches », disponible en https :// visual.ly/community/Infographics/economy/world-commodities-map – africa, consulté le 12 janvier 2023.

De Mateo F. (2023) « Un demi-siècle du Mexique dans le système commercial multilatéral », dans De Mateo F. et Vega G. (2023) « Le Mexique dans le nouvel ordre commercial mondial », Coords., Ed. El Colegio de Mexico.

Diez de la Varga M. (2018) « Le développement économique en Afrique : une analyse comparative », Projet de fin d'études, Licence en économie, Faculté des sciences économiques et commerciales, Université de Valladolid.

ERP (2016) Rapport économique du Président. La Maison-Blanche

Fahim Z. (2018) « Hub Africa, le passeur des TPE-PME et des start up dans « les Afriques », dans Clerc et al (2018).

FDIC (2007) « FDIC Quarterly. Profil bancaire trimestriel : premier trimestre ».

FMI (2015) « Perspectives de l'économie mondiale : Croissance inégale ; facteurs à court et à long terme », Washington, avril.

Fontdeglòria X. (2016) « Capital leaves China », 7 mars, disponible en http://economia.elpais.com/economia/2016/03/06/ actualidad/145.729.6631_854787.html.

Gachúz J. C. et Saldívar M. P. (2019) « L'expansion commerciale de la Chine en Afrique : opportunités et défis », Revista de Comercio Exterior Nueva Época, numéro 17, janvier-mars.

García J. (2023) « Voici les 24 pays qui composent la nouvelle liste des paradis fiscaux », disponible dans https ://cincodias.elpais.com/ cincodias/2023/02/10/economia/167.602.3677_881153.html. Consulté le 6 juillet 2023.

Guerraoui D. (2022a) « Repenser l'Afrique au XXIe siècle », Centre Culturel du Livre-Université Ouverte de Dakhla, Casablanca.

Guerraoui D. (2022b) « L'integration regionale en Afrique, quelles perspectives pour le Maghreb ? », in Guerraoui D. coord. (2022) « Repenser l'Afrique au XXI éme siècle », Centre Culturel Du Libre-Université Ouverte de Dakhla, Casablanca.

Guerraoui, D. (2018) « Afrique : Fabriquer des leaders nouveaux et légitimes » ; L'Économiste, Chronique, Edition N° :5197 Le 29/01/2018.

Gunder Frank, A. (1976) « Génocide économique au Chili. Deuxième lettre ouverte à Milton Friedman et Arnold Harberger », Revista de Comercio Exterior, Mexique, décembre.

Guzmán J. (2016) « International Economic Situation and its Implications for the Mexican Economy », Association des entrepreneurs mexicains, Laredo Chapter, Laredo, Texas, 8 mars 2016, disponible à l'adresse http:// www.banxico.org.mx/publicaciones-y-discursos/index.html.

Hammani S. (2918) « Économie informelle et développement régional en Tunisie », dans Clerc et al (2018).

Heath, J. (2000) « La malédiction des crises de six ans », éd. Grupo Editorial Iberoamérica.

Hernández, T. J.M. (2022) « Le secteur agricole en Amérique latine. Le cas du boom du soja et l'impact sur la structure de la production agricole du MERCOSUR », dans Ibarra-Puig (2022a).

Ibarra-Puig, V. (2022a) « L'Amérique latine et les Caraïbes de 1980 à 2020. Quatre décennies perdues », dans Ibarra-Puig (2022b).

Ibarra-Puig, V. (2022b) : « Commerce et développement en Amérique latine et dans les Caraïbes 1980-2020. Vision rétrospective et propositions pour un 21e siècle post-Covid-19 », Coordinateur, Ed. UAM Azcapotzalco.

Ibarra-Puig V. (2022c) « Le Mexique et l'Afrique : amis, concurrents et partenaires », in Guerraoui (2022).

Ibarra-Puig (2022d) « L'évolution de l'Organisation mondiale du commerce et la crise du Covid-19. Défis et opportunités autour des chaînes de valeur mondiales », dans Romo de Vivar M., Cattafi C., Zamora A. et Morales D. coords. (2022) « Relations internationales, inclusion, commerce et investissement », UMSNH-AMEI.

Ibarra-Puig V. (2021a) « Le système financier international de 2007 à 2015 », Rapport de recherche DCSH n° 1093. Disponible à l'adresse http:investigaciondcsh.azc.uam.mx, Reportes de Investigación.

Ibarra-Puig V. (2021b) « Un regard sur l'Afrique », in « Le réajustement de l'économie mondiale », Sánchez A. et Buzo de la Peña R., comps. Ed. UAM Azcapotzalco.

Ibarra-Puig, V. (2021c) « Le Mexique et l'Afrique. Passé, présent et futur d'une amitié », dans « Mexique : un autre tour de vis », De la Rosa

R. et Guzmán M. (Coordinateurs), UAM Azcapotzalco.

Ibarra-Puig V. (2020) « Mexique : Covid19 et la crise des chaînes de valeur mondiales. Les cas de l'aérospatiale et de l'automobile », au Mexique face au Covid-19 ». Actions et défis », Medel C., Rodríguez A., Jiménez

G. et Martínez R. (coords), Ed. Cámara de Diputados-UAM Xochimilco.

Ibarra-Puig V. (2018b) « Services logistiques et commerce international », in Ibarra-Puig (2018a).

Ibarra-Puig, V. (2018a), Coord. « Le commerce international des services : son importance dans le commerce international et son impact sur les pays en développement. Le cas de l'Amérique latine », Ed. UAM Azcapotzalco.

Ibarra-Puig, V. (2017a) « Le système financier international de 1982 à 2006.

Adieu les crises financières ; accueillir les sauvetages », dans Buzo R., Cuevas V., et Guzmán M. (2017) « Nouvelles approches dans l'analyse de l'économie mondiale », UAM Azcapotzalco.

Ibarra-Puig V. (2017b) « Le Mexique : une économie émergente ? », dans Clerc et al. (2017)

Ibarra-Puig (2016) « 'How can international trade in services be made better efficiency ?', contribution au Forum mondial sur les services CNUCED, Session 2 : Faciliter le commerce des services », disponible à l'https :// www.tralac.org/images/News/Documents/UNCTAD14_Nairobi/How %20 can %20 international %20trade %20in %20services %20be %20made%20more %20 efficient %20Contribution %20UNCTAD14 %20July %20 2016.pdf

Ibarra Puig, V. (2013a) « Leçons de la mondialisation. Le cas du Mexique », Ed. Pearson.

Ibarra Puig V. (2013b) « Mexico : Options and Disappointments », Ed.

Instituto Politécnico Nacional-Universidad del Caribe.

Ibarra-Puig, V. et McCoy, C. (2012) « La tendance à créer un avantage concurrentiel basé sur l'apprentissage. Les cas de la Corée du Sud, de l'Inde et du Mexique », dans « La compétitivité en tant qu'élément clé de la reprise économique », Sánchez J., Gaytán J., Vázquez M., Vázquez G. et Vargas V. (coords.), Réseau international de chercheurs en compétitivité, Mexique.

Ibarra Puig, V. (1989) « Répression et libération des activités financières dans les pays en développement. Le cas de l'Amérique latine », Revista de Comercio Exterior, Mexique, décembre.

Jaime, C. D.D. (2022) « Performance dans le secteur minier de l'or et de l'argent en Amérique latine et le cas du Mexique », dans Ibarra-Puig (2022a).

Leeson, N. (1996) « 88888 Le compte secret », Ed. Sudamericana.

Malpica, S. G. (2018) « Négociations dans le secteur des services dans le commerce international », Ibarra-Puig (2018a).

McCoy, Ch. (2022) « Le tourisme en Amérique latine et dans les Caraïbes. La crise du Covid-19 et la vulnérabilité du secteur, quelles options pour l'avenir ? », in Ibarra-Puig (2022b).

Mattheis F. (2016) « African Integration and Regionalisms », disponible dans https ://vocesenelfenix.economicas.uba.ar/integracion-y-regionalismos – africanos/, 8 janvier 2016, consulté le 20 septembre 2023.

Miao Q. et Ren X. (2022) « Relations entre la Chine et l'Afrique », in Guerraoui D. (2022).

Morales R. (2023) « Le Mexique réalise le premier excédent de la balance des services avec les États-Unis », disponible en https ://www.eleconomista.

com.mx/empresas/Mexico-logra-primer-superavit-en-balanza-de-servicios – con-EU-20231.016.0166.html, le 16 octobre.

Morena S. (2022) « Le Maroc active le gazoduc qui reliera le Nigéria à l'Espagne en mettant en service l'ingénierie préliminaire », disponible à https :// www.elespanol.com/invertia/empresas/energia/20220427/marruecos – gasoducto-nigeria-espana-encargar-ingenieria-preliminar/667933660_0. html, consulté le 21 avril 2023.

OCDE (2020) « Panorama de la santé : Amérique latine et Caraïbes 2020 » OCDE (2019) « Étude économique du Mexique 2019 ».

Bureau d'information diplomatique du ministère des Affaires étrangères, de l'Union européenne et de la Coopération, Espagne (2023) « Dominique (Commonwealth de la Dominique), fiche pays, février.

Bureau d'information diplomatique du ministère des Affaires étrangères, de l'Union européenne et de la Coopération, Espagne (2022) « Fiche pays. Saint-Vincent-et-les-Grenadines », février.

Organisation internationale du café, ICO (2020) « International Coffee Agreement 2007 », disponible à l'http://www.ico.org/ica2007.asp, consulté le 20 juillet 2020.

OMC, Organisation Mondiale du Commerce (2022a) « Profils commerciaux ».

OMC (2022b) « Revue statistique du commerce mondial 2022 », Genève.

OMC (2022c) « Rapport sur le commerce mondial 2022. Changement climatique et commerce international », Genève.

OMC (2017) Examen statistique du commerce mondial OMC (2016) Examen statistique du commerce mondial.

Pairault T. (2018) « L'Afrique : quelle présence chinoise ? », in CLERC et al. (2018).

Pairault T. (2014) « L'investissement direct de la Chine en Afrique », in CLERC et al. (2014).

Porcher T. (2021) « Traité d'économie hérétique », F.C.E., Mexique.

Portillo, L. (1993) « L'accord international sur le café et la crise du marché », Revista de Comercio Exterior, Mexique, avril.

Quintana E. (2020) « Los dichos de los López », journal El Financiero, 1er juin.

Ramdoo (2019) « L'Afrique des ressources naturelles », disponible dans Vanguardia Dossier, https ://www.lavanguardia.com/vanguardia – dossier/20191127/471.857.314619/recursos-naturales-africa-minerales – industria-agricultura.html, consulté le 27 novembre 2019.

Romo D. (2022) « La pertinence des compagnies pétrolières nationales du Chili, de la Colombie, du Brésil et du Mexique », dans Ibarra-Puig (2022b).

Salama P. (2022) « Argentine, stagnation, crise et désastre humain », in Ibarra-Puig (2022b).

Salama P. (2020) « Contagion virale, contagion économique, risques politiques en Amérique latine », éditions du Croqant, France.

Serebrisky, T. et al. (2015) « Financement des infrastructures en Amérique latine et dans les Caraïbes : comment, combien et qui ? », BID, novembre, Washington DC, États-Unis.

Statista (2023) « Principaux pays de destination des exportations mexicaines de tequila en 2021 (en milliers de litres) », disponible dans https ://es.statista.com/estadisticas/1058207/mexico-cantidad-exportada – tequila-pais-destino/, consulté le 20 février.

Stiglitz, J. (2002) « Le malaise de la mondialisation », Ed. Taurus. Tugores J. (2013) « Mondialisation et crise : l'avenir remis en question », in Ibarra-Puig (2013b).

Tello M. C. (2015) « Sur la charge fiscale faible et stable au Mexique », CEPALC, Série Études et perspectives, Mexique, n° 163.

Urquidi, V. L. (2005) « Un autre siècle perdu. Politiques de développement en Amérique latine (1930-2005) », El Colegio de México-Fondo de Cultura Económica.

Vega, F. et Campos, F. (2023) : « L'Accord États-Unis-Mexique-Canada (AEUMC). Avantages et défis pour l'avenir », dans De Mateo F. et Vega F. (2023) « Le Mexique dans le nouvel ordre mondial », coords., El Colegio de Mexico.

Watson et al. (1988) « Marchés internationaux des capitaux.

Développements et perspectives », FMI.

WEF, Forum économique mondial (2019) « Le rapport sur la compétitivité mondiale ».

Wei L. (2016) « Comment la Chine a avorté la libéralisation du yuan pour favoriser les entreprises d'État », Wall Street Journal Americas, 25 mai 2016. http://lat.wsj.com/articles/ SB114.025.9784022.911.4243804.582.0870621.260.29138 ?tesla=y

OMC (2023) Revue statistique du commerce mondial

Yueh J. (2015) « L'ère de la croissance rapide de la Chine est – elle terminée ? », disponible sur http://www.bbc.com/mundo/ noticias/2015/04/150415_economia_fin_era_crecimiento_china_lf, consulté le 16 avril 2015.

Ze Yu S. (2022) « Quel est l'objectif final de l'investissement de la Chine en Afrique ? », disponible le https ://blogs.lse.ac.uk/africaatlse/2022/11/04/ what-is-chinas-investment-end-game-in-africa/, 4 novembre.

TABLE DES MATIÈRES

Structures éditoriales du groupe L'Harmattan

L'Harmattan Italie
Via degli Artisti, 15
10124 Torino
harmattan.italia@gmail.com

L'Harmattan Hongrie
Kossuth l. u. 14-16.
1053 Budapest
harmattan@harmattan.hu

L'Harmattan Sénégal
10 VDN en face Mermoz
BP 45034 Dakar-Fann
senharmattan@gmail.com

L'Harmattan Cameroun
TSINGA/FECAFOOT
BP 11486 Yaoundé
inkoukam@gmail.com

L'Harmattan Burkina Faso
Achille Somé – tengnule@hotmail.fr

L'Harmattan Guinée
Almamya, rue KA 028 OKB Agency
BP 3470 Conakry
harmattanguinee@yahoo.fr

L'Harmattan RDC
185, avenue Nyangwe
Commune de Lingwala – Kinshasa
matangilamusadila@yahoo.fr

L'Harmattan Congo
219, avenue Nelson Mandela
BP 2874 Brazzaville
harmattan.congo@yahoo.fr

L'Harmattan Mali
ACI 2000 - Immeuble Mgr Jean Marie Cisse
Bureau 10
BP 145 Bamako-Mali
mali@harmattan.fr

L'Harmattan Togo
Djidjole – Lomé
Maison Amela
face EPP BATOME
ddamela@aol.com

L'Harmattan Côte d'Ivoire
Résidence Karl – Cité des Arts
Abidjan-Cocody
03 BP 1588 Abidjan
espace_harmattan.ci@hotmail.fr

Nos librairies en France

Librairie internationale
16, rue des Écoles
75005 Paris
librairie.internationale@harmattan.fr
01 40 46 79 11
www.librairieharmattan.com

Librairie des savoirs
21, rue des Écoles
75005 Paris
librairie.sh@harmattan.fr
01 46 34 13 71
www.librairieharmattansh.com

Librairie Le Lucernaire
53, rue Notre-Dame-des-Champs
75006 Paris
librairie@lucernaire.fr
01 42 22 67 13

www.ingramcontent.com/pod-product-compliance
Lightning Source LLC
LaVergne TN
LVHW080929071026
849535LV00013B/4145
* 9 7 8 2 3 3 6 4 6 7 2 6 9 *